天地人和：
可持续新城建设指引

田成川 等编著

中国发展出版社
CHINA DEVELOPMENT PRESS

图书在版编目（CIP）数据

天地人和：可持续新城建设指引 / 田成川等编著. -- 北京：中国发展出版社，2018.12

ISBN 978-7-5177-0954-1

Ⅰ. ①天… Ⅱ. ①田… Ⅲ. ①城市建设—研究—中国 Ⅳ. ① F299.21

中国版本图书馆 CIP 数据核字（2019）第 003054 号

书　　名：天地人和：可持续新城建设指引
著作责任者：田成川　等
出 版 发 行：中国发展出版社
（北京市西城区百万庄大街 16 号 8 层　100037）
标 准 书 号：ISBN 978-7-5177-0954-1
经　销　者：各地新华书店
印　刷　者：河北鑫兆源印刷有限公司
开　　本：710mm × 1000mm　1/16
印　　张：26.5
字　　数：280 千字
版　　次：2019 年 5 月第 1 版
印　　次：2019 年 5 月第 1 次印刷
定　　价：89.00 元

联 系 电 话：（010）88919581　68990692
购 书 热 线：（010）68990682　68990686
网 络 订 购：http://zgfzcbs.tmall.com
网 购 电 话：（010）88333349　68990639
本 社 网 址：http://www.develpress.com.cn
电 子 邮 件：370118561@qq.com

序 言

改革开放以来，中国的城镇化进入了快速发展阶段，城镇化率稳步提升。2017 年，城镇化率达到 58.52%，城镇常住人口超过 8.13 亿人，每年还有近 2000 万人进入城市。预计到 2020 年，我国城镇化率将超过 60%，到 2035 年将进一步提高到 70% 以上。城镇化的快速推进需要新的城市空间满足人民生产生活需要，新城新区的建设成为中国城镇化推进的重要途经。截至 2016 年 5 月，我国县及县以上的新城新区数量超过 3500 个。新城新区建设是一个包括规划、建设、运营、管理全流程的新型城镇化过程，新城新区的可持续发展水平，直接关系到我国城市乃至全社会的可持续发展，对未来我国实现可持续发展目标、推进生态文明建设具有重要意义。

中国的城镇化进程不仅对中国的经济社会发展具有重要意义，也是对全球具有重大影响的历史事件。城镇化将产生巨大的需求，对中国乃至全球的经济增长产生持续的拉动作用，大规模城镇化产生的能源消耗和碳排放，也将对全球应对气候变化和可持续发展目标的实现具有重要影响。据测算，一个百万人口的城市要满足每天基本生活需求，日消耗 62 万吨物质，其中消耗食物 2000 吨、煤炭 3000 吨、石油 2800 吨、天然气 2700 吨。即使不包括工业用的能源，维持基本生活需求就需大量资源和能源，还需排放大量二氧化碳。因此，推动可持续城市建设，是中国实现城镇化历史进程的必然选择。中国在城镇化领域进行的可持续发展探索，对尚处于城镇化初始进程中的其他发展中国家，将产生重要的示范效应，从而对全球的可持续发展进程具有重要推动作用。

近年来，中国在推动城市可持续发展方面进行了积极努力，2010 年，国家发展改革委发布《关于开展低碳省区和低碳城市试点工作的通知》，首批在 5 省 8 市开展低碳省区和城市试点，此后又分两批在 81 个城市开展低碳城市试点。低碳城市试点的基本要求是积极探索适合本地区的低碳绿色发展模式和发展路径，提出的碳排放峰值目标及试点建设目标，按照低碳理念规划建设城市基础设施，制定出台促进低碳发展的相关政策，为全国低碳发展发挥示范带头作用。2014 年 3 月，国家发展改革委又在全国启动低碳社区试点工作，计划打造一批符合不同区域特点、不同发展水平、特色鲜明的低碳社区，以期通过构建生态友好的自然环境、房屋建筑、基础设施、生活方式和管理模式，降低能源资源消耗，实现低碳排放的城乡社区；并通过开展低碳社区试点，将低碳理念融入社区规划、建设、管理和居民生活之中，探索有效控制城乡社区碳排放水平的途径。2015 年 8 月，国家发展改革委下发了《国家发展改革委关于加快推进国家低碳城（镇）试点工作的通知》，选择一批基础条件较好、规划理念先进、发展潜力巨大的城区和城镇，开展国家低碳城（镇）试点；要求吸收借鉴国际先进经验，结合各地实际情况，以低碳理念统领试点城（镇）规划、建设、运营和管理全过程，以低碳生产、低碳生活、低碳服务为重点内容，争取用3年左右时间，建成一批产业发展和城区建设融合、空间布局合理、资源集约综合利用、基础设施低碳环保、生产低碳高效、生活低碳宜居的国家低碳示范城（镇）。其他有关部门也在可持续城市发展的不同领域，开展了海绵城市、生态城市等试点工作，积累了丰富的经验。相关试点工作的开展，为可持续新城建设提供了重要的实践基础。

同时，也应看到，我国新城在规划建设过程中，还存在着指导思想不明确、可持续发展理念不强、千城一面、贪大求洋、特色缺失、产业支撑不够等诸多问题，不仅制约着新城的可持续发展，也影响到我国经济发展的质量和效益。迫切需要从理论上和方法上提出新的思路，进行有效的指导。

本书在总结梳理国内外可持续城市发展实践经验的基础上，对可持续新城的规划和建设的指导思想、基本原则、重点领域和保障措施进行了全面的探讨，提出了指导性的规划建设思路，对各地开展可持续新城规划建设具有重要的参考价值。特别是，本书站在哲学的高度，提出将天地人和作为可持续新城规划建设的核心理念，并就这一理念的内涵进行了全新的解读和阐释，这一思想，是我国城市可持续发展理念的一个重大创见，具有重要的理论和实践价值。

本书在分析方法上注重理论联系实际，构建了可持续新城规划与建设指标体系、新城资源环境承载力评价体系，对可持续新城的空间布局、产业发展、社区建设、交通、基础设施等领域可持续发展进行了深入分析，不仅有理论高度，而且有实践基础，相信读者能从中获得启发和教益。

国务院参事、国家发展改革委原副主任　徐宪平

2018 年 10 月

以天地人和的尺度重塑城市文明

（代自序）

活在当下！这一箴言的始作俑者已不可考，但并不妨碍这四个字迅速成为我们这个时代最打动人心又最脍炙人口的心灵鸡汤。所谓“不念过往，不畏将来”，空谷足音，不少人奉为人生圭臬，以为不复瞻前顾后，人生当可施展凌波微步、一骑绝尘。然而，“年年岁岁花相似，岁岁年年人不同”，人与动物的一个重要区别，就是人有时间意识，而动物没有。狼豺虎豹、猪牛马羊，皆是活在当下，饱食之余，绝不会谋划下一顿饭去吃哪种菜系。对人而言，人无时无刻不是活在当下，但又无时无刻不是活在过去、现在、未来所构成的三维时空之中，人们在当下开展的一切行动，无不浸透着过去的经验与未来的考量。“人生不满百，常怀千岁忧”，其所忧者，人生、人群、人类之可持续问题也。由是而言，为历史负责、为现在负责，也为未来负责，就不仅是人生宿命，也是人类本性追求可持续发展的必然要求。

城市，是人类文明的产物，也是人类群居生活的高级形式。正如亚里士多德所说：“人们为了生活来到城市，为了更好的生活而居留于城市。”城市的发展，既是一个自然历史过程，也是人类智慧的结晶和文明的传承。城市的发展，既带来了人类生活的改善和提升，也产生了资源消耗和环境破坏。随着工业革命的发生，城市的可持续发展问题因城市化率的迅速提升而日益突出，目前已经成为人类文明发展面临的核心问题之一，城市的可持续发展水平已经成为衡量一个国家社会文明程度的重要标尺。

从城市起源及社会功能来说，古代城市主要是政治中心、文化中心及商业中心、交通中心。以词源论，城市二字由“城”与“市”组合而成，“城”主要是为了防卫，《管子·度地》云：“内为之城，外为之廓”。《吴越春秋》载：“筑城以卫君，造郭以卫民。”“市”则指进行交易的场所，“日中为市”。古代城市的起源，一般不外乎因“城”而“市”，即市是在城的基础上发展起来的，或因“市”而“城”，即由于市的发展而形成的城市。并且由于社会生产力的发展，城市形成了以工商业为主的产业形态。现代意义上的城市是市场经济发展的产物。如13世纪地中海沿岸随着资本主义萌芽而发展起来的米兰、威尼斯等商业贸易城市；工业革命后，城市因工厂的建立而扩张，城市化与工业化紧密结合，才产生了真正意义上的现代工商业城市，城市正式成为生产中心，兼之以商业中心、交通中心、文化中心、教育中心。到第一次世界大战前夕，英国、美国、德国、法国等发达国家大多数人口已生活在城市。这不仅是富足的标志，而且是文明的象征。

工业革命后，发达国家工业化和城市化齐头并进、深度融合，极大地改变了城市的发展方式和城市功能，一些古老的城市如伦敦、巴黎，在老城区之外的城市新区急速扩张，形成大规模的工业生产中心；一大批靠近原料和能源产地的专业化工矿城市或靠近铁路、港口的交通枢纽城市作为新的城市类型日渐兴起，为大规模人口的城市化提供了充足的推动力。百年之内，大城市的人口出现了急剧增长，从 1800 年到 1910 年，巴黎人口从 64.7 万人增长到 300 万人，伦敦的人口从 80 万人增加到 720 万人，柏林的人口从 18.2 万人增加到 340 万人，纽约则从 6 万人增加到 450 万人。城市规模的大幅扩张带来了城市形态的显著改变，古代由于战争而形成的军事防御型城市布局分崩离析，围绕工厂和商业中心构建出的新的城市发展格局，既拓展了城市发展的空间，也造成了城市功能的紊乱。生产中心、消费中心、政治中心、文化中心、交通中心等各种城市功能纠结在一起，随着城市人口的膨胀和空间的扩张，城市在繁荣中日渐喧嚣拥挤，在空间范畴上往往顾此失彼。

另一个影响城市发展进程的关键因素是汽车的发明和普及。当汽车取代马车，成为城市的主要交通工具时，城市的规划和建设发生了翻天覆地的变化，马车可以穿行在曲折狭窄的城市“马路”，而汽车则需要笔直宽阔的大道以实现快速通达。汽车社会的到来，满足了人们对富裕社会的想象和对速度的追求，扩大了人们的出行范围和社会交往空间，但也使城市变成了钢铁怪兽日夜出没的暴虐丛林。一方面，道路、停车场、加油站等行车系统日益成为城市规划的核心要素，并在空间上越来越多地占据了城市稀缺的土地资源，但交通拥堵却几乎成为全球各大城市的宿命，并被一些人戏剧性地表述为城市繁荣的象征；另一方面，人行道不断退缩，城市不再是悠闲漫步者的天堂，无论是被堵在路上的驾车者还是在车流中不停穿梭、时刻需要瞻前顾后的行人，都代表着陷入狂躁的城市生活。而工厂排放的废气和汽车排出的尾气，使城市中心的生活日益无法忍受。法国城市规划大师勒·柯布西耶在《明日之城市》中对巴黎的空气污染有这样的记述："汽车废气和焦油尘埃会对人们的器官产生可怕的影响。我们曾观察到，由于职业原因而直接暴露于这些污染物之中的人们，最终失去了生育能力；他们变成性无能；通常认为在大城市里生活的第三代从此将没有生育能力。""树木正遭受着可怕的痛苦。看看吧，它们在七月的时候就已经掉光了叶子，红色的叶片完全枯干，再看看最近这几年它们的那些发育不良的树芽。我意识到现行的城市正面临着致命的危险。"1930 年发生的比利时马斯河谷烟雾事件、1943 年洛杉矶发生的光化学烟雾事件、1952 年发生的伦敦烟雾事件等环境公害事件，使环境保护和城市可持续发展问题提上了紧迫的议事日程。为了呼吸新鲜的空气，也为了改善居住条件，中产阶级纷纷从房价高昂而空气污浊的市中心撤离，到郊区卫星新城寻求更好的生活环境，发达国家的城市人口出现了一次明显的郊区化过程，这一过程也被一些学者称为"逆城市化"（实际上是郊区化，逆城市化是不准确的）。同时，城市的产业发展也开始大幅调整，工厂纷纷从市区搬离，发达国家的大城市中心地区开始了去生产化的过程，并逐步回归到商业中心、文化中心、政治中心等功能定位。这一过程随着经济全球化的发展，特别是

20 世纪 70 年代后，全球加工制造业中心逐步向东亚地区转移而得以实现，而中国在加入世界贸易组织后迅速成长为“世界工厂”，为发达国家城市去生产化提供了最终的、不可阻挡的历史推动力。同时也要看到，这一变化是 20 世纪 90 年代后发达国家城市发展加速实现清洁化、低碳化的一个重要外部条件。

在工业化的历史背景下，如何寻求一条更可持续的城市发展道路和更加美好的城市生活方式，是现代城市规划者和建设者反复探求的重大历史课题。按照这一要求，学者们开始对新的城市空间形式、城乡关系、尺度与密度、交通运输原则与土地利用模式等涉及可持续城市形态的因素进行探索，并由此产生出许多基于可持续发展理念和生态原则的理论构想和实践，如田园城市、生态城市、新城市主义等。但紧凑型城市还是分散型城市，大城市还是小城镇，究竟哪种发展模式更可持续，迄今并无定论。作为地球上最大也最复杂的人工工程，城市的快速蔓延正对我们这颗美丽的星球产生越来越重大的影响，笔者曾看到一幅从太空俯瞰地球的照片，片片黄褐色的城市化地区星罗棋布在地球翠绿的大地之上，如同累累疤痕，令人印象极为深刻。

中国作为一个后发工业化和城市化国家，改革开放 40 年来经历了一场人类历史上罕见的快速城市化过程。1978 年中国城镇化率只有 17.9%，而 2017 年已达到 58.52%，且仍在快速提升，在漫长的中国历史中，第一次实现了从农业农村社会向城市社会的转型。城市化为中国经济增长提供了最重要也最充沛的动力。但中国在快速城镇化的同时，也经受着不合理的城市发展模式带来的种种困扰。“大拆大建”、

“千城一面”、交通拥堵、雾霾围城等问题，广受诟病、教训深刻，特别是对比国际经验，中国城镇化过程中的几个现象级的情况和问题值得从理论层面进行深入反思和总结。

第一个问题：什么是城市？这似乎是一个不是问题的问题，但也许是一个在快速城市化过程中我们还没有来得及深入思考的问题。首先看中国城市的规模。中国仅城区人口规模在 100 万人以上的城市就超过 100 座，如果以辖区人口计算，则远远不止此数。更令人吃惊的不是中国城市人口的规模，而是城市辖区的规模。我们经常拿北京和巴黎、伦敦、东京、纽约等国际一流城市进行比较，实际上这基本不可比，巴黎市辖区面积 105.4 平方公里，伦敦市辖区面积 303 平方公里，纽约市辖区面积 789 平方公里，东京在国际上属于辖区面积大的城市，也不过 2200 平方公里，而北京的辖区面积为 16411 平方公里，分别是巴黎的 155 倍、伦敦的 54 倍、纽约的 20 倍、东京的 7 倍。我们通常拿来和北京作比较的大伦敦都会区包括伦敦市和周围 32 个自治市，面积也只有 1577 平方公里，大巴黎都会区包括与巴黎市毗连的上塞纳省、瓦勒德马恩省和塞纳 - 圣但尼省，面积为 12000 平方公里。如果说大巴黎、大伦敦、大纽约都会区构成一个个城市群、需要在各个城市之间规划功能定位的话，那么在中国，任何一个大城市自身就是一个城市群，而不是一个严格意义上的城市！如北京就是由中心城区、大兴城区、房山城区、昌平城区、密云城区、怀柔城区、延庆城区等（以及下面诸多的镇）诸多组团构成的城市群，北京的问题不是太小而是太大！它有足够的腾挪空间容纳扩张的雄心，以至于靠自然发展无法找到城市建设的边界，“摊大饼”是历史的必然，在分灶吃饭、增值税挂帅的财税体制下，也不可能将大城市的外溢效应扩散到周边的省市。这才是问题的实质。不只是北京等特大城市，甚至可以说，中国任何一个地级以上城市都是一个包括主城区和下辖各县城、镇在内的城市群。如河北省保定市总面积 22190 平方公里，人口 1042 万，下辖 5 个区、15 个县，代管 4 个县级市。同时，现行城市管理体系叠床架屋，市下面设区县、街道乡镇、居委会和村等多个层级，而发达国家城市一级政府管理一般直接面对的就是市民，或在特大城市下面至多设一个管理层级。因此，一个中国市长不仅要管理广大的辖区、众多的人口，还要管理从市到区县、到街道乡镇、再到居委会和村如此多的行政层级。从现实出发，城市的管理者很难集中精力思考和研究城市本身的规划和发展问题，也无法做到像国外一些市长那样可以经常乘坐公交随处调研城市的街头巷尾。其次是城市的形态。中国的城市有直辖市、计划单列市、副省级城市、地级市、县级市、镇等多种行政级别，但无论哪一个层级的城市，都管辖着范围广大的农村地区和人口。城乡体制二元却处在一个城市政府管理之下，其由来是 20 世纪 80 年代后逐步推行的地市合并改革。城乡合治的本意是节约管理成本、提高管理效率，并通过城市带动广大乡村地区的发展，但在实际执行中却形成了“小马拉大车”的尴尬局面，一个城市的乡村人口往往远多于市区人口，特别是一些县级市，城市人口往往只有 10 余万，农村人口却有近百万，从城市形态上，“市不像市”的特征极为明显。在发展模式上，市管县体制导致城市为了中心城区的发展，普遍对县乡资源存在突出的虹吸效应，城乡二元的土地制度以及政府对土地一级开发权的垄断，又带来了土地城镇化的扩张便利和对土地财政的高度依赖，城市普遍存在拉大城市框架、粗放扩张市区面积的冲动。中国城市化的深入发展，实际上面临着双重的改革任务，既有深入推动城乡发展制度机制一体化改革问题，也要抓紧研究和解决城乡管理体制高效分治改革问题。

第二个问题：什么是中国的城市规划和管理理论？改革开放以来，中国有着规模空前的城镇化实践，但却并未带来城市规划和发展理论的同步发展和繁荣。作为一个发展中国家，首要的任务是发展，即解决短缺问题。在很长时期内，人们主要将城市化作为经济发展的手段来看待，城市化意味着更多的投资、更多的就业、更多的产品和更多的消费，城市化在量的层面上突飞猛进，但在质的层面上乏善可陈，甚至以建设和发展的名义全面消除了城市的历史风貌和文化积淀。一方面盖起了高楼大厦，另一方面，传统的品格、特色、风貌也随之消失，有的地方一拆了之，然后再建假古董。许多号称拥有上千年历史的城市却到处焕然一新，除了残留的几处文物古迹外，不仅看不到一点历史的痕迹，甚至在城市新区连一棵百年古树都难以找到。正如2002年时任福建省长的习近平在为《福州古厝》一书作序时写道："现在许多城市在开发建设中，毁掉许多古建筑，搬来许多洋建筑，城市逐渐失去个性。"许多城市的发展不是没有规划，而是规划没有以人为本和可持续发展的理念支撑，支配城市规划和发展的是力学、几何学和算术，其次是经济学，而美学或哲学尚未纳入城市规划和发展的视野。建筑和规划的艺术，被莫名其妙地归入理工科专业教学，以力学原理为核心课程的建筑师，其建筑设计的核心理念一定是以不倒塌为原则，而规划师加班加点在图纸上勾画出的整齐划一、横平竖直、宽马路、大广场的城市规划模板，在单位创收压力和市长大干快上要求的合力围堵下，直接通过以不变应万变的复制—粘贴方式，变成了各个城市的发展蓝图，使城市变成了严重缺乏辨识度的水泥森林。在如此大规模的城市化进程中，人们很少能够发现根据一种理想社区的理念开展规划建设的探索和实践行动，而这样的行动在发达国家城市化过程中是理论探索和创新的必然前提。人们热衷于山寨世界上一切有名气的建筑，甚至包括建筑和社区名称本身。一个北方非常著名的城市拆除了自己所有跨河桥梁，又山寨了世界上所有著名的桥梁，以之作为城市的文化名片！对城市管理者来说，城市管理学就是经济学，发展就是城市建筑面积和城区面积的增长，城市管理者天然具有把城市做大的冲动，城市要再大些，再大些，房价要再贵些，再贵些。只要能够创造 GDP，拆迁就是王道！直到以前所未有的速度和“大拆大建”的模式，我们建立起到处高楼林立、未来再也无法更新和拆迁的城市！近两年全国各大城市轮番上演的抢人大战，正是中国城市化发展这一典型逻辑的再次体现。

第三个问题：谁应该是城市风貌和格局的塑造者？曾经看到一篇报道说，出国访问时，习近平总书记经常从空中俯瞰所访国家的城市建设。他说，“有些地方城市空间比较舒服，绿地、水源地、城市建筑错落有致，我们的城市发展很快，但不少是高楼林立，水泥森林”。

城市规划是一门科学，也是一门艺术。发达国家一些规划比较成功的城市，均是比较好地处理了新城与老城、保护与开发的关系。回顾历史，我们不难发现，无论是哥本哈根、纽约还是巴黎，在每一座成功的城市规划背后，都有一位对城市规划曾发挥过主导性作用、做出过重要贡献的规划师或灵魂人物。城市的规划部门，既是城市的守护者，也是城市的开拓者。而在史无前例的中国城镇化过程中，城市规划理念的偏差和功能的缺失以及由房地产业主导的城市开发模式，已经成为中国城市化的“阿喀琉斯之踵”。由于缺乏科学的城市规划理念，导致城市发展“大拆大建”，千篇一律，在造成资源严重浪费的同时，也磨灭了城市的历史记忆和文化积淀。笔者曾经在福建参观过一个古建筑博物园，园内收藏了大量来自全国各地的以紫檀、楠木为主的古建筑及构件、雕刻等，其收藏之丰富、藏品之精美，甚至超越了众多国家级博物馆，足以震撼人心，令人叹为观止！据介绍，如此丰富而壮观的收藏均是其眼光独到的老板自 20 世纪 80 年代开始从各地拆迁办手中以极低的价格购入的！痛哉斯言！由于精细化规划和管理功能的缺失，封闭社区、宽马路、大街区、贪大求洋等城市设计问题突出，背离了以人为本、便捷宜居的原则，也催生了交通拥堵、出行不便以及空气污染、垃圾围城等一系列问题。特别是由于土地财政的诱导，城市政府乐于充当土地一级批发商的角色，而疏于对社区开发设计进行精细化的管控，社区公共服务设施也往往由房地产开发商进行配套建设，由此形成了房地产开发商主导开发的独特发展模式，房地产业迅速成为城市发展的主导产业，房地产开发商在城市建设中发挥着十分重要的作用，中国的城市化实际上成为一种房地产开发为导向的城市化。套用一句经典的话说，中国房地产业在过去30年间所聚敛的财富，比过去一切世代所聚敛的总和还要多，还要大。而且由于房地产价格的不断攀升，造成全社会财富形态加速向房地产单一形态转化的趋势，房子成为人人追逐的一般等价物和高枕无忧的“睡后财产”！为了房子，无数年轻人迫不急待早早放弃梦想，成为“房奴”！一些人为了买房而离婚，更多的人因为买不起房而离不成婚。把房子尽快建好，尽快卖掉，千方百计加快资金周转，成为开发商的成功秘诀和核心诉求。为了吸引眼球，开发商把欧美主要国家的名胜之地都“移名”到了中国各大城市。人们关心的是房子多大，价值多少，有没有升值潜力，而不关心其是否美观宜居、节能环保。超级开发商以其雄厚的实力得以在全国上百座城市按照同一种模式甚至同一张图纸大规模进行拷贝式社区开发，× × 广场、× × 城成为各个城市争相引入的地标性工程。一些新城的开发项目规模巨大，甚至以平方公里为计量单位（发达国家一般都有对开发商开发规模的限制，甚至在一个项目中为了保持社区建筑设计风格的多样也会招标引入数家开发主体）。一个社区内数十栋毫无二致的楼房如多米诺骨牌一样整齐排列，不仅是城市美学的泥石流，也每天考验着蜜蜂一般的居民找回家门的本能。一个城市中拥有如此众多、如此庞大的封闭社区，不仅造成城市“心肌梗塞”，在城市内部形成了不可逾越的交通障碍，也由于社区内部管理复杂，不受城市交通法规制约，导致乱停车、出行难等问题丛生。笔者一位生活在北方某省会城市的朋友，据说每天早上开车出社区大门都要拥堵半小时以上，堪称神奇！

反思过去并不仅仅是为了活在当下，更是为了面向未来。中国的城市化进程目前仍在中途，还任重而道远，未来20年中国仍将实现数亿人口的城市化。以什么样的理念、什么样的途径实现城市化，对中国未来的可持续发展至关重要。中国城市化还有一个显著特点，就是存在大规模的城市新城、新区建设。为了容纳越来越多的人口，增强城市的竞争力，几乎每一座中等以上的城市都在建设自己的新城新区。由于发达国家城市化任务已基本完成，除了城市更新，鲜有大规模的新城市建设，因此中国这些几乎从一张白纸开始的新城市的规划建设，就为人类社会从根本上探索可持续城市发展提供了全方位的实验条件和实践基地。而2017年雄安新区的横空出世，标志着中国在吸纳古今中外城市发展经验的基础上，就什么是可持续城市、怎样建设可持续城市、建设什么样的可持续城市，将开展全方位、全领域、全流程的创新性探索。

本书的缘起发端于低碳城镇、气候适应型城市、可持续新城等试点工作的需要，在实际推动试点开展规划建设过程中，笔者深切感受到，各地的可持续新城建设虽然结合各自实际开展了一些创新实践和探索，但仍然存在概念模糊、内涵不清、流于表面等各种问题，迫切需要一套指南，从理论上、方法上以及操作步骤上有效回答如何因地制宜建设一座可持续新城的问题。我深知要圆满回答这一问题，决非一朝一夕之功，但基于引起讨论的目的，在雄安新区相关规划和建设成果的鼓舞下，我组织团队开展了低碳城镇相关课题研究，形成了初步的研究成果。本书在前期研究与实践基础上，从可持续新城的视角，对相关问题进行了重新梳理和阐释，力图从历史文化的层面、理论与实践相结合的维度，对可持续城市规划建设提出原则性、思路性指南，聊算是提出和回答中国城市化这一重大问题的开始吧。

简而言之，我认为，可持续新城建设是一项系统工程，建设可持续新城，首先要树立和落实“天地人和”的发展理念。“天地人和”既是世界观，也是方法论，从城市发展特别是新城建设来说，实现人与自然的和谐，既是可持续发展的重要内容，也是重要标志。可持续新城建设首先要充分考虑天、地、人三个层面的因素，处理好天、地、人三者之间的关系，最终实现三者之间的和谐共生。

从“天”的层面看，新城选址和建设，特别是基础设施建设要充分考虑降水、温度等自然气候条件，研究自然灾害主要类型及影响范围，根据自然气候条件设定该地区大气环境容量等。特别是在全球气候变化的大背景下，要充分考虑和研究本地区气候变化趋势，在新城规划和建设方案制定过程中，有效识别气候风险，加强海绵城市和低碳城市建设，在城市能源、交通、水利、建筑等各领域采取有效的适应气候变化措施，特别是要增强应对极端气候事件和极端天气的能力。

从“地”的层面看，新城选址和建设要充分考虑交通等区位条件，考虑水资源、土地等自然资源条件，特别是研究论证水资源的承载力问题，考虑地形地貌等地理特征。中国古代的营城理念中就充分注意到了这一点。《管子》一书提出：“凡立国都，非于大山之下，必于广川之上，高毋近旱而水用足，下毋近水而沟防省”，主张建设城市要选择依山傍水的地形，以免受旱涝之害，节省开渠引水和筑堤防涝的费用，从地形地貌上讲究背山临水、负阴抱阳，即所谓“风水宝地”。中国一些著名的城市如西安、洛阳、开封、苏州、杭州、北京、南京等的选址，都经过周密的考虑。千百年来，这些城市虽遭受不少天灾战祸，但经过重建、改建或扩建，仍保存至今，可见地利优势明显。

从“人”的层面看，新城规划建设要根据本地的自然气候条件和资源地理条件，综合考虑确定新城容纳的人口规模，对新城人类活动，即人类生产和生活方式做出科学合理的规划，明确新区的主要社会功能及产业发展方向。要围绕满足人类社会公共生活需要，构建城市社区和公共服务设施，城市规划不能只考虑如何快速把人送到办公室或工厂开始一天的工作，也必须考虑人们结束一天的工作之后或者在休息时间如何过上美好的生活，使“城市使生活更美好”成为一种真正触手可及的现实，而不是建设一座人们仅有容身之处的蜂巢蚁穴式的城市。

回到历史的视野，可持续发展的内涵并非一成不变，而是在发展中与时俱进，同时又具有阶段性特征，可持续发展既具有空间性，也具有时间性，空间是基础，时间是结果。因此，可持续新城的规划和建设，要在树立“天地人和”这一总体理念的基础上，从空间和时间两个维度进行战略管理，具体来说，即贯彻以下七项基础性原则。

一是坚持功能管控。城市功能决定着城市的发展方向，也决定着城市的规模和格局。可以说有什么样的功能就有什么样的城市。古代城市的形成，基本上都脱不开政治、军事和贸易这三大领域的社会需要，其功能无外乎统治中心、军事堡垒和商业中心。随着商品经济的发展和国际贸易的兴起，在欧亚等地的全球贸易节点地区，如中国的泉州、广州，欧洲的地中海地区，逐渐形成了一批沿海港口城市，城市也即围绕贸易港口来发展和布局。古希腊的城市，如雅典，以古代民主制作为城邦统治形式，故公民集会的城市广场和其他公共建筑在城市居于核心的地位，城市围绕广场来布局。基督教兴起后，在古罗马重建时，教皇西克斯特五世将城市最主要的基督教堂与一连串大道相连，让朝圣者能够顺利通行，形成以教堂为中心的城市格局。现代工商业城市的兴起，主要是源于自然资源的开发和优势产业的集聚，一些地理位置优越和产业优势明显的城市经济功能趋于综合，城市的集聚力日益增强，从而使城市的经济功能大大提升，成为区域性、全国性甚至国际性的经济中心和贸易中心。传统城市的功能较为单一，而现代城市往往是功能叠加的复合体，如果缺乏对功能的管控，极易陷入无序发展的混乱境地。而一旦功能失调，发展失序，调整起来就将付出巨大代价，甚至积重难返。因此，对可持续新城来说，找准功能定位并进行有效管控是最基础的工作，也是实现可持续发展的核心。新城的发起和建设，总是基于一定的目的和基础，只有确定了其在国家和区域发展中的主体功能定位，才能够围绕其主体功能确定相应的发展战略及空间格局，有些新区的建立主要是承担国家赋予的特定功能，则功能管控更为根本和重要。如雄安新区的设立，其功能定位一般表述为北京非首都功能集中承载地，即专门承接从北京转移出来的不符合首都四大核心功能的其他功能，但其承接的是金融、高校、科研单位、企业总部等高端功能，而不承接从北京转移出的一般制造业或低端产业，因此，从北京与雄安的关系看，更准确地讲，北京保留的功能是首都核心功能，雄安新区承接的是首都非核心功能，即副首都功能。这是雄安新区规划和建设的逻辑起点，雄安新区的可持续发展，必须坚持好这一国家赋予的主体功能定位，而不能随意扩展其主体功能。

二是坚持规模管控。任何一个城市都是建立在一定的资源环境条件之上的，资源环境中最短的短板决定了城市的适度规模（这里主要是指人口规模和产业规模），坚持对城市规模进行管控，是实现“天地人和”发展理念的重要前提。坚持规模管控，不是提倡用计划经济或户籍制度的办法强行阻止人员流动和经济活动，而是要对城市规模进行目标化管理。从国内外的经验看，城市的规模管理往往难以实现既定目标，核心城市的膨胀问题一直是困扰各国政府的一个难题。实际上，规模管控要达到效果，不能单就规模管控论规模管控，而是要综合运用城市功能管控、空间管理和产业准入等各种措施，才能达到规模有效管控的结果。近年来，北京、上海就减量化发展所进行的探索，可以看作是一个新的尝试。尽管这种探索还不完善，产生了一些引起社会关注的问题，但方向应该是正确的，同时，也恰恰说明了，由于早期未能进行有效的规模管控，等城市无序膨胀之后再进行规模管控，难度会更大。国外一些条件非常优越的小城镇，之所以数十年仍保持小城镇状态，许多是由于居民愿意坚守小镇生活状态，通过意愿表达，形成了社区政策共识而实现的。因此，规模管控是可持续新城建设的红线，一旦规模管控失效，新城的可持续发展目标往往也难以实现。

三是坚持边界管控。城市建设不能无限扩展、“摊大饼”，已经成为各方面的高度共识。只有确定并坚守城市建设的边界，才能实现集约化发展，城市化的集聚优势才能得到有效发挥。从实践来看，许多城市在发展过程中提出了边界管控，却难以做到真正的管控，每次城市规划修编都是大幅扩张城区范围的时机，城市框架不断拉大。这与我国政府强势主导地位不无关系，也与城市辖区面积巨大、有足够的扩张空间密切相关。可持续新城开展边界管控，应该充分吸收借鉴以往城市边界管控的经验教训，建议对新城边界管控进行专门立法，使之具有法律效力，并对边界调整设定更复杂的法律程序和机制，大幅提高政府调整城市边界的门槛。

四是优化空间管理。合理的空间布局是实现城市可持续发展的基础。新城的规划和建设，应在加强气候水文等各方面调研的基础上，充分考虑选址的地形地貌特征，确定科学合理的空间策略，避免出现颠覆性错误。一般来讲，对具有较大规模的新城，应坚持多中心、组团式发展的空间布局，避免单中心发展造成城市功能过于集中；坚持公交优先和慢行系统优先为导向的城市发展模式，严格限制私人轿车发展；按照产城融合的原则，合理划定功能区，特别是要构建好城市生态走廊和生态系统；按照密路网、小街区的原则开展城市内部设计，注重土地利用的职住平衡，创新性推动建立垃圾污水社区分类处理系统。

五是优化产业管理。产业是城市实现经济可持续发展的关键，新城的产业发展，需要一个过程，切忌操之过急，为了增加经济总量而不加选择地引入产业。要根据城市主体功能定位和可持续发展要求，制定城市鼓励类和限制类产业目录清单，加强产业准入管理，也要根据城市可持续发展进程，对城市产业体系进行及时调整，加强产业退出管理。同时，对产业和商业发展要进行合理的空间管理，特别是对社区内的商业服务设施也要进行准入管理，并建立社区居民参与审查商业准入的机制，尽量使社区商业服务设施与社区需求相匹配。

六是优化知识管理。城市是人的城市，城市可持续发展的关键在人，市民的素质和理念，对城市管理目标的实现具有关键作用。可持续新城在发展过程中，要建立全面的可持续发展教育、培训体系，大力弘扬生态文明理念，形成可持续发展文化。城市的建设者和管理者首先必须注重可持续发展理念更新和知识积累，企业家群体对实现经济的可持续发展具有主体性作用，民间组织和媒体、学校、科研机构都是开展可持续发展教育的重要主体和平台，公众的自发行动和积极参与，对可持续发展目标的实现具有重要的保障作用。

七是优化流量管理。可持续发展的重要指标是资源环境的可持续。资源消耗和环境污染主要来源于城市的经济和社会活动，来源于城市的人流、物流、车流。优化“三流”的管理，可以在不大幅增加投资成本的基础上，减少资源消耗和环境污染。优化新城流量管理是一项系统工程，其中十分重要的一点是优化信息流管理，通过大数据等手段，制定合理的管理方案，最终实现系统优化。

总之，实施好可持续新城建设这一系统工程，必须在可持续发展的理念和方法指引下，通过全方位探索来实现。本书是对各地新城实践探索特别是雄安新区规划建设理念的初步总结和提炼。由于水平有限，书中错漏之处难免，希望读者批评指正。

田成川

2018 年 7 月 28 日凌晨于北京坐忘斋

目　录

第一章　城市发展理论与趋势

第二章　可持续新城规划与建设理念

第三章　可持续新城资源环境承载力评价

第四章　可持续新城空间布局

第五章　可持续新城产业发展

第六章　可持续社区

第七章　可持续交通

第八章　可持续基础设施

第九章　可持续新城投融资

第十章　实施保障

第一章
城市发展理论与趋势

内容提要

城市（城镇）是人类社会生产力发展到一定阶段才出现的，是社会分工和商品交换发展的结果。随着城市的形成与发展，城市发展理论也在不断深化。现代信息技术推动人类进入信息社会，城镇化与城市发展理论的研究也进入一个新阶段。城市的发展极大地改变了社会生活面貌，但同时也给人类带来了从未有过的问题、压力、挑战和考验。改革开放后我国城镇化水平迅速提高，城市数量和城市规模不断扩大。城市的发展也给我国带来诸多现实问题，如资源的巨大消耗、环境的严重污染等。我国城市发展也要适应和跟上全球城市化新特点、新趋势。

城市，作为人类经济社会发展的活动中心，对全球可持续发展具有重大和直接的影响。根据联合国预测，到2050年，全球将有66%的人口居住在城市[①]，未来的城市将面临严峻的资源消耗、环境污染、交通拥堵、居民健康等方面的压力和挑战[②]。根据国际能源署（IEA）的研究，全球城市消耗了世界约75%的终端能源，也占据了能源相关二氧化碳排放的约75%[③]。伴随全球城市化水平的持续提高，预计这一比例还将继续增长。城市已经成为温室气体排放的主要来源，也是人类实现可持续发展需要重点关注的领域。

一、城市的起源与功能

在人类历史发展进程中，城市大约经历了六千年的演变。考古资料显示，世界最早的城市出现在原始社会末期，此时西亚地中海、波

① United Nations（2015a）. World urbanization prospects. The 2014 revision. New York: De-partment of Economic and Social Affairshttp://esa.un.org/unpd/wup/Publications/ Files/WUP 2014-Report.pdf（accessed 22.5.2016）.

② OECD（2012）. OECD environmental outlook to 2050. The consequences of inaction. OECD Publishinghttp://www.naturvardsverket.se/upload/miljoarbete-i-samhallet/ internationellt-miljoarbete/multilateralt/oecd/outolook-2050-oecd.pdf（accessed 23.2.2016）.

③ International Energy Agency，World Energy Outlook 2008，2008.

斯湾沿岸的安纳托利亚高原、美索不达米亚平原已经出现了城市的萌芽。此后，城市在北非尼罗河流域、我国黄河流域和南亚印度河流域，以及欧洲大陆和中美洲相继出现。

（一）城市的起源

城市是经济社会发展到一定历史阶段的产物，是人们居住和进行各种活动的场所，是人类创造文明和财富的主要载体，是社会进步和文明发展的象征。城市的产生已有几千年，其性质、功能与形态不断发生变化，由少数人居住和活动到多数人居住和活动，由消费性城市到消费贸易性城市再到消费贸易生产性城市，终于发展成人类的主要聚居区和政治、经济、文化综合体。城市是乡村的对立物，又依托农业而存在，其间也经历了城乡不分、城乡分割、城乡融合等阶段。

市是交易的场所或曰集中交易的地方。最初的市在城的外面，甚至离城有一段距离，后逐步聚集在城门附近或城的四周。随着城的扩大，市进入城内，但被局限在城中的特定地点，“市有垣”（《说文》），市垣四面设门，设有官吏管理。随着城中市坊制度的瓦解，市场活动突破市垣分散到街坊之中。

城市具有三个基本特性[①]：一是空间聚集性。城市不仅聚集了大量的人口、资源和社会经济活动，而且限定于一定的地域之中。二是经济上的非农性。城市是工业、商业、运输业、服务业等非农产业的

① 朱铁臻：《城市发展学》，河北教育出版社 2010 年 4 月第一版，第 22 页。

聚集地，与农业在专业与地域方面有明显的分工。三是结构上的多样性。城市是由多种多样的许多个体构成的，它们之间的相互作用不仅导致了社会关系的多样性，而且形成了经济、文化活动的多样性。

城市还有一个非常重要的特性，即中心性。城市是区域经济的中心，不能孤立存在。城市不管大小均有一定范围的腹地，这是城市发展的支撑，也是带动周边地区的经济社会发展的关键，城市的规模越大，其辐射带动的范围也越大。现代城市集中了大量人口和企业，因而也是一定区域内的生产、交换、分配与消费的中心。城市以其广阔的市场需求、大量的就业机会、良好的基础设施以及先进的科技文化水平产生了巨大的吸引力和辐射力，发挥着区域经济发展的主导作用。

（二）城市的功能

城市一般具有政治功能、经济功能、社会功能和文化功能。从本质上看，可以将其概括为聚集和扩散两大功能（图 1–1）。远古的城市首先是政治中心，然后发展为经济中心。现代城市一般经济功能较强，并同时成为一定地区的政治中心，如省、市政府所在地。文化是城市的灵魂，城市人口密集，决定了城市有着丰富多彩的文化活动，并不断产生新的文化艺术形式和新的生活方式。交通功能也是城市的重要功能，城市一般位于比较优良的区位，水陆空交通便利，大的城市甚至成为区域交通枢纽。依托便利的交通网络，使其与全国乃至世界联系起来，进一步增强了城市的政治、经济、文化功能。

城市的聚集功能主要源于其规模效益，正是规模效益的吸引，将区域中的人口和各类要素，包括二三产业、人才、原材料、资金、科技等资源强烈地聚集于此。聚集是一个量变的过程，但聚集到一定的程度，就会引起质变，产生极化效应。城市的极化效应使之成为区域经济社会活动中心和城镇网络的发展极核，其能量和层次随之不断提升。恩格斯对近代城市的聚集效应曾做过生动的描述："这一切（伦敦）是这样雄伟，这样壮丽，简直令人陶醉，使人还在踏上英国的土地以前就不能不对英国的伟大感到惊奇；"[①]"只有法国这样的国家才能创造巴黎。只有当你看到了这一美丽国家的惊人的财富时，你才懂得这个光辉灿烂、宏伟壮丽的无以伦比的巴黎是怎样产生的"[②]。

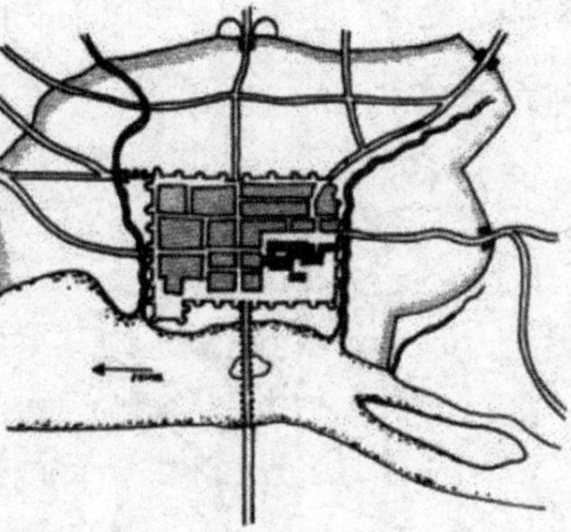

图 1–1　5 世纪时的鲁昂（Rouen）

资料来源：[法] 勒·柯布西耶：《明日之城市》，李浩译，方晓灵校，中国建筑工业出版社，2009 年。

注：教堂建于古老的公共建筑区。1750 年，新的围墙开始包围村间小道；城市发展的命运十分明确。市中心在经历了数世纪的变迁后仍然保持了直线形的格局。

① 《马克思恩格斯全集》，第 2 卷，第 303 页。

② 《马克思恩格斯全集》，第 5 卷，第 551 页。

城市在不断聚集、成为增长极的同时，还存在着扩散效应。但不同发展阶段的聚集与扩散主次位置有所不同，在城市迅速成长过程中，以聚集为主，使城市获得较高的能量；而当能量聚集到一定程度，规模效益开始消失，土地价格上涨，生活费用攀升，扩散将占主要地位，以避免过分集聚带来的非经济性，而追求更高的边际收益。城市扩散功能的大小同其自身能级的高低相关，能级越高，扩散功能越强，扩散的范围也越大。城市在扩散过程中不断得到发展，而更重要的是通过扩散效应带动其周边城市和区域的发展，它体现在空间规模和空间结构两方面。城市的扩散主要通过产业、资金、技术、人才、信息等经济要素的溢出对周边经济产生影响，可以采取直接转移、产业链条延伸及协作等多种方式（图 1–2）。

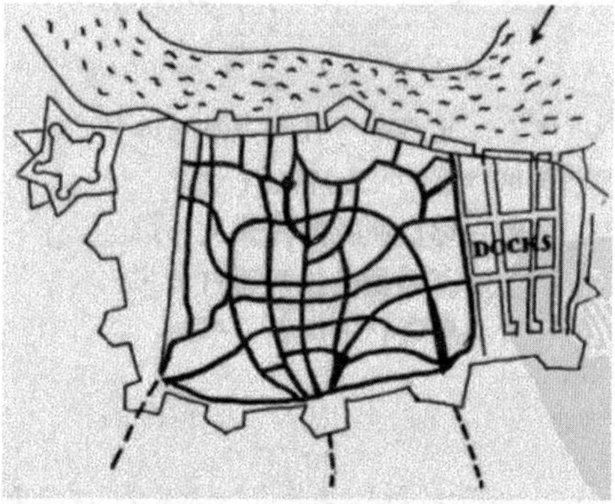

图 1–2　17 世纪的安特卫普（Anvers）

资料来源：[法] 勒 · 柯布西耶：《明日之城市》，李浩 译，方晓灵 校，中国建筑工业出版社，2009 年。

注：城市一年年扩大，其平面受现有人口道路所控制。几个世纪以来采取了一系列巧妙的适应性改造。这仍然是一个非常不错的曲线形平面图。

从理论的角度，城市的功能可概括为聚集和扩散两个方面。然而，从经济社会实际发展看，城市的功能则表现为多个方面，包括经济功能、交通枢纽功能、社会文化功能、行政管理功能等。这些功能往往交织在一起，在与周边城市的相互联系、相互作用中，带动整个区域经济的发展。

（三）近现代城市的基本特征

近现代城市是工业革命的产物。18 世纪，产业革命改变了整个社会的生产方式，提高了劳动生产率，推动了生产力的迅速发展。同时，它还带来了生产关系的革命。工业革命后发展起来的近现代城市与古代城市相比，最明显的特点是发展速度加快，城市规模日益扩大。伴随着机器大工业的发展，以工业城市为特征的新城市不断涌现；以往数千年缓慢发展起来的万人规模的城市在短短几十年中膨胀、发展成为几十万、上百万甚至千万人口的大城市、特大城市。

1. 近现代城市具有市场经济的内生优势

城市各类企业集中、创新能力强、商品交换范围广，决定其具有产生现代市场经济所要求的高效率、高效益的内生机制；有利于市场体系的发育，实现市场的规模化、社会化、专业化和国际化。古代城市主要是统治阶级的政治中心、军事统治中心、宗教活动中心以及简单商品的交易市场，而近现代城市是工业化的产物，是商品经济发展的结果，因而大部分城市的性质、功能主要是工业制造中心和商业、金融活动中心以及科学文化中心。[①]

2. 城市产业结构外向度高

城市是工业和各类服务业的聚集地，具有综合经济功能，产业层次和外向度较高。在产业结构调整和发展新兴产业过程中，产业向外转移与扩散可以为周边地区发展提供良好的机遇，形成专业化协作网络和沟通产销的流通网络。城市拥有大量资本，并可以从其他地区吸引更多的资本，同时，城市可向周边地区输出大量资本，周边地区也可到城市的资本市场上筹集资金，以满足经济发展的需要。城市拥有众多的信息机构、法律、中介、咨询等机构，可将各项经济活动源源不断提供的大量经济信息进行有效处理，通过信息网络为周边地区提供方便、全面的服务。城市对外经济技术协作与交流并不局限于经济区内，而是同国内和国际市场相联系。它对经济要素的聚扩、转换呈现出大范围、大规模、多层次、全方位、高效率、高效益的特点，对经济要素的输入、输出、流向和流量具有很大的调节作用，在组织、带动地区参与国内经济联合、开拓国际市场的过程中，发挥着重要的枢纽作用。

由于大城市的用地不断扩大，人口不断增加，因而使大城市附近的村、镇和小城市逐渐连成一片，形成以大城市为核心的都市圈和城市群。如以伦敦和伯明翰为核心的英国东南部城市群；以巴黎为核心的法国西北部城市群，以纽约为核心的美国大西洋沿岸城市群，以东

① 王圣学："城市的起源及其发展"，《现代城市研究》，1995 年第 2 期。

京为核心的日本东海道城市群，以上海为核心的中国长三角城市群等。

3. 基础设施是发挥城市经济功能的基本保证

基础设施是指为城市经济活动、社会活动、人民生活创造共同条件并提供服务的社会性公共设施，包括交通通讯设施，给排水设施，供电、供气、供热设施，排污、治污设施，城市绿化等环境设施。基础设施是联系城市生产力系统内部各子系统的纽带，起着空间支撑物的作用，成为沟通整个城市经济有机体的物质脉络，为投资商、旅游者、各种人才、居民提供周到的服务和舒适的环境。城市综合经济功能的发挥就寓于基础设施的发展之中，基础设施完善水平是城市经济功能强弱的物质衡量标准，是城市现代化的重要标志。城市的交通通信设施包括对内对外两方面及其彼此的联系，如果把所有的联系比作一张网，城市便是网上的纲，发挥着交通通信中心功能，而这张网则是区域工业化、城镇化的支撑系统和重要的经济布局轴线（图 1-3）。

在城市建设方面，近现代城市与古代城市有很大不同。如随着科学的进步和建筑水平的提高，出现了能容纳大量人流的车站、码头、机场，规模巨大的商店、银行和设备完善的游乐场、公园，摩天大楼式办公楼，大型居住区等。①

4. 城市具有科技创新与扩散作用

城市具有科教和文化中心功能，是科学技术进步的策源地和区域

① 王圣学："城市的起源及其发展"，《现代城市研究》，1995 年第 2 期。

图 1–3　华盛顿（局部）：人类智慧之作品

资料来源：[法] 勒·柯布西耶：《明日之城市》，李浩 译，方晓灵 校，中国建筑工业出版社，2009 年。

创新基地，这对周边的影响比物流的传递更具渗透性，科教与技术创新已成为产业结构升级和经济增长最活跃、最重要的因素。城市有较好的物质技术及组织服务条件，而作为统一市场重要组成部分的科技市场直接刺激科技进步，并具有将科学技术扩散、转移，带动其他地区科技进步的作用，城市向其他地区有偿转让科技成果，出售专利，实际上起到了转移和扩散科学技术的作用。同时，在引进、消化、扩散国内外先进技术的过程中，城市则能起到带动区域内乃至全国的技术进步和产品更新换代的作用。

（四）城市产生的动因

城市不是从来就有的，而是人类社会生产力发展到一定阶段才出现的，是社会分工和商品交换发展的结果。然而，城市作为一个复杂的社会物质载体，因发展历史背景、地理位置的不同等原因，不同城市产生的根源又不完全一样，呈现出多样性。纵观世界各地城市的起源和发展历史，一般城市的产生大致有以下几种动因[①]。

1. 商品生产和交换

随着社会生产力的发展，出现了人类社会第一次、第二次大分工，特别是第二次社会大分工出现后，初级的商品交换和以出售为主要目的的商品生产迅速发展。个体手工业者的产品不再主要是为了满足自身的消费需要，而是为了把产品拿到市场上去卖。这些商品生产者为了扩大生产规模、减少运输距离、便于产品出卖，便选择某个地理、资源环境优越的地点，聚集在一起进行生产。商品交换和商品生产的不断发展，在客观上要求在时间和空间上都要有一个相对稳定的市场，这样有利于扩大商品交换的规模，有利于商品生产者按照市场的需求进行生产。久而久之，城市就形成了。例如，远在原始社会末期的氏族社会，上埃及巴大里一带（即现在埃及南部）的氏族部落，他们当时交换物品的地区已经很广阔，许多贵重装饰品和器皿的原料来自很远的地方。如坚硬的玄武岩来自开罗附近，贝壳来自红海沿岸，象牙来自南方，孔雀石、绿松石、铜来自西奈半岛。对这种因商品交换、集市贸易发展起来的城市，中国古代典籍中早有记载。如《周易》中说：“日中为市”；《国语》中说：“争利者于市”。这些商品生产和交换点逐步形成小城镇，再发展成为城市。

① 王圣学：“城市的起源及其发展”，《现代城市研究》，1995 年第 2 期。

2. 对外贸易

由于沿海地区濒临海洋，交通方便，非常有利于同外部交往。在商品生产和交换规模不断扩大的情况下，随着生产工具和生产技术的进步、舟船的发明、港口的修建和相应的仓库、储运、交通、服务等设施的建设，因对外贸易的繁荣而发展起来的外贸型城市兴起了。如中世纪初期中国东南沿海出现的外贸城市泉州、广州。

3. 军事防御需要

古代氏族、部落之间，为了争夺条件优越的土地、牧场、果园和剩余的劳动产品，经常大动干戈。在这种情况下，每一个氏族部落都是一个军事集团与军事共同体。为了防御其他部落的攻击，为了保护本部落的生命和财产安全，各个氏族部落纷纷在自己居住地周围挖掘壕沟，修筑高墙，于是最初军事防御形态的城市就出现了。

4. 政治统治需要

随着生产力的发展和私有制的建立，阶级和国家出现了。统治阶级为保护搜刮得来的财富和防止人民的反抗，为了有效地实施政治统治，便从中央到地方建立了严格的政治制度。国家政治中心——京城和地方首府城市就出现了。这些城市设立的最初动因是政治统治和行政指挥中枢的需要，并促进了城市经济发展和文化繁荣。因此，在古代，凡是国家和地区经济最繁荣、社会最发达、规模最大的城市，都是国家和地方的政治中心城市。

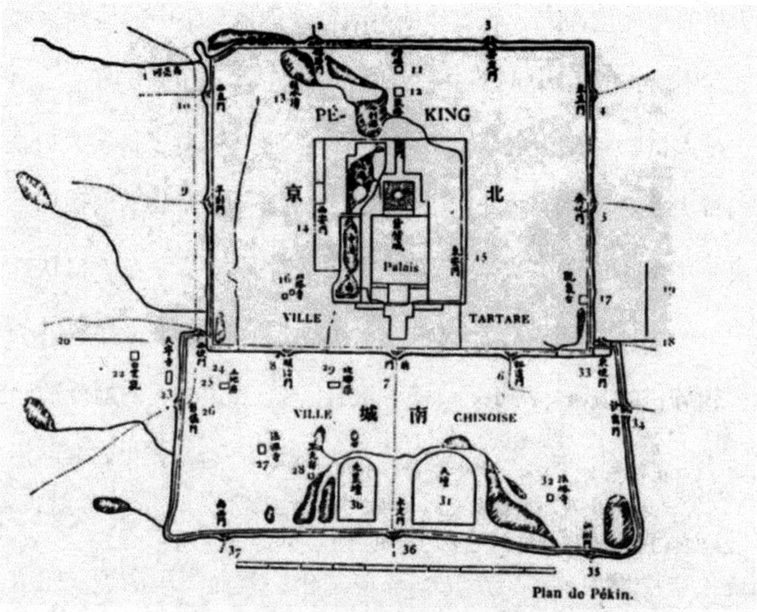

图 1–4　故都北京的平面图

资料来源：[法]勒·柯布西耶：《明日之城市》，李浩 译，方晓灵 校，中国建筑工业出版社，2009 年。

二、城市可持续发展面临的问题与挑战

（一）从全球城市化进程看城市可持续发展面临的挑战

工业革命以来，全球城市化迅速发展，世界城市化水平显著提高，城市社会的相互联系大大增强。但是，城市的发展同样给人类带来了从未有过的问题和压力、挑战和考验。一些国际大都市已经成为全球性生产力中心、科学技术中心、教育文化中心、世界贸易中心。同时，城市也成为价值和文化冲突、环境和社会问题表现最为集中的地方。城市化发展进程中面临的重大问题和挑战主要表现在以下五个方面。

一是人口膨胀①。全球城市化的深入发展，产生了许多人口在千万以上的特大城市。特大型城市通常对人口具有强大的集聚作用，而人口的快速集聚也成为各大城市发展的重要动因之一。在人口快速集聚过程中，一旦城市建设和管理跟不上迅速增长的需求，导致各类城市基础设施的供给滞后于城市人口的增长，就会引发一系列矛盾，出现环境污染、就业困难、治安恶化等“大城市病”。19 世纪末前后，英国城市人口急剧膨胀，造成住房短缺，贫民窟比比皆是；公共卫生设施奇缺，空气及水源污染严重，环境恶化；就业竞争激烈，工人处境艰难；犯罪率居高不下等。又如拉美地区，在 20 世纪中叶进入工业化发展阶段后，城市人口迅速集聚，城镇化水平甚至超过发达国家，出现城镇化速度超过工业化速度的“过度城镇化”。

二是交通拥堵②。交通问题一直是城市病的首要问题。迅速推进的城镇化以及大城市人口的急剧膨胀使城市交通需求与交通供给的矛盾日益突出，主要表现为交通拥堵以及由此带来的污染、安全等一系列问题。20 世纪中叶的伦敦，由于市中心区域集中了政府机关、法院以及大量的企业、金融机构和娱乐场所，并有超过 100 万个就业岗位，每天在高峰时段有超过 100 万人口和 40000 辆机动车进出中心城区，造成该区域严重的交通拥挤，区域内平均车速只有 14.3 公里 / 小时，成为全英国最为拥挤的区域。在巴黎，20 世纪 60 年代，由于采取了

①② 张诗雨：“发达国家城市化发展特征及面临的重大问题”，《中国发展观察》，2015 年第 3 期。

“适应小汽车发展”的政策，结果私人小汽车与日俱增，导致市区交通严重阻塞，1973 年，环城快速路开通后不久就出现了持续性的拥堵。交通拥堵不仅会导致经济社会诸项功能的衰退，而且还会引发城市生存环境的持续恶化，成为阻碍发展的“城市顽疾”。

三是环境污染[①]。由于工业的发展和汽车的普及，城市面临着日益严峻的环境污染问题。环境污染使得城市从传统公共健康问题（如水源性疾病、营养不良、医疗服务缺乏等）转向现代的健康危机，包括工业和交通造成的空气污染、噪音、震动、精神压力导致的疾病等。环境污染对城市的影响是很大的，世界银行曾对此做过估算，认为由于污染造成的健康成本和生产力的损失大约相当于国内生产总值的 1% 到 5%。

四是资源短缺[②]。2002 年在南非召开的可持续发展世界高峰会议，一致通过将水资源列为未来十年人类面临的最严重挑战之一。联合国环境署同年在《全球环境展望》上指出，“目前全球一半的河流水量大幅度减少或被严重污染，世界上 80 多个国家或占全球 40% 的人口严重缺水”。在缺水型国家或地区中，城市的水资源紧缺问题最为严重。据联合国有关机构预测，不论是发展中国家还是发达国家的大中型城市，包括北京、上海、休斯敦、雅加达、洛杉矶、华沙、开罗、拉各斯、达卡、圣保罗、墨西哥城、新加坡等未来都将面临严重的水荒。此外，土地资源紧缺问题也是大都市在城镇化进程中所必然出现的问题。由于土地存在供给的绝对刚性，在大量的人口和产业向中心城市集聚过程中，像东京、纽约、伦敦等大都市都出现了较为严重的土地

①② 张诗雨：“发达国家城市化发展特征及面临的重大问题”，《中国发展观察》，2015 年第 3 期。

紧张问题，土地对现代化大都市可持续发展的制约作用更加突出。如何开辟新的发展空间、拓展地域范围已成为各大都市实现可持续发展的必然要求。

五是城市贫困[①]。贫民窟问题是世界各个国家在加快城镇化发展进程中所面临的普遍现象。贫困人口多数集中于城市，而城市贫民又大部分住在贫民窟。发展中国家如印度孟买、巴西圣保罗等，贫民窟现象较为突出。贫民窟带来的社会问题主要有：一方面，贫民窟居民大部分人处于贫困线以下，享受不到作为公民所应享有的经济社会发展成果，居住、出行、卫生、教育条件极差，不仅影响当代人，也影响下一代人的发展。另一方面，生活水平的巨大差异造成国民感情隔阂，加之贫民窟游离于社区和正常社会管理之外，一些贫民窟为黑社会所控制，成为城市犯罪的窝点。1900 年，纽约市近 400 万人里就有 150 万居住在 4.3 万个贫民窟里，直到 21 世纪，纽约还有哈莱姆贫民区的存在。目前，孟买 1600 万人口中有 60% 居住在仅占城市土地面积十分之一的贫民区和路边的简陋建筑中，贫民窟已经成为这个世界著名港口城市以及印度经济中心城市的一大特色。随着城市经济的快速发展，贫民窟现象将会逐部得到解决，贫困人口的比例将会逐年下降。

（二）我国城市可持续发展面临的问题与挑战

改革开放后，我国城镇化水平迅速上升，到 2016 年底，已经达到

---

① 张诗雨："发达国家城市化发展特征及面临的重大问题"，《中国发展观察》，2015 年第 3 期。

57%。从 1990 年代后期开始，城镇化进入快速推进阶段，城镇化率年均增长近 1.5 个百分点。但是，城镇化进程也给我国带来诸多突出的问题，如资源的巨大消耗、环境的严重污染、交通的严重拥堵等。这些问题与挑战如得不到有效控制和解决，我国城镇化进程和质量都将受到不利影响。

1. 资源约束突出

我国是水资源严重短缺的国家，多数城市面临水资源危机。我国人均水资源不足世界平均水平的 1/4，属于严重缺水国家。我国目前 600 多座城市中约有 400 多座城市缺水，其中 114 座严重缺水，北方一些城市被迫限量供水。据粗略估计，由于缺水造成的经济损失每年大约有 2000 亿元[①]。近年来，随着工业化和城镇化进程的加快，我国用水需求也急剧扩张，进一步加剧了水资源供需的矛盾，导致供需缺口不断加大。在 20 世纪 90 年代前后，我国水资源供需缺口在 300 亿立方米左右，2000 年前后水资源供需缺口在 400 亿立方米左右，当前供需缺口则超过 500 亿立方米，供需平衡难度加大的趋势非常明显。

随着工业化和城镇化快速推进，我国城市建设用地一直保持较高增速，城市用地的巨大需求与可供土地的严重短缺的矛盾日益尖锐。根据国土资源部对全国土地的总体规划结果，预测自 2010~2020 年我国新增建设用地为 585 万公顷，“十二五”时期，年建设用地需求在 80 万公顷以上，年供地 60 万公顷左右，存在明显的供需缺口。随着城

① 霍雅勤：“中国水资源危机与节水潜力分析”，《资源·产业》，2003 年第 5 期。

镇化水平的不断提高，预计“十三五”时期建设用地需求将进一步扩张。从“十二五”的实际供给情况看，前三年均突破规划控制指标。预计在需求持续增长的背景下，“十三五”时期建设用地实际供给可能仍会突破规划控制指标。建设用地供需矛盾将成为“十三五”时期城市发展的主要制约因素。

2. 环境污染严重

随着环境整治力度的加大，全国城市环境质量总体好转，但我国重点城市环境污染形势仍很严峻。根据 2016 年监测资料，全国 338 个地级及以上城市平均优良天数比例有所下降，优良天数比例降低 5.1 个百分点，PM2.5、PM10、NO_2 平均浓度有一定幅度上升，大气环境质量堪忧。作为全国空气重污染高发地区，京津冀及周边地区 2015 年区域内 70 个地级以上城市共发生 1710 天次重度及以上污染，占全国的 44.1%，空气污染形势非常严峻。

我国城市水环境污染形势不容乐观。在过去十年间，我国废水排放总量逐年上升，增长近 50%。工业化和城镇化进程中逐年增加的水体污染最终都要排放到江河之中，一些地方形成了“有水皆污”的困局。根据 2016 年监测资料，我国主要江河断面中Ⅳ类、Ⅴ类、劣Ⅴ类约占 25%，不少流经城镇的河流、沟渠“黑臭”问题突出。由于污染造成的水质性缺水几乎蔓延到我国所有城市，成为我国沿海经济发达地区和中西部地区共同面临的难题。

除水环境、大气环境污染外，我国多数城市固体废弃物、土壤、噪声、有毒化学品、光辐射等污染的防治仍任重道远。总体上看，环境污染仍是城市可持续发展的巨大制约。

3. 能源消耗巨大

能源是一座城市正常运转不可或缺的要素，城市也是能源消费的主体，全世界 80% 的能源消耗集中在城市。随着我国城镇化的加速，城市能源需求不断增长。我国已成为全球能源第一消费大国，随着各地城镇化及工业化进程的加快，能源需求缺口将进一步扩大。我国气候条件比较特殊，很多城市与其他国家同纬度的城市相比，夏季平均温度高出 1.3℃ ~ 2.5℃，冬季平均温度约低 5℃ ~ 15℃，导致我国城市冬季供暖、夏季制冷能源需求较高。另外，我国正处在高速城镇化时期，近几年每年新建建筑面积均超过 30 亿平方米。根据发达国家城市发展历史经验，未来一段时间内，我国建筑和交通能耗将呈现刚性增长态势，占比将分别从目前的 20% 和 10% 左右增长到 1/3 左右。从现在的趋势看，我国城镇化与工业化相互叠加将一步增加能源供给压力。

4. 交通拥堵加剧

伴随着我国城镇化进程的加速推进，大城市以其在区域中的政治、经济、文化中心地位以及优越的公共服务资源配置、更多的发展机会吸引了大量的外来人口，城市人口规模快速膨胀，给住房、交通等带来了巨大的压力。

近年来，我国大城市交通状况日益恶化的问题引起了社会各界的广泛关注。随着近几年我国大城市经济的快速发展，机动车拥有量迅速增加，交通供需矛盾日益突出，加剧了城市道路的拥堵程度。特别是大城市中心区小汽车无序发展、过度使用，使中心区的路网经常处于超负荷状态，加剧了大城市交通拥堵的严重程度。近 15 年来，北京汽车保有量每年平均递增率超过 15%，个别年份甚至接近 20%，而道路长度和道路面积的年平均增加率仅为 1.2% 和 3.7%，致使交通需求，特别是小汽车交通需求与市区路网总容量之间的缺口日益扩大。[①]

拥堵使大城市的经济活动受到很大的妨碍，其代价是高昂的，而纯粹用增加交通设施供给的方法去解决拥堵需要付出更高的代价。大城市交通系统的建设费用和运行费用是巨大的。地铁、隧道、桥梁、公路等基础设施的建设耗资巨大，但这些仅仅是全部费用的一部分，建成以后，每年还需要投入大量的运营费用。人们每天穿梭往返于家门和工作场所之间，在上下班交通上要花掉大量时间。[②]

5. 空间无序蔓延

城市空间无序蔓延是我国城镇化的突出问题，而且这一问题在今后一个时期还可能延续。由于城市迅速向四周扩大，范围急剧扩张，城乡结合地区的农业土地被迅速变成城市土地，最终导致的直接后果是，城市像“摊大饼”一样越“摊”越大。以北京为例，多年来北京

① 彭军、王江锋、王娜：“我国大城市交通拥堵成因及治理策略分析”，《中国科技信息》，2011 年第 16 期。
② 种浩：“当前制约我国城市发展的问题及对策研究”，硕士论文，天津大学，2009 年。

城市中心区以每年20平方公里的速度向外扩张，一环套一环，使得城市沿同心圆方向摊成“大饼”，周边的大片农田被吞噬，生态功能丧失，出现“热岛效应”，降雨量减少。如果不改变以前的城市发展模式，首都的自然生态和乡村生态将受到严重威胁。事实证明，无限度拓宽道路、扩张城市的做法，不仅不能有效解决人口膨胀、交通堵塞、环境恶化的“大城市病”，还诱发了房价上涨、城市管理难度加大等问题，最终形成城市发展的恶性循环。

三、城市发展理论演变与未来趋势

（一）传统城市发展理论

1. 田园城市理论

田园城市理论是1898年由英国人霍华德提出的。田园城市是为安排健康的生活和工业而设计的，其规模要有可能满足各种社会生活需要，但不能太大，全部土地归公众所有或者托人为社区代管。对霍华德来说，田园城市并不是他的奋斗目标，而只是实现他所追求的社会城市目标的一个局部试验和示范，田园城市只是社会城市的一个组成部分，社会城市是一个全新的田园城市群体的组合。即社会城市是由一个中心城市和若干个名称和设计各异的田园城市组成的城市群，各城市之间依靠放射状和环状的交通网络相联系，把社会城市联结成一个整体。田园城市理论直接孕育了英国现代卫星城镇规划理论，对城镇的空间布局具有一定的指导意义。

2. 中心地理论

中心地理论是由德国城市地理学家沃尔特·克里斯塔勒（W. Christaller）提出的。克里斯塔勒曾经敏锐地提出过这样的问题："人们探索这个原因，为什么城市有大有小？人们相信，城市一定有什么安排它的原则在支配着，仅仅是人们仍然不知道而已！"由此，他开始探索城市的分布规律。通过对德国南部城镇的调查，克里斯塔勒于1933年发表了《德国南部中心地原理》一书，系统地阐明了中心地的数量、规模和分布模式，建立起了中心地理论。

克里斯塔勒认为中心地等级规模体系在三个原则支配下形成六边形中心地网络，这三个原则分别为市场原则（k=3）、交通原则（k=4）和行政原则（k=7）。在不同的原则支配下，中心地呈现出不同的结构，而且中心地和市场区大小等级顺序有着严格的规定，即按照所谓K值排列形成有规则的、严密的系列。

克里斯塔勒认为：在三原则中市场原则是基础，而交通原则和行政原则可看作在市场原则基础上形成的中心地系统的修正。他认为，市场原则适用于由市场及其市场区域构成的中世纪的中心地的商品供给情况。交通原则适用于19世纪交通大发展时期，以及新开拓的殖民地国家，也适用于新开发区、交通过境地带或聚落呈线状分布区域。行政原则适用于具有强大统治机构的绝对主义时代，或者像社会主义国家以行政组织为基础的社会生活。

3. 城市发展模式理论

包括城市的分散发展理论和城市集中发展理论。城市的分散发展理论建立在通过建设小城市来分散大城市职能的基础之上，其主要理论包括了田园城市理论、卫星城和新城思想、有机疏散理论等。卫星城市是一个经济上、社会上、文化上具有现代城市性质的独立城市单位，但同时又是从属于某个大城市的派生产物。新城的概念更强调了其相对独立性，它基本上是一定区域范围内的中心城市，为其周围的地区服务，并且与中心城市发生相互作用，成为城镇体系中一个组成部分，对涌入大城市的人口起到一定的截流作用。有机疏散理论是伊利尔·沙里宁在《城市：它的发展、衰败与未来》一书中所阐述的对城市发展及其布局结构进行调整的理论，其方法主要是通过城市功能置换和疏散重新组织城市空间。

城市集中发展是指大城市向外急剧扩张、城市出现明显的郊区化现象以及城市密度的不断提高，在世界上许多国家中出现了空间上连绵成片的城市密集地区，即城市连绵区和大城市带。大城市带的概念是由法国地理学家戈德曼于 1957 年提出的，指的是包括多个城市连绵区在内的城市化地区，人口的下限是 2500 万人，人口密度为每平方公里至少 250 人，在我国大城市带被称为城市群。城市连绵区被称为都市圈或城市圈，一般是指在核心城市周围由密集的、连续的聚居地所形成的轮廓线包围的人口居住区，它和城市的行政界线不尽相同。

4. 世界城市

世界城市概念早在 1915 年就由西方城市和区域规划先驱帕特里克·格迪斯（Patrick Geddes）在其所著《进化中的城市》一书中提出；约翰·弗里德曼在 1986 年综合了若干年来世界城市研究的最新成果，提出了“世界城市假说”（World-city Hypothesis）。假说的实质是关于新的国际劳动分工的空间组织理论，是经济全球化、发达国家后工业化以及新的国际劳动分工背景下的产物。

世界城市的本质特征是拥有全球经济控制能力，其来源是跨国公司总部与作为生产者服务核心部分的跨国银行的总部聚集的地方，因此，世界城市是国际资本流动的决策中心。弗里德曼明确提出其理论的目的就是要将城镇化过程与世界经济力量直接联系起来，为世界城市研究提供一个基本的理论框架。

世界城市理论是城市等级理论的延伸，但又不同于传统的保持在国家层次上的城市等级体系，而是论证了在信息化、全球化背景下，一个全球统一的城市等级体系正在形成，其中国家的城市等级体系只是它的一个子系统，由于城市增长的最基本的动力由国家转向了全球，因此，在每一个国家城市体系顶端的首位城市是这种增长刺激第一线的接收者，随之他们将增长分配给他们各自国家的城市体系。

5. 柔性城市

柔性城市是“本地化经济”与“区域经济复兴”的产物。20 世纪 80 年代早期，社会学家试图解释全球化的同时某些生产活动出现的明显区域化趋势。此时，战后经济秩序正在崩溃，大工业生产的组织模式出现了转变；同时，就业与产出的主导部门由制造业向服务业转变，在制造业内部由一般加工制造业向高技术产业转变。

第一种柔性城市理论是交易成本经济学的延伸，它发展了科斯和威廉姆斯的理论，认为交易费用和生产成本决定如何组织生产。现代生产的劳动分工与生产区位相互影响，城市是新兴产业实现聚集的区域，这些产业需要以外部性达到柔性。

第二种柔性城市理论提出城市不是一个相互交叉的部门集聚的地域，是一个统一的巨型“柔性综合体”，其要素和子系统相互作用，组成一个柔性投入与产出的区域。

第三种柔性城市理论与新工业区理论有关。20 世纪 70 年代以来，本地的网络化企业正在代替垂直一体化的公司成为经济变化的主要现象。一个城市只有持续改进以保持相当柔性，才能保证不被逆工业化。

第四种柔性城市理论强调，在城市向外扩张中，人们必须衡量扩散的优劣，在保持财富和郊区自由发展的同时遏制其负面效应。城市的扩展可以说是城市内居民和城市本身为获取效用最大化而忽视整个区域发展的结果。只有“柔性城市”才能够解决内城贫困等问题。

6. 学习型城市

学习型城市是较新的概念，目前已成为诸多城市发展的中心策略。目前学术界并没有一个统一的学习型城市的概念，学习型城市的共同点在于都与创新和促进创新的系统有关，将创新和学习放在发展的中心位置。学习型城市，是以“共同意愿”为基础，以全体市民学习、团队学习、组织学习为特征的全民终身学习教育体系和机制。其显著特征是工作学习化，学习工作化，学习与工作生活化。

（二）城市发展的新理念

1. 城市网络①

长期以来，城市被当作国家管理体系中的“齿轮”，伴随着各国权力的普遍下放，城市间交流的需要在全球化进程中日益强化，随着共同的环境和社会治理问题的显现，以城市为主体形成的网络大量出现，城市或某种形式的城市联合体主动自觉地探索解决一些全球性问题，城市网络在国际舞台上扮演着日益重要的角色。城市网络围绕三个方面展开工作：形成网络并在成员间分享经验；游说和影响政府的政策制定和政府间谈判；宣传相关的问题与政策主张。

城市网络可以划分为两大类：一类是在其所涉及的地域范围内得到现行政治制度正式承认的网络，如城市及地方政府联盟；还有一类城市网络也值得关注。在诸如应对气候变化、实现可持续发展等议题上，目前的全球治理框架难以在较短时间内形成共同行动安排。在此背景下，围绕可持续发展等全球性治理议题形成了不少紧密程度不同

① 刘培森：“世界城市化和城市发展的若干新理念新趋势”，《理论学刊》，2012 年第 12 期。

的城市网络，如“能源城市”“气候联盟”“健康城市”“国际地方环境行动理事会”等。

2. 生态城市

“生态城市”是在联合国教科文组织发起的“人与生物圈计划”研究过程中提出的一个重要概念。生态城市是一个人工复合生态系统，其特征是经济高度发达、社会繁荣昌盛、人民安居乐业、生态良性循环四者保持高度和谐；城市环境及人居环境清洁、优美、舒适、安全；失业率低、社会保障体系完善；高新技术占主导地位，技术与自然达到充分融合，最大限度地发挥人的创造力和生产力，有利于提高城市文明程度的稳定、协调、持续发展。

生态城市的发展目标是要实现人与自然的和谐，包括人与人的和谐、人与自然的和谐、自然系统的和谐等三方面的内容。其中，追求自然系统和谐、人与自然和谐是基础和条件，实现人与人和谐是生态城市的目的和根本所在，即生态城市不仅能“供养”自然，而且能满足人类自身进化、发展的需求，达到“人和”。

3. 新城市主义

新城市主义是 20 世纪 90 年代初，针对郊区无序蔓延带来的城市问题而形成的一种新的城市规划及设计理论。该理论主张借鉴二战前美国小城镇和城镇规划优秀传统，塑造具有城镇生活氛围、紧凑的社区，以取代郊区蔓延的发展模式。1993 年在美国亚历山德里亚召开的第一届新城市主义大会，标志着新城市主义运动的正式确立和理论体系的成熟。新城市主义追求以人为本，力求通过从传统的城市规划和设计思想中发掘灵感，与现代生活特征相结合，构建具有地方特色、重视历史文化传统、居民具有强烈归属感和凝聚力的社区。

4. 紧凑型城市

世界上城市发展有两种模式：一种是以欧洲为代表的紧凑型模式，在有限的城市空间布置较高密度的产业和人口，节约城市建设用地，提高土地的配置效率。另一种是以美国为代表的松散型模式，人口密度偏低，但消耗的能源要比紧凑型模式多。

紧凑型城市首先由 George B.Dantzig 和 Thomas ISaaty 于 1973 年在其出版的专著《紧凑城市：适于居住的城市环境计划》中提出。欧共体委员会（CEC）1990 年发布《城市环境绿皮书》，再次提出“紧凑城市”这一概念，并将其作为“一种解决居住和环境问题的途径”，认为它是符合可持续发展要求的。之后，探讨紧凑型城市的专家学者逐渐增多，对紧凑型城市逐渐达成共识，即紧凑型城市是高密度的、功能混用的城市形态。它的优点在于对乡村的保护、出行较少依靠小汽车、减少能源的消耗、支持公共交通和步行、自行车出行、对公共服务设施有更好的可及性、对市政设施和基础设施供给的有效利用、城市中心的重生和复兴。紧凑是城市形态的紧凑，紧凑之中要有完善的城市功能和安全舒适的生活环境。

5. 智慧城市

智慧城市是运用现代信息和通信技术手段来感测、分析、整合城市运行系统关键信息，从而对城市运行管理各种需求做出智能化响应。智慧城市以新一代信息技术为支撑，实现全面透彻的感知、宽带泛在的互联、智能融合的应用以及可持续创新，其本质在于信息化与城市化的高度融合，实现城市智慧式管理和运行，进而为城市中的人创造更美好的生活，促进城市和谐、可持续成长。

智慧城市强调价值创造、以人为本，其作为一种战略被提出，可以追溯到 2008 年 11 月在纽约召开的外国关系理事会上，IBM 提出的“智慧的地球”这一理念，2009 年，美国迪比克市与 IBM 合作，利用物联网技术，在一个有六万居民的社区里将各种城市公用资源（水、电、油、气、交通、公共服务等）连接起来，监测、分析和整合各种数据，以做出智能化的响应，更好地服务市民，建立了美国第一个智慧城市。同年，日本推出“智慧日本战略 2015”，旨在将数字信息技术融入生产生活的每个角落，将目标聚焦在电子政务治理、医疗健康服务、教育与人才培养三大公共事业领域。韩国以网络为基础，致力于打造绿色、数字化、无缝移动连接的生态、智慧型城市。通过整合公共通讯平台，以及无处不在的网络接入，消费者可以方便地开展远程教育、医疗、办理税务，还能实现家庭建筑能耗的智能化监控等。欧洲许多城市将智慧城市战略视为重振经济的重要领域，亦作为提升城市竞争力及解决城市发展问题、再造城市的重要途径。欧盟启动了面向知识社会创新 2.0 的生活实验室计划，致力于将城市打造成为开放创新空间，营造有利于创新涌现的城市生态，并以生活实验室为载体推动智慧城市的建设。

各国智慧城市探索与实践，都注重通过新一代信息技术的应用，从市民需求出发，以各种基础网络为支撑建设感知设施，通过信息的融合分析提供智能服务，强调用户参与、社会参与的开放创新空间构建。

6. 低碳城市

低碳城市是以城市空间为载体，以低碳发展理念为主旨，通过转变经济发展模式、生活消费方式，创新低碳技术，实现最大限度地减少碳排放的城市可持续发展模式。低碳城市已成为世界各地的共同追求，很多国际大都市以建设发展低碳城市为荣，关注和重视在经济发展过程中的代价最小化以及人与自然和谐相处、人性的舒缓包容。

低碳城市建设包括：能源低碳化、产业低碳化、建筑低碳化、交通低碳化、生活方式低碳化。科学的城市规划是建设低碳城市的重要一步。同时，要加快经济结构调整，提高发展质量，降低高碳产业的发展速度，提高钢铁、有色、建材、化工、电力和轻工等行业的准入条件和排放标准。绿色建筑的建设包括建筑节能、可再生能源等新能源和低能耗、超低能耗技术与产品在住宅建筑中的应用。低碳交通战略可从两个方面实现：一方面是控制私人小汽车出行的数量，大力发展城市公共交通和慢行交通系统，倡导和实施公共交通为主导的交通模式。减少碳排放不仅仅是政府的责任，个人也应当承担责任。个人的行动非常重要，应当倡导低碳的消费模式，低碳的衣食住行都可以帮助减少碳排放。

7. 海绵城市

海绵城市，是新一代城市雨洪管理概念，国际通用术语为“低影响开发雨水系统构建”。传统城市建设模式处处是硬化路面，每逢大雨，主要依靠管渠、泵站等“灰色”设施来排水，以“快速排除”和“末端集中”控制为主要规划设计理念，往往造成逢雨必涝，旱涝急转。海绵城市是指城市能够像海绵一样，在适应环境变化和应对自然灾害等方面具有良好的“弹性”，下雨时吸水、蓄水、渗水、净水，需要时将蓄存的水“释放”并加以利用。建海绵城市就要有“海绵体”。城市“海绵体”既包括河、湖、池塘等水系，也包括绿地、花园、可渗透路面等城市配套设施。雨水通过这些“海绵体”下渗、滞蓄、净化、回用，最后剩余部分径流通过管网、泵站外排，从而可有效提高城市排水系统的标准，缓减城市内涝的压力。海绵城市建设应遵循生态优先等原则，将自然途径与人工措施相结合，在确保城市排水防涝安全的前提下，最大限度地实现雨水在城市区域的积存、渗透和净化，促进雨水资源的利用和生态环境保护。建设海绵城市，应最大限度地保护原有的河湖、湿地、坑塘、沟渠等“海绵体”不受开发活动的影响，并通过综合运用物理、生物和生态等手段逐步修复受到破坏的“海绵体”，有条件的还应新建一定规模的“海绵体”。

建设海绵城市是对传统排水系统的一种减负和补充，最大程度地发挥城市本身的作用。在海绵城市建设过程中，应统筹自然降水、地表水和地下水的系统性，协调给水、排水等水循环利用各环节，并考虑其复杂性和长期性。海绵城市建设强调优先利用植草沟、渗水砖、雨水花园、下沉式绿地等“绿色”措施来组织排水，以“慢排缓释”和“源头分散”控制为主要规划设计理念，既避免了洪涝，又有效地收集了雨水。

（三）城市发展趋势

随着全球化、信息化、工业化、城镇化、绿色化等新的发展潮流的兴起，城市发展呈现出一些新的发展趋势，概括起来有以下几点。

1. 城市功能的国际化

在全球化时代，世界经济呈现一体化网络的状态，城市的发展和功能定位也具有越来越强烈的全球化、国际化色彩，城市必须站在全球的视野，分析自身的优势和不足，挖掘自身的潜力，以参与全球经济竞争。同时，由于国际分工格局的变化，全球产业的空间分布发生了重大改变。彼得．霍尔（2003）认为，在全球化时代，随着生产在全世界的分散，服务业越来越与物质生产地在空间上实现分离，全球性高端服务活动日益集中在少数几个城市。城市的管理、产业布局出现国际化倾向，一些具有优势的城市成为全球经济的重要区域或全球节点城市。这些城市往往是全球经济的运行和管理中心，集中了发达的服务业和电讯设施，同时也是公司总部尤其是跨国公司总部的集中地。同时，越来越多的金融机构向最高层城市迁移，银行业和保险业在一些节点城市集聚，成为全球著名的金融中心。这类城市被称为全球城市。国际上一般公认纽约、伦敦、东京是目前的3个全球城市。紧随其后、位于第二级别的城市，被称为“次全球城市”，是银行业、保险业和大生产公司的总部所在地。一方面，这里是全球金融市场的控制中心，另一方面，这里也是全球生产活动的管理经营、战略策划和控制中心。同时，全球城市和次全球城市通常还是综合性的交通和通信枢纽，拥有发达便捷的交通网络，特别是随着信息革命的发展，电信网络成为一种战略性资源，全球城市成为全球通信网络的主要结点。以全球城市为中心，形成功能相互交织的广域地区。还有一些城市，由于资源禀赋和区位优势，成为全球旅游观光城市、消费休闲城市以及时尚中心、文化中心、教育中心。全球城市网络构成了经济全球化的新图景。

2. 城市空间结构的离心化

11世纪，欧洲城市就开始成为专门的商业和制造业中心，随着城市工商业的发展，传统城市逐渐转变为现代工业城市。工业生产成为城市化的驱动力，高度的专门化分工形成了近代城市中心化的空间结构和规模。向心性城市空间结构成为工业化时代城市的基本特征，也限制了城市的规模。

全球化导致的产业重构与转移，标志着传统工业城市时代的终结，发达国家原有的城市在全球化的过程中，由于比较优势的丧失，逐渐将制造业转移到发展中国家，经历了去工业化的过程，城市的生产性功能不断弱化，消费性功能逐步强化，服务业和高技术产业迅速发展，中心城市的管理功能进一步集聚，西方城市工业社会逐渐转型为服务型社会。同时，信息化促进了全球化，汽车化推进了郊区化，由于城市间枢纽机场、高速铁路、高速公路、轨道交通的发展，城市交流日益密切频繁，大城市环状与放射状高速公路的发展，催生了高速沿线的新一代城市。在美国，依靠私人小汽车的发展，低密度、低控制、以绿色空间与中心城市相区隔的“边缘城市”或“新兴商业区”日益兴起，曾一度被认为代表了20世纪美国城市发展的第三次浪潮。而在欧洲则表现为中等密度、中等规模，由绿带和其他约束性因素控制的商贸新城的发展形式。中国城市普遍存在的在高新技术产业开发区基础上发展起来的城市新区，也具有边缘城市的特征，这些地区具备就业场所、购物、娱乐等作为城市的功能，属于新城市。

城市离心增长的动力机制打破了原有城镇化的向心作用，形成快速增长的城市连绵区，成为一种新型的城市空间结构特征。随着边缘城市的增长，逐渐与母体城市相连，传统的向心性城市空间结构逐步向低密度多核心城市空间结构转变。这些从单一城市扩展出来的城市群，一般是由30~40个城市和小城镇组成，形成巨大的网络化城市复合体，并通过交通和通信网络连接起来。多核心城市极度扩张的结果，会形成巨型城市区。巨型城市是一种从中心向外扩散，半径达到150公里以上的城市体。多核心巨型城市核心区之间的联系进一步加强，城市发展表现为开敞性、模糊性和非嵌入式的过程，城市空间结构进一步向低密度网络城市空间结构转变，从空间上看，城市间的边界逐渐变得模糊不清。[①]

3. 城市产业的知识化

发达国家产业在全球化过程中，一方面将传统制造业转移到发展中国家，另一方面则出现了产业升级的趋势，知识型产业和高技术产业成为支撑城市发展的主导产业。以数字化和网络化为特征的知识经济的飞速发展，正在使全球（尤其是工业化国家）城市的经济增长方式发生根本性的变化。以信息技术为代表的高科技对传统产业的渗透，使传统产业的生产逐步走向知识化。同时，以知识为基础的新兴产业兴起，这尤其体现在计算机、电子和航天等高技术产业和知识密集型服务业之中。在城市经济发展中，知识密集型服务部门，如教育、信息、通信等的发展尤为迅速，经济增长比以往任何时候都更加依赖于知识的生产、扩散和应用。一个区别于农业经济、工业经济的新型的经济形态正在兴起，知识作为蕴含在人力资源和技术中的重要成分，其作用日益明显。投资驱动的经济发展已经让位于创新驱动的经济发展，经济的发展更加依赖于人才、知识、信息、技术等高级要素，技术创新成为区域经济协调发展的不竭动力。[②]

由于跨国公司的全球扩张，围绕跨国公司业务的高端服务业增长迅猛，高端服务业以其高聚集性、高附加值、高成长性、高需求收入弹性，已经成为发达国家大多数城市最具有动能的、增长最快的部门。

① 顾朝林："中国城市发展的新趋势"，《城市规划》，2006 年第 3 期。
② 顾朝林："中国城市发展的新趋势"，《城市规划》，2006 年第 3 期。

高端服务业主要指与都市经济相匹配的以知识、信息技术为依托的都市服务型产业，主要包括金融、法律、管理、创新、软件开发、信息咨询、创意设计、研究与开发、教育培训、医疗保健、体育竞技、报刊出版、影视娱乐等。这些产业具有强大的辐射能力，在大都市中展现出强大的生命力，对增强城市的可持续发展能力和城市综合竞争力具有重要意义。

4. 城市管理的智能化

新的信息时代，信息的传输主要依赖网络技术。网络技术使通信技术突飞猛进，从根本上压缩了传统的时间和距离，资本、技术、管理和市场突破了原先的边界，随时可以跨境流动。对城市而言，新型的网络社会空间，虽然不会替代现实城市空间，摧毁原有的时空体系，但网络空间将与原有的地理空间相互作用，相互交融，构成以现实城市空间为基础，并与之相互交错的一个新型城市社会空间。在这样的网络空间中，标准化的关系已经不复存在。一个新的经济地理现象正在形成，城市发展越来越受到信息枢纽的影响，未能跻身于信息空间和信息高速公路的城市则被边缘化。

在信息化的推动下，智慧城市建设方兴未艾，对城市管理带来了重大的改变。城市从街区到其中的居民、各种组织和政府机构都在使用信息技术来改善他们所在的区域。智慧型城市管理是智慧城市建设的重要组成部分，是以新一代信息技术为支撑、面向知识社会创新的城市管理新模式。它以物联网、云计算为代表的新一代信息技术为支撑，将以人为本的价值实现提升到一个新的高度，实现城市管理者、市场、社会多方协同的公共价值塑造和独特价值创造，实现城市管理从生产范式向服务范式的转变。伴随信息通信技术的演进、知识社会的发展以及创新的民主化进程，新一代信息技术及其催生的创新2.0正重塑着当代社会，为城市发展与社会管理带来崭新的机遇。智慧城市管理与公共服务、智慧政府是智慧城市的重要方面，从数字城管到智慧城管，将不仅仅是技术手段的变化，更重要的是管理理念、管理对象、参与主体、管理方式的变化。

5. 城市发展的绿色化

传统的经济模式以高投入、高排放、高消费为特征，由于片面追求增长和效率，忽视生态环境的容量和承载能力，产生了严重的生态环境问题，同时传统工业生产过程制造出大量工业"三废"，再投入巨大的人力物力进行治理，产生了巨大的经济社会成本。同时，工业革命以来的高碳发展模式，在推动人类实现飞跃发展的同时，也带来了越来越严重的气候变化问题和其他资源环境问题。随着城市环境问题的凸显，绿色化、循环化、低碳化成为城市发展的重要导向。

新的历史时期，城市的发展应该寻求新的气候友好和环境友好型经济形态或模式，遵循生态规律和经济发展规律，通过对传统经济全过程进行绿色化改造，加快工业发展方式转变，加快培育和发展绿色产业，对传统工业进行绿色化改造，大力发展循环经济，形成低碳绿色高效的工业体系，大力发展绿色低碳建筑和交通，促进形成绿色低碳消费模式，在经济社会发展过程中不断降低碳排放，不断降低资源生态环境代价，不断提高经济、社会和环境的协调性和可持续发展能力，最终实现生态环境与经济发展的和谐统一。绿色发展强调经济发展的低碳化特征，使经济发展尽可能减少对碳基燃料的依赖，实现能源利用转型，减少温室气体排放，促进人类的可持续发展。

绿色发展要求将资源环境看作经济系统的一部分，看作一种稀缺的、内生的生产要素，强调为了实现可持续发展，需要强化对资源的节约利用、重复利用、综合利用，以尽可能小的资源消耗取得最大的经济效益，追求生态环境和自然资源的永续利用、代际公平，强调健康的经济发展应该建立在生态化的基础上，建立在人与自然和谐的基础上，提出在工业生产中充分利用低碳生态技术，减少能源资源消耗和温室气体及污染物排放，进行与气候、生态、环境友好的生产，从而提升人类总体和个体的福利水平。

参考文献：

[1] 王圣学 . 城市的起源及其发展 . 现代城市研究，1995（2）.

[2] 邓静，孟庆民 . 新城市发展理论评述 . 城市发展研究，2001（1）.

[3] 张诗雨 . 发达国家城市化发展特征及面临的重大问题 . 中国发展观察，2015（3）.

[4] 霍雅勤 . 中国水资源危机与节水潜力分析 . 资源 · 产业，2003（5）.

[5] 彭军，王江锋，王娜 . 我国大城市交通拥堵成因及治理策略分析 . 中国科技信息，2011（16）.

[6] 种浩 . 当前制约我国城市发展的问题及对策研究 . 硕士论文，天津大学，2009 年。

[7] 刘培森 . 世界城市化和城市发展的若干新理念新趋势 . 理论学刊，2012（12）.

[8] 顾朝林 . 中国城市发展的新趋势 . 城市规划，2006（3）.

第二章

可持续新城规划与建设理念

内容提要

本章回顾了我国新城新区发展历程，明确了可持续新城的概念内涵和规划建设的基本要求，阐述了可持续新城规划建设理念、主要内容和实施保障，提出了可持续新城规划建设指标体系，并开展了案例研究。

改革开放以来，我国经历了世界历史上规模最大、速度最快的城镇化进程。2016 年，我国城镇化率达到 57%，城镇人口超过 7.5 亿，每年还有近 2000 万人进入城市。到 2020 年，我国城镇化率预计将超过 60%，到 2035 年将进一步提高到 70% 以上[①]。随着城镇化浪潮的不断推进，我国急需新的城市空间来满足城市人口增长和经济社会发展的需要，城市规模迅速扩展，新城新区建设逐步成为城市化的热点。探索可持续的新城新区开发模式，对解决各类城市问题具有重要的现实意义[②]。

一、我国新城新区发展概况及历程

新城新区，是为了满足国家或城市政治、经济、社会、生态、文化等多方面发展需要，经由主动规划与投资建设而形成的城市空间单元。从国际上看，新城新区建设是大城市疏导城市人口，实现产业转移，防止城市盲目扩张，有效解决城市建设与管理问题的普遍经验。[③]

① 国家统计局："2016 年统计公报"，2017。

② 王洋、王少剑、秦静："中国城市土地城市化水平与进程的空间评价"，《地理研究》，2014 年第 12 期。

③ 方创琳、王少剑、王洋："中国低碳生态新城新区：现状、问题及对策"，《地理研究》，2016 年第 9 期。

通过新城新区建设，可有效摆脱既有城市发展的空间资源制约和基础设施条件等固有因素的束缚，实现原有城市空间和城市功能的拓展，疏解和转移产业及人口。

新城新区建立和发展与改革开放的历史进程紧密相关，随着中国第一个对外开放的工业园区——蛇口工业园创立，产业园区开始成为中国经济创新和发展的重要载体。此后，在中国产业转型升级、城镇化不断推进的背景下，园区逐步从工业经济向服务经济转变，园区形态也不断演进，产业园区逐步向新城新区发展。具体而言，一类新城新区是功能相对明确的产业新城、大学城、新 CBD 及建设项目配套新城等，另一类是由政府主导规划建设、名称中带有“新城新区”字样的综合性现代城市区域。①

据统计，截至 2016 年 5 月，中国县及县以上的新城新区数量总共超过 3500 多个。其中国家级新区 17 个；各类国家级经济技术开发区、高新区、综保区、边境经济合作区、出口加工区，旅游度假区等约 500 个；各类省级产业园区 1600 多个；较大规模的市级产业园 1000 多个；县以下的各类产业园达到上万个。除全国直辖市之外的 649 个城市中，有 470 个规划建设了新城新区或者提出了新城新区概念。②据统计，从 1984 年到 2014 年，国家级开发区、省级开发区及各类主题产业园贡献了全国 GDP 的 68%、外贸出口的近九成。③

① 刘士林等：“2015 中国大都市新城新区发展报告”，2015 年 12 月，上海交通大学。

② 经济观察研究院：“尊重城市发展规律促进新城新区可持续发展”，2016 年 8 月，http://tod.caijing.com.cn/20160830/4169494.shtml。

③ “2014 中国开发区创新发展年会”，《人民日报》，2015 年 01 月 17 日。

回顾改革开放以来我国新城新区的发展历程，大致可分为四个阶段。

第一阶段为工业园区阶段。这一阶段的新区形态主要是工业园区，以劳动密集型的加工制造业为主，城市配套匮乏。改革开放初期，沿海一些地区通过行政手段划出一片区域，兴建起来第一批产业园区，依靠国家或地方出台的优惠政策吸引外资，聚集各种生产要素，发展以低附加值的出口加工制造业为主，成为发展劳动密集型产业的特定区域。这一阶段大部分园区基础设施建设不完善、行政管理体制较落后，多为同类企业的聚集区，相关生活配套设施极度匮乏，园区就业人员的居住及生活配套需依托中心城区来完善。园区一般分布在城镇边缘。

第二阶段为高新技术开发区阶段。20 世纪 90 年代开始，随着邓小平南方谈话，掀起了对外开放和引进外资的新一轮高潮，中国产业园区建设也进入快速成长阶段，园区之间的竞争逐步加剧，在国家政策引导和市场机制的调节下，各地开始重视发展技术密集型产业和高新技术产业，积极构建产业价值链，扩大产业集聚和产业间的协同发展，产业园区开始体现为以技术密集型的高科技产业为主，开发区规模不断扩大，城市配套逐步受到重视。园区的选址、环境与布局开始重视控制生产性建设用地，扩大非生产性用地，强调城市生活设施和配套服务体系建设。但此时产业园区仍以产业建设为主，在推进宜居宜业的现代化新城方面仍然不够完善。

第三阶段是综合性产业园区阶段。我国加入世贸组织后，开发区优惠政策越来越规范化、透明化，产业结构亟待转变。同时，外商直接投资规模加大，跨国公司大量进入，产业园区发展开始注重以先进制造业和特色服务业为主，依靠自主创新驱动经济发展，并与企业、大学和研究机构、政府等各创新行为主体进行多层次的协同创新，同时借助产业链招商获取国际创新资源，利用跨国公司争夺国际价值链分工的中高端位置。园区功能不断完善、人文环境逐步构建，园区内企业与个人高度聚集，就业人员在园区内即可享受相应的生活娱乐配套设施。

第四阶段为新城为主的产城融合阶段。2009 年以来，全球金融危机对中国经济产生较大的冲击，加快城镇化成为拉动内需的重要方向，产业园区发展的重心向提质增效、转型升级方向转变，对开发区数量进行适度控制。园区开发更注重新兴产业、知识密集型项目的引入，强化园区创新及转化功能。产业园区越来越向综合化方向发展，逐渐成为集住宅、写字楼、商业、休闲、娱乐于一体的城市综合体，聚集了大量人口，产城关系进一步融合。产城融合成为支撑区域经济发展的一个亮点，具备高势能优势的现代化产业新城成为产业园区运营的主要方向。

表 1–1　中国新城新区的主要类型

园区类型	传统园区	科技园区	主题园区	产业新城
产业	低附加值、劳动或资源密集型传统产业	外向型的产业，偏向高新技术产业	文化、电影、创意、服务等产业	多产业集群，文化创意、科技创新及高端现代服务业为主
园区功能	加工型、中低端产品制造与加工	高新技术产品的制造、研发复合功能	创意、消费型，创意、生产、交易、休闲等复合功能	复合型、事业发展中心，生活乐园
产业空间形态	纯产业区，在空间上沿交通轴线分布，单个企业或同类企业聚焦	产业社区，产业间开始产生协同效应，在空间上形成围绕产业集群圈层布局	产业联系密切，在空间上形成围绕产业集群圈层布局	综合型新城，在空间上城市功能与产业功能完全融合
园区特点	人力密集型，污染严重，正在逐步被淘汰	聚焦高新技术产业，高素质人才、信息、技术、产业配套服务均有	文化要素聚集，功能复合，企业和个人高度聚集	城市功能与产业功能融为一体，人才聚集程度进一步提升
与城市发展空间关系	基本脱离（点对点式）一般分布在城镇边缘，无居住与其他配套，需求依托中心城区，园区与城市融合度极低 	相对脱离（中枢轴辐式）园区侧重产业发展，就业人员的基本需求可得到满足，但与城市融合度有限 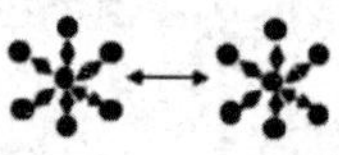	相对脱离（串联式）园区初衷仍更关注产业发展，但某种程度上开始形成产业闭环，就业人员同时依赖产业园区与城市中心附近的配套，与城市融合度仍不高 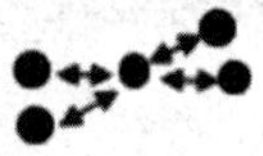	紧密融合（多极融合式）园区日常聚集了大量的常住人口，居住、商贸、教育、体闲娱乐等活动聚集，多功能综合体园区，本身就是一个新城 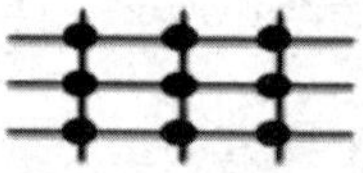
配套设施	极少配套	配套生活休闲娱乐区域	配套文化商业生活娱乐等设施，构建人文环境	配套完善，集居住、办公、商业、休闲娱乐为一体的都市综合体

资料来源：网易公众号产城瞭望文章：“从工业园到新城”。

新城建设在为国民经济发展做出巨大贡献的同时，也出现了建设过度与空间无序扩张的问题。一些新城新区脱离实际，规划过多过大，未能有效配置土地资源、保护好原有自然地貌和生态环境。尤其是不少新城新区建设目标集中在规模大、见效快的大项目上，产业单一，集聚功能不强，有些缺乏产业支撑，成为功能单一的巨型居住区，人们需要运用各种交通工具进行长距离通勤，俨然是一座“睡城”。近年来，为推动新城新区健康发展，国家出台了一系列指导意见。《国家新型城镇化规划（2014—2020）》中专门设章节对新城新区进行指导，提出了严格的新城新区设立条件。国土资源部提出严控新增建设用地，有效管控新城新区和开发区无序扩张[①]。2015 年，国家发展改革委等部门联合发布《关于促进国家级新区健康发展的指导意见》，提出了新区要发挥落实国家重大改革发展任务和创新体制机制的试验示范作用，加快集聚特色优势产业，推动产城融合和新型城镇化建设，提高资源利用效率，改善生态环境质量，对推动各类各级新城新区健康发展发挥了重要的指导作用。

在此背景下，建设可持续新城，成为推动新城新区健康和可持续发展的重要实践。很多新城新区在规划建设目标中，都把低碳、生态、宜居等作为重要的目标方向，提出建设低碳城、生态城等，探索以人为本、产城融合的可持续发展模式，积累了有益经验。例如，天津生态城提出了“单位 GDP 碳排放强度低于 150 吨 / 百万美元”的发展目标，深圳国际低碳新城从土地混合利用、绿色交通体系等角度提出建设可持续新城的实现路径等，为我国更大范围的城市可持续发展

① 《关于推进国土节约集约利用的指导意见》、《全国国土规划纲要（2016 — 2030 年）》。

模式探索提供了有益的借鉴和参考。

作为可持续城市的重要组成部分，低碳城市建设是我国推进城市可持续发展的重要方面。国家发展改革委 2010 年发布《关于开展低碳省区和低碳城市试点工作的通知》，确定首批八个低碳试点城市，鼓励试点城市根据自身特点探索低碳发展模式与实现路径。2012 年和 2017 年，又开展了第二批、第三批低碳城市试点工作，要求试点城市提出碳排放峰值目标，按照低碳理念规划建设城市基础设施，制定出台促进低碳发展的相关政策。2014 年 3 月，国家发展改革委在全国启动低碳社区试点工作，提出打造一批符合不同区域特点、不同发展水平、特色鲜明的低碳社区，以期通过构建气候友好的自然环境、房屋建筑、基础设施、生活方式和管理模式，降低能源资源消耗，实现低碳排放的城乡社区；并通过开展低碳社区试点，将低碳理念融入社区规划、建设、管理和居民生活之中，探索有效控制城乡社区碳排放水平的途径。2015 年 8 月，国家发展改革委下发了《国家发展改革委关于加快推进国家低碳城（镇）试点工作的通知》，选定广东深圳国际低碳城、广东珠海横琴新区、山东青岛中德生态园、江苏镇江官塘低碳新城、江苏无锡中瑞低碳生态城、云南昆明呈贡低碳新区、湖北武汉花山生态新城、福建三明生态新城等 8 家单位作为首批国家低碳城（镇）试点，要求吸收借鉴国际先进经验，结合各地实际情况，以低碳理念统领试点城（镇）规划、建设、运营和管理全过程，以低碳生产、低碳生活、低碳服务为重点内容，争取用 3 年左右时间，建成一批产业发展和城区建设融合、空间布局合理、资源集约综合利用、基础设施低碳环保、生产低碳高效、生活低碳宜居的国家低碳示范城（镇）。这为我国新城新区可持续发展作出了积极示范，提供了重要参考借鉴。

2017 年 4 月 1 日，中共中央、国务院决定设立河北雄安新区，作为承接北京非首都功能的集中承载地，重点承接北京疏解出的行政事业单位、总部企业、金融机构、高等院校、科研院所等。设立雄安新区是以习近平同志为核心的党中央作出的一项重大的历史性战略选择，也是中国对可持续新城建设的重要探索。雄安新区是新型城镇化、创新发展和高质量发展的示范区，将坚持世界眼光、国际标准、中国特色、高点定位，紧紧围绕打造北京非首都功能疏解集中承载地，成为新时代推动高质量发展的全国样板。2018 年 4 月 21 日，《河北雄安新区规划纲要》(下称《纲要》) 发布，《纲要》提出，到 2035 年，基本建成绿色低碳、信息智能、宜居宜业、具有较强竞争力和影响力、人与自然和谐共生的高水平社会主义现代化城市。在发展理念上，雄安新区坚持“四个定位”。

一是绿色生态宜居新城区。坚持把绿色作为高质量发展的普遍形态，充分体现生态文明建设要求，坚持生态优先、绿色发展，贯彻“绿水青山就是金山银山”的理念，划定生态保护红线、永久基本农田和城镇开发边界，合理确定新区建设规模，完善生态功能，统筹绿色廊道和景观建设，构建蓝绿交织、清新明亮、水城共融、多组团集约紧凑发展的生态城市布局，创造优良人居环境，实现人与自然和谐共生，建设天蓝、地绿、水秀的美丽家园。

二是创新驱动发展引领区。坚持把创新作为高质量发展的第一动力，实施创新驱动发展战略，推进以科技创新为核心的全面创新，积极吸纳和集聚京津及国内外创新要素资源，发展高端高新产业，推动产学研深度融合，建设创新发展引领区和综合改革试验区，布局一批国家级创新平台，打造体制机制新高地和京津冀协同创新重要平台，建设现代化经济体系。

三是协调发展示范区。坚持把协调作为高质量发展的内生特点，通过集中承接北京非首都功能疏解，有效缓解北京“大城市病”，发挥对河北省乃至京津冀地区的辐射带动作用，推动城乡、区域、经济社会和资源环境协调发展，提升区域公共服务整体水平，打造要素有序自由流动、主体功能约束有效、基本公共服务均等、资源环境可承载的区域协调发展示范区，为建设京津冀世界级城市群提供支撑。

四是开放发展先行区。坚持把开放作为高质量发展的必由之路，顺应经济全球化潮流，积极融入“一带一路”建设，加快政府职能转变，促进投资贸易便利化，形成与国际投资贸易通行规则相衔接的制度创新体系；主动服务北京国际交往中心功能，培育区域开放合作竞争新优势，加强与京津、境内其他区域及港澳台地区的合作交流，打造扩大开放新高地和对外合作新平台，为提升京津冀开放型经济水平作出重要贡献。

雄安新区规格高、思路新，其规划建设理念对可持续新城规划建设具有重要的借鉴和示范意义。

二、可持续新城的概念内涵和规划建设基本要求

新城规划建设涉及城市经济、社会、资源、环境等各个方面，涵盖城市各个功能体系，包括空间、建筑、交通、能源、环保、生态、人文等各个方面。在可持续发展的大背景下，新城建设必须超越传统的城镇化模式，进一步明确发展目标和发展路径，在借鉴国际先进经验的基础上，走绿色、低碳、循环的可持续发展之路。

（一）可持续新城的概念和内涵

与自发形成并逐渐成长的传统城市不同，“新城”大多是政府决策的产物，即在一片未城市化的区域内规划并集中营建的新型城市。早期关于“新城”的定义源自霍华德的“田园城市”理论，“田园城市”的本质是通过新城建设来解决大城市人口稠密、生存环境恶劣、交通拥挤等城市问题，通过“田园城市”的反磁力作用，对大城市人口进行疏散，同时通过大城市的扩散效应，促进中心城区周边地区的发展。“卫星城”是另一种新城发展模式，卫星城有一定的规模，与中心城市保持一定的距离，分担中心城市的一部分功能。在生产、生活等各方面，卫星城与中心城存在较高的依存度，同时卫星城又有相对的独立性。早期阶段的卫星城主要是居住功能，是附属于大城市的居住聚落，居民的就业和文化娱乐生活主要依赖中心城市，不利于缓解中心城市产业过度集中的状况，并增加了交通负担。第二阶段的卫星城具有半独立性质，通过“有机疏散”中心城市过于集中的功能，卫星城

承担一部分中心城市的产业转移，就业和居住实现基本平衡，并通过地铁等交通方式加强与中心城市的联系，卫星城与主城区以公园、绿带隔开。第三阶段的卫星城成为具有完全城市功能的城市，具有产业区、居住区和其他文化配套设施，能满足居民工作、生活、休憩、娱乐等多方面的需要。第四阶段的卫星城着眼于对中心城市的功能实现全面疏解，中心城市与各卫星城市构成相互连接的城市群，形成多中心、敞开式的城市结构。总之，从不同时期的新城来看，其都具有以下共同特征：新城在空间上属于大城市地域空间的组成部分，是经过全面规划设计的新的城市；新城的建设目的主要是为了疏散大城市的人口及产业，为中心城市的发展拓展新的空间；新城在功能上强调就业、居住、生活服务等各方面的均衡发展。

可持续新城是可持续城市理论在新城规划和建设中的应用。可持续城市注重经济增长、社会公平、具有更好生活质量以及与环境之间协调平衡。综合各方面的研究成果，可持续新城概念可以表述为：在可持续发展理念的指导下，以承接大城市功能为目标，在中心城市一定距离范围内整体规划建设的新的城市。可持续新城的基本内涵应包括以下方面。

1. 它是一个整体规划建设的新城市

可持续新城需要通过整体规划、系统谋划和分期建设来实现发展目标，它的空间形态、产业布局、交通和市政基础设施，以及各类重大公共服务设施，都需要全面统筹、协调推进、按计划实施。与常规城市建设明显不同的是，可持续新城更强调统一的战略部署，从而能够使可持续发展目标全面持续贯彻；更强调整体规划统筹，从而能够使城市空间更科学合理，功能更加完善，各要素之间实现更合理的搭配；更强调落实目标计划、协调推进，从而避免重复建设和资源浪费。简言之，可持续新城的建设发展过程需要始终保持明确的战略性、整体性和协调性，从而可以从各个层面真正将可持续发展理念落地。

2. 它是一个与中心城市功能密切关联的新城市

可持续新城的建立是基于一定的功能定位、在中心城市周边一定范围内构建的城市功能新区，在功能上和区域中心城市紧密联系，形成区域协同发展的城市群格局。作为超大城市和城市群中的重要组成部分，可持续新城需要与中心城市间形成良性互动，包括它的城市定位、重大功能、主导产业等，都要与中心城市密切联系、优势互补，尤其在空间布局、开发强度和区域重大交通格局方面，都要全面协调起来，以确保城市间的经济社会互动频繁、畅通、高效。从长期效果看，可持续新城的发展，要能够有助于提高中心城市和城市群的区域和全球影响力。

3. 它是一个按照可持续发展理念建造的新城市

可持续新城建设，是要通过城市发展模式的全面创新和升级，形成可持续的经济社会和城市功能体系，推动环境友好、资源节约的绿色发展，并全面普及绿色生活方式，最终实现城市化过程中人与自然的和谐共处。与常规城市发展模式相区别，可持续新城的规划、建设和发展以可持续发展理念为核心，并在后续发展中，根据经济社会发展阶段的变化，不断更新和调整具体目标。

从区域空间的角度，可持续新城应具有相对清晰的城市边界，与中心城市和周边城市间存在一定规模的永久性生态地带，能够留有足够的可以蓄存雨水的空间，防范建设用地延绵造成的气候风险、生态风险增加，确保城市的整体生态安全；从城镇体系的角度，应与周边城市协调发展，建立方便快捷、绿色低碳的区域交通格局；从城市功能的角度，应具有适度的城市规模和开发强度，具有科学合理的空间布局、绿色低碳的产业布局和产城融合的发展模式，拥有高效低碳的公共交通和步行自行车交通系统；从技术创新的角度，要应用先进适用的绿色技术和信息技术，提高能源资源利用效率，全面减少污染排放和碳排放；从以人为本的角度，要充分传承历史文化脉络，积极扩大和深化公众参与，普遍增强群众的获得感，建设宜居之城、健康之城、幸福之城。

（二）可持续新城规划建设理念

可持续新城规划建设的核心命题是如何在城市化过程中实现人与自然和谐发展。可持续新城建设是一项系统工程，建设可持续新城，首先要树立和落实“天地人和”的发展理念。可持续新城建设首先要充分考虑天、地、人三个层面的因素，处理好天、地、人三者之间的关系，最终实现三者之间的和谐共生。

从“天”的层面看，新城选址和建设，特别是基础设施建设要充分考虑降水、温度等自然气候条件，研究自然灾害主要类型及影响范围，根据自然气候条件设定该地区大气环境容量等。特别是在全球气候变化的大背景下，要充分考虑和研究本地区气候变化趋势，在新城规划和建设方案制定过程中，有效识别气候风险，加强海绵城市和低碳城市建设，在城市能源、交通、水利、建筑等各领域采取有效的适应气候变化措施，特别是增强应对极端气候事件和极端天气的能力。

从“地”的层面看，新城选址和建设要充分考虑交通等区位条件，考虑水资源、土地等自然资源条件，特别是研究论证水资源的承载力问题，考虑地形地貌等地理特征。中国古代的营城理念从地形地貌上讲究背山临水、负阴抱阳，即所谓“风水宝地”。中国一些著名的城市如西安、洛阳、开封、苏州、杭州、北京、南京等的选址，都经过周密的考虑。千百年来这些虽遭受不少天灾战祸，但经过重建、改建或扩建，仍保存至今。

从“人”的层面看，要根据本地的自然气候条件和资源地理条件，综合考虑确定新城容纳的人口规模，对新城人类活动，即人类生产和生活方式做出科学合理的规划，明确新区的主要社会功能及产业发展方向。要围绕满足人类社会公共生活需要，构建城市社区和公共服务设施。

在树立“天地人和”这一总体理念的基础上，可持续新城规划建设应贯彻落实以下八项基础性理念。

1. 坚持生态优先的适度开发理念

可持续新城首先是一个生态之城，要充分考虑当地的自然地理和气候特点，结合地区发展水平和建设方式等具体因素，坚持因地制宜的原则，尊重原有生态本底条件，保护现有生态质量较好的河湖、山体、湿地等各类空间，建成富有特色的新城发展空间格局。

在新城规划之初，必须首先开展地质、气候、自然资源、生物多样性等自然生态环境条件的分析和诊断，考虑土地空间、水资源、大气环境、水环境容量等约束条件，科学衡量所在地区的资源环境承载力，从而为新城建设确定规模上限、空间边界及用地范围，科学合理确定新城的开发模式、规模、强度和时序提供依据，以满足构建资源节约型、环境友好型的可持续新城建设要求。

建设过程中和运营中，还应该对所在地区的经济、社会、环境的发展水平展开跟踪性的调查评估，确保规划建设后新城整体发展处于资源永续利用、生态环境良好的良性发展状态。

2. 坚持功能和规模管控

在资源环境承载力综合评估的基础上，结合区域发展需求，以及中心城市功能的关联关系，确定可持续新城在区域发展中的主体功能，进而确定城市性质、发展定位、战略目标和城市功能。

可持续新城的城市功能需要得到合理的管控，这是实现区域城镇体系持续良性互动的先决条件之一。其中，承接区域中心城市对外疏解的部分功能，是新城新区的重要任务。应通过建立与中心城市之间的深入合作和紧密互动，将可持续新城建设成为高水平现代化城市、区域城市群的重要功能支点和经济体系新引擎，为城市群发挥更大的区域影响力作出积极贡献。

与此同时，可持续新城应坚持对城市规模进行管控，对新城的人口规模和产业规模予以合理调节，规模不足的应强化人口的响应和产业吸引措施，接近和到达既定规模的应严格实行管理控制，避免城市的超负荷运行。

3. 坚持边界和空间管控

在新城建设中，应制定理性的增长目标和经济发展战略，明确划定城市增长边界，并建立强制性的执行机制。在新城开发建设和禁止进行建设的自然生态区域、基本农田之间，建立法定的空间边界，利用“绿线”“紫线”等法定规划工具，界定历史、文化与生态资源。以此防止城市空间无序扩张，保护农业用地，防范交通拥堵、空气污染等城市病的蔓延发展。

在增长边界之内，应优先考虑城市更新和内填式的开发模式，积极给予各类更新项目以政策性的激励措施，对于新城内的已建区展开经济和社会发展评估，在确保公共服务水平符合规范的基础上，研究适度提高整体人口密度的措施，以确保开发后不低于 1 万人 / 平方公里，从而确保对土地资源的集约节约利用。

对于建设密度较低的城郊地区，考虑辅以制度创新，提高城郊土地利用方式的经济收益，针对低效用地和潜力用地开展适当的引导激励。

4. 坚持构建科学合理的空间布局

可持续新城要求土地资源利用更为节约，城镇用地更加集约，各类城市功能在一定的区域范围内适度混合，功能布局和空间形态紧凑协调。为此，可持续新城建设用地需充分结合产业、交通、建筑、环境等各方面目标，科学合理布局，集约高效利用，通过打造绿色高效的交通体系，使各类公共服务便利可达，充分实现产城融合、宜业宜居的目标。

对具有较大规模的新城，应坚持多中心、组团式发展的空间布局，在组团内适度提高城市人口和建筑的密度，形成紧凑型发展态势，从而减少人均排放水平。紧凑的城市形态有利于提高组团内居民绿色出行的便利性，使公共交通的规模经济更充分地显现，更有助于提高组团内和组团间的公共交通出行比例。

与此相对应，可持续新城应积极应用公交导向型发展理念，构建好“窄马路、密路网”的城市道路布局，增设公交专用道，并且更严格地限制私人小汽车的使用，划分机动车使用控制分区，降低控制区内的停车配建标准，落实相对应的停车收费管制制度，减少小汽车车道数量，从而使私人小汽车保有量得到控制，使城市的公共空间资源得到更为合理高效的配置。

5. 坚持产城融合的发展模式

产城融合是实现城市可持续发展的必要条件。所谓产城融合，就是要求城市中的产业功能应与其他城市功能在空间关系中相互融合，做到“以产促城、以城兴产、产城融合”[①]。可持续新城在落实产业布局的过程中，要充分考虑新城功能分区的特点和需求，通过产业功能与居住功能、交通功能、基础设施和公共服务功能的合理布局，实现功能复合、配套完善、布局合理和职住平衡的城市良性发展状态。

与此同时，可持续新城还要加强产业准入管理，建设实体经济、科技创新、现代金融、人力资源协同发展的现代产业体系。以区域的自然禀赋为前提条件，选择新城的主导产业，形成区域专业化分工。同时强调优化产业结构，适度提高服务业和低碳产业比重，促进产品结构升级。在产业发展和管控中，注重提高资源利用效率，引进绿色、低碳、环保型产业类型，并通过技术和管理创新，提高常规工业领域的资源循环和能源利用效率。

6. 坚持公交优先和公交导向型开发模式

可持续新城应统筹用地布局和交通系统建设，优先发展公共交通体系，积极推动公交导向型开发模式。公交导向型开发（Transit Oriented Developments，TOD）区域，是指公共交通站点和走廊周边的区域，具有密度高、功能混合和适宜步行等特点，通常位于城市整体规划中的混合用途区域[②]。为了实现公交导向型开发，需要首先根据城市发展的需要，确定公交先导区，根据公共交通运力，合理确定开发强度分区。新城用地开发与大中运量的公共交通系统紧密集合，实现

① 刘瑾、耿谦、王艳：“产城融合型高新区发展模式及其规划策略——以济南高新区东区为例”，《规划师》，2012年。

② 卡尔索普事务所等：《翡翠城市》，中国建筑工业出版社，2017年版。

用地规划与交通规划的紧密结合。新城与中心城市之间，应规划建设复合型的交通走廊，优先发展大中运量的公共交通系统。鼓励大型城市公共设施、商业设施与公共交通枢纽相结合，结合 TOD 区域的类型分级，将人口密度与公共交通运力相匹配。合理规划和布局城市用地，均衡交通出行在空间上的分布，减少居民出行距离，避免或减少无效交通及绕行交通。

与此同时，应尽可能让公共交通站点周边适宜步行，可以适当连接城市公园、绿道系统或广场，保证站点出入口的安全性，与自行车道以及停放点形成方便的衔接。同时还要注重与小汽车交通的合理衔接，避免局部拥堵，提高公共交通站点的多类型交通接驳效率。

7. 坚持历史遗产保护和文化传承

历史文化遗产是祖先留给我们的具有历史文化价值的存在，城市的历史文化遗产，一般主要指古建筑、近现代优秀建筑、历史文化街区、历史文化村镇等。

城市的发展是文化的累积，新城的规划和建设通常在这方面容易存在欠缺。若能在规划和建设中贯彻遗产观，对可持续新城而言，其意义显然是重大的。历史文化遗产是认知本地价值、地方特色的重要视角，是勾勒以及梳理城乡空间环境特色的内在结构。新城的文化遗产和城市文化特色保护往往最为紧迫和关键，可持续新城在规划和建设中，应尽一切可能避免城市记忆的消失，防范“千城一面”的城市风貌趋同现象，为城市留下属于自己的故事。

在可持续新城中，历史遗产的保护和文化的传承，需要有风貌管控体系和长效管理机制，并应当特别重视由文化要素与自然要素相互作用形成的“混合遗产”“文化景观”[①]，着重进行保护和发展。

8. 坚持公众广泛参与

可持续新城的规划和建设，涉及领域众多、工作内容复杂，系统之间的显性和潜在矛盾冲突不可避免，尤其需要协调与平衡。因而，在可持续新城的规划建设中，应积极引入公共参与，强调多利益相关方主体之间的沟通与协调，加强各方合作，建立包括行政管理部门、实施保障部门、公共事业单位、企业机构、专业团体和社会各界共同参与的长效合作机制，确保规划和建设过程中尽力做到统一思想认识、统筹各方资源、协调工作流程、平衡各方利益。

另一方面，新城的规划本身就需要社会共同遵守和共同参与，可持续新城的规划实施过程，必然会涉及法律保障和社会运作机制的建立，社会公众对于新城规划的认知程度、对规划相关作用的认识以及规划过程的参与程度，都决定了公众是否有意愿来遵守和执行这些规划[②]。因而也特别需要强调规划阶段的公众参与组织，从而切实提高新城在实施阶段的公众参与程度，以保障可持续新城规划的顺利有效实施。

---

① 刘焕芳：“加强乡土文化遗产的保护传承”，《丹东日报》，2017 年 7 月 24 日。

② 全国城市规划职业制度管理委员会：《城市规划原理》，中国计划出版社，2011 年。

三、可持续新城规划建设的主要内容和实施保障

可持续新城必须以发展目标和核心绩效要求为导向，站在整体性、系统性工作思路的基础上，综合部署、调控和协调可持续新城各项规划、建设和管理工作，保障其高效、协调、持续、稳步发展。要改变常规的规划、建设、管理条块分割工作模式，应用一体化管理思维，将可持续新城的规划蓝图切实建设落地，并实现长效运营管理。实施过程中应注重加强跟踪监测管理工作，对规划落地、建设实施情况进行持续评估，反馈问题并及时制定应对决策；与此同时，规划也应根据发展状态和时代要求开展修改修编工作，确保可持续新城建设的示范性、先进性。

在信息技术日新月异的时代背景下，可持续新城建设要充分结合智慧化管理手段，集成建立综合管理控制平台，提高信息收集与沟通效率，确保主责机构和领导可实时获得决策支持，以保障各领域、各专业工作的合理部署。

(一) 可持续新城规划建设的主要内容

1. 可持续能源体系

可持续新城应以构建安全、稳定、经济、清洁、高效的城区能源体系为发展目标，优化新城所在区域的能源供给结构，大力发展新城范围内的可再生能源；合理控制能源消费总量，大幅提高能源利用效

率，推进能源梯级利用，最大限度地降低传统能源消耗，特别是煤炭消耗，减少污染排放，达到可持续性的能耗和碳排放强度要求。

2. 可持续社区与建筑体系

可持续新城建设应遵循更严格的新建建筑节能标准，对大型公共建筑和政府投资的各类建筑全面执行绿色建筑标准，鼓励新城内的开发企业建设绿色建筑，积极推进可再生能源建筑规模化应用；大力推进环保新建材的使用，推广健康建筑理念和标准，营造舒适宜人的建成环境。可持续新城应注重将绿色建筑的单项技术发展延伸至能源、交通、环境、建筑等多项技术的集成化创新，以实现新城区域资源效率的整体提升。根据所在区域特点，考虑资源的综合利用和协同利用，最大限度利用需求侧资源管理，保证单体绿色建筑用能需求与整体用能需求的协同，确保建筑建设实现各项节能目标。同时，社区作为可持续新城的多个细胞单元的组成部分，可以实现新理念、新技术、新体系的落地，可考虑将目前较为先进的可持续理念、近零碳排放技术等内容在社区建设中综合运用。

3. 可持续交通体系

可持续新城应积极探索用地交通一体化发展策略，适当提高新城城区道路网密度，推动以大运量公共交通为导向的城市空间发展模式，加强自行车道和步行道等慢行交通系统规划建设，强化交通接驳设计，增强新城范围内的绿色出行吸引力，以利于提高绿色出行和公共交通出行占比，从而改善新城居民出行环境，形成便捷高效的新城综合交通体。同时，应积极应用智慧化管理手段，科学评估、合理规划新城交通道路体系、设施体系，建立高效的可持续交通管理体系，控制因交通产生的碳排放比重。

4. 可持续基础设施

可持续新城必须建设完善先进的市政基础设施体系，运用先进可靠的技术手段，实现供能体系低碳高效、供水体系安全优质、污水全面收集处理、雨水径流有效控制并充分蓄积利用，各类设施安全稳定，防灾减灾体系完善，具备充分的应对突发情况的弹性和恢复能力；各类基础设施均能确保持续得到投入和良好运营维护，各类服务完善便捷，充分满足用户需求。可持续新城还应整体规划各类地下空间的开发利用，满足重点开发区域的地下空间需求，注重相邻区域地下空间的连通，构建完整的地下空间网络。

5. 可持续废弃物管理体系

可持续新城的固体废弃物管理应遵循“减量化、资源化和无害化”原则，探索实现废弃资源循环利用的途径，坚持分类、收集、运输、处理的全过程管理，降低废弃物排放造成的直接和间接碳排放，以实现资源节约、环境友好的目标。同时，要通过各种措施，解决好新增建设造成的建筑垃圾消纳处置问题。

6. 智能高效的城市管理体系

城市的可持续性，有赖于通过建立高效的智慧化管理体系来实现，尽可能充分地以信息消费替代资源消费和能源消费。通过全面整合基础数据，搭建叠加各类受控对象层的智慧管理平台，运用现代传感器技术、自动测量技术、计算机应用技术，对交通、能源、供排水等进行综合的智慧管理，保障公用事业的安全运行，实现可持续新城的应急指挥，提高快速处置能力。

7. 良好的自然生态系统

可持续新城必须有良好的生态环境，其自然生态系统应当和新城中的人工生态系统相互协调，新城范围内的人均公园绿地面积指标和分布均好性指标应优于国家标准，让居住和工作在新城的人们可以容易的达到这些绿色开放空间；在此基础上，还需要进一步优化其自然属性，提高绿色空间的生态系统质量，控制过度人工化的景观建设项目，以促进生物多样性、保护和发展原生态的山体和湿地等为目标，建立自然山水与活力新城相得益彰的山水城市新格局。良好的自然生态系统格局还有利于实现更为科学的城市风环境和热环境空间格局，譬如由绿色开放空间构成的可持续新城城市冷源和通风廊道等，亦将有利于缓解热岛和空气污浊等城市病问题。

8. 优良的公共服务体系

可持续新城应特别注重设施均等化和可达性，保障新城内工作和居住的不同人群、不同层级、不同地段的公共服务设施需求。重点关注弱势群体、强化关注民生、满足日常生活要求的公共服务设施配置；尤其应注重新城无障碍设施体系的建设和管理，使公共服务设施真正能为全社会所有人服务。

（二）可持续新城规划建设的实施保障

从实施层面看，可持续新城的关注重点应包括政府治理、企业与社会参与、投融资、运营管理等环节。保障措施对于可持续新城的建设，尤其是后续城市可持续运行至关重要，主要包括以下几点。

法规保障：可持续新城建设将探索诸多创新领域，落地实施过程中极易出现管理规定不全面、管理方法不成熟、管理依据不充分的各类挑战，必须结合地方管理制度和能力建设，大力推进可持续新城的运行管理条例等相关法规制度建设，依法明确各类行为主体的合法权益，使其运行管理走上法制化、规范化的道路。

制度保障：可持续新城建设涉及领域众多，特别需要全面系统梳理，建立综合性的绩效评估体系，建立资源环境和温室气体排放等相关指标的统计与核算制度，切实提高量化监管能力；需要积极探索建立各类柔性管理制度，从市场引导、企业和个人行为规范等层面，形成内外兼顾、软硬结合的全方位落实保障制度。

政策保障：可持续新城建设作为城市发展的新生事物，特别需要得到地方政策的有力保障，应当用好政策、用活政策，在地方行政管理权限可能的范围内，尽量充分发挥产业政策、财税政策、价格政策、金融政策等的引导作用，提高准入标准，鼓励低碳产业和相关企业发展，提升社会和公众参与程度，有力保障可持续新城各项建设目标的实现。

科技保障：可持续新城建设大量应用创新型技术手段，具有试验性、示范性，难以回避一定程度上的不确定性和运营管理风险。因此，特别需要识别可持续新城对相关技术标准、技术导则的需求清单，制定和发布适合本地实际情况的技术规范、标准和导则；在备选技术中按照技术、经济、社会价值筛选出成熟可靠、综合效益最佳的技术清单，满足城市可持续发展对技术选择、应用的多样化需求。

四、可持续新城规划建设指标体系

（一）指标体系框架

可持续新城规划中的指标体系，要求将绿色、生态、低碳等整体性的目标转化和分解为具体目标，从而利于城市管理者、不同职能部门、相关方明确高效地工作。管理过程中，应通过收集数据和信息，对指标体系中的相关发展目标完成情况实施动态监测，评估城市可持续发展绩效、满足考核要求，促进可持续发展各项行动与政策措施的制定、实施与更新。

指标体系应综合体现和反映新城新区可持续发展的要求和目标，新城在选取典型目标和指标时，应当遵循可持续发展的总体思路，并重点考虑新城的发展定位、产业结构、优势产业、技术水平、能源资源禀赋等条件。这些指标可以是定性的指标，也可以是定量指标。

城市可持续发展目标非常广泛，其核心是资源环境目标。目标的设定，应为新城发展施加刚性约束，促进形成节能减排的倒逼机制。城市可持续发展目标应当包含可持续发展的各个方面，如可再生能源、城市空间布局、提高能效、绿色建筑、绿色交通、废弃物处理、可持续消费等类别。具体见表 2-1。

表 2-1　可持续新城规划与建设指标体系

类别	一级指标	序号	二级指标	单位	定义	评价标准
产业低碳化水平	产业结构	1	第三产业占地区生产总值比重	%	第三产业的产值占 GDP 的比例	《中国低碳生态城市发展战略》中的生态城市指标体系、《中国人居环境奖评价指标》等
	产业能效	2	单位 GDP 能耗	吨标煤 / 万元	指一定时期内一个国家（地区）每生产一个单位的国内（地区）生产总值所消耗的能源量	/
	碳排放强度	3*	单位 GDP 碳排放量	吨 CO^2 当量 / 万元	指一定时期内一个国家（地区）每生产一个单位的国内（地区）生产总值所产生的碳排放量	《中新天津生态城指标体系》等
生态优先	生态景观	4*	人均公园绿地面积	m^2/ 人	指在城市建成区的公园绿地面积与相应范围内城市常驻人口之比。其中，公共绿地指向公众开放，有一定游憩设施的绿化用地，包括其范围内的水域、综合性公园、纪念性公园、儿童公园、动物园、植物园、古典园林、风景名胜公园和居住区小公园等用地	《城市园林绿化评价标准》（GB/T 50563-2010），城市人均公园绿地面积 ≥ 8 ㎡ / 人，要求提升至 ≥ 10 ㎡ / 人

续表

类别	一级指标	序号	二级指标	单位	定义	评价标准
生态优先	生态景观	5	本地植物指数	%	指城市建成区内全部植物物种中本地物种所占比例。本地植物包括：本地自然生长的野生植物；归化种（非本地原生，但已逸生）；驯化种（非本地原生，但在本地正常生长，并且完成其生活史的植物种类）；在园林及农、林业中广泛应用的，能在露地正常生长的植物种类（在标本园、种子资源圃、科研引种试验的植物种类除外）	《国家园林城市标准》（2011）：本地植物指数≥0.8 《住房城乡建设部生态城试点考核标准》：本地植物指数≥0.7 《绿色建筑评价标准》（GB/T 50378–2014）要求"合理选择绿化方式，科学配置绿化植物。种植适应当地气候和土壤条件的植物"
		6	城市绿化覆盖率	%	指在城市建成区的绿化覆盖面积占建成区面积的百分比，含生态绿心	《环保部生态市建设指标（试行）》《深圳市低碳生态城市指标体系构建及实施路径》等
	环境质量	7*	空气质量好于等于2级标准的天数		一年内空气质量指数（AQI）小于等于100的天数	《绿色生态示范城区评价标准》
		8*	地表水环境质量达标率	%	指在一定范围内地表水的总体及其中的要素对居民生存、生活和发展的适宜程度	《地表水环境质量标准》（GB3838–2002）
		9	区域环境噪声达标覆盖率	%	环境噪声达到国家规定标准面积占城市总面积的比例	《声环境质量标准》（GB3096–2008）

续表

类别	一级指标	序号	二级指标	单位	定义	评价标准
合理布局	混合开发	10	拥有混合使用功能的街坊比例	%	以次干道及其以上等级的道路围合成的街坊中，具有3种及以上用地性质（如商住混合、商办混合、住商混合等）的街坊的面积占新城街坊总用地面积的比例	《安徽省绿色生态城区建设技术导则（试行）》≥50%
		11	合理开发利用地下空间	/	合理开发利用地下空间，地下空间开发与地上建筑、停车场库、商业餐饮、地铁站点等功能空间紧密结合、统一规划	《绿色生态示范城区评价标准》
	空间布局	12*	步行5分钟（400米）到达6种及以上公共服务设施的居住区比例	%	城区内步行5分钟（400m）可到达6种及以上公共服务设施的居住区面积占整个城区所有居住区面积比例 公共服务设施包括：教育、医疗卫生、文化体育、商业服务、金融邮电、社区服务、市政公用和行政管理及其他八类设施	《安徽省绿色生态城区建设指标体系（试行）》：1000米范围拥有公共服务设施比例100%；《宜居城市科学评价标准》：提倡1000米范围内拥有免费开放体育设施的居住区比例达100%
		13	有利于节能的建筑朝向比例	%	位于当地有利于节能的建筑朝向范围内的居住建筑面积占居住建筑总面积的比例	《绿色生态示范城区评价标准》
	职住平衡	14	职住平衡指数	%	居民中在本地就业人数占可就业人口总数的比例	《中新天津生态城指标体系》≥50%

续表

类别	一级指标	序号	二级指标	单位	定义	评价标准
绿色建筑与社区	建筑绿色节能	15	绿色建筑比例	%	绿色建筑占建筑物总数的比例	
		16*	二星级及以上绿色建筑比例	%	二星级及以上绿色建筑占建筑物总数的比例	
		17	绿色施工比例	%	绿色施工项目数占施工总项目数的比例	
		18	建筑智能化普及率	%	满足智能化系统数量配置指标要求的建筑项目数量占总项目数量的比例	《建筑工程绿色施工评价标准》
	社区布局与设计	19	紧凑开发	/	土地利用密度及相应的空间结构效率	/
绿色交通体系	绿色交通	20*	绿色出行比例	%	指采取步行、自行车、公共交通的出行方式占总出行方式的比例	
		21	公交站点覆盖率	%	建筑的主要出入口步行至最近公交站点距离在400米以内的面积与500米范围内比例	《绿色建筑评价标准》
		22	环保型能源车辆占机动车总量比例	%	指环保型机动车台数占机动车辆总台数的比例	
基础设施与智能化管理	能源利用	23*	可再生能源利用率	%	区域内可再生能源使用量占区域总能源消耗量的比重。根据《中华人民共和国可再生能源法》约定，可再生能源是指风能、太阳能、水能、生物质能、地热能、海洋能等非化石能源	《绿色建筑评价标准》（GB/T 50378—2014）
		24	单位建筑面积能耗	吨标煤/m^2	单位建筑面积上所消耗的能量	

续表

类别	一级指标	序号	二级指标	单位	定义	评价标准
基础设施与智能化管理	水资源与水环境	25	城市生活污水处理率	%	城市生活污水处理总量与雨水产生总量之比	
		26	城市供水管网漏损率	%	指管网漏水量与供水总量之比，是衡量一个供水系统供水效率的指标	《地表水环境质量标准》（GB3838-2002）等
		27	年径流总量控制率	%	雨水通过自然和人工强化的入渗、滞蓄、调蓄和收集回用，场地内累计一年得到控制的雨水量占全年总降雨量的比例	《海绵城市建设技术指南》等
	固废处理	28	生活垃圾无害化处理率	%	生活垃圾无害化处理量占区域内生活垃圾产生总量的比例	《国家卫生城市标准（2014 版）》
		29*	生活垃圾分类收集设施达标率	%	指设置了垃圾分类收集设施的项目数量占所有工程项目数量的比值	《城市生活垃圾分类及其评价标准》（CJJ/T102-2004）等
		30	餐厨垃圾及废弃油脂规范收集率	%	指集中规范收运的餐厨垃圾及废弃油脂数量占餐厨垃圾及废弃油脂产生总量的百分比	
		31	工业固体废弃物综合利用率	%	指工业固体废弃物被循环利用的比例	
保障机制	投融资建设	32*	环保投资占 GDP 的比重	%	/	/
	政策支持	33	/	/	/	/

注：表中 10 项序号标注星号的指标为关键性指标。

（二）指标体系的管理与应用

指标体系作为政府管理的重要抓手，在可持续新城建设开发运行过程中，可以从实施主体、实现阶段和管理途径等方面对关键指标进行细化分解和实施管理。如图 2–1 所示。

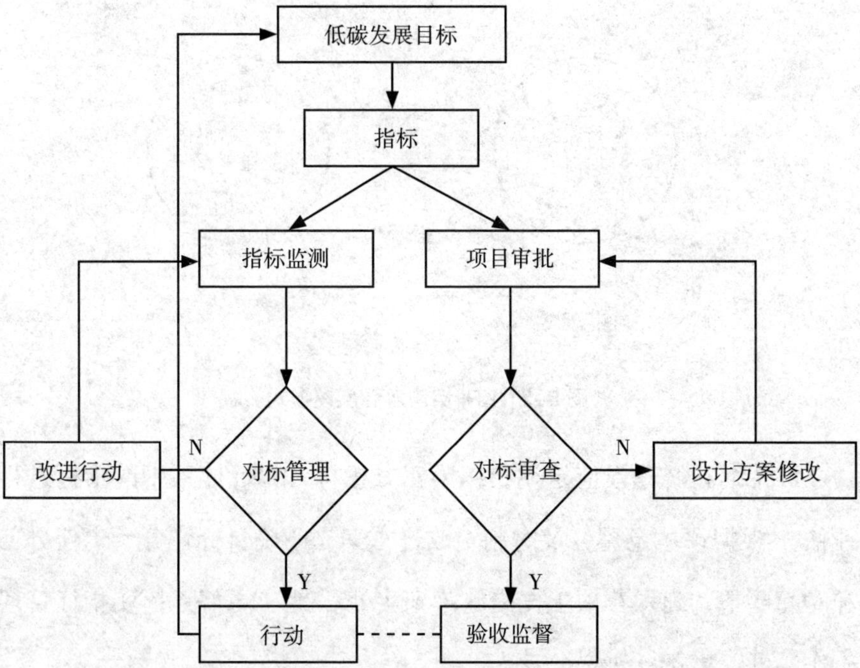

图 2–1　KPI 实施流程示意图

根据实现阶段或管理途径，指标又分为过程类指标和结果类指标，分类实施，各自形成闭环。过程类指标与设施建设行动密切相关，将部分过程类指标纳入现行的规划建设审批流程，在规划建设审批环节进行管控，审查指标在街区深化方案和地块控规中的采纳和落实情况，或通过竣工验收监督落实，进而实现相应目标；结果类指标需要新城管理者定期进行监测，跟进指标变化动态，通过后评估为综合决策提供更科学的依据，指导行动，进而实现相应目标。过程类指标的“审查—验收—监督环”，与结果类指标的“监测—评估—行动环”，构成指标体系实施的“双环反馈模式”。如图 2–2 所示。

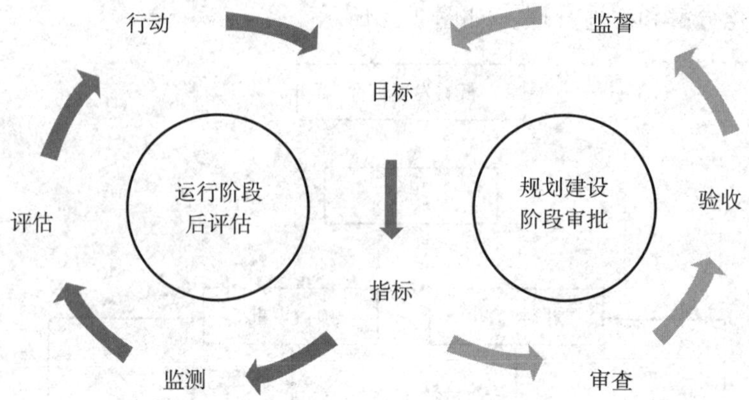

图 2-2　KPI 实施双环反馈模式

可持续新城建设应定期组织第三方机构对指标体系中的指标进行评估。根据评估意见，及时制定改进方案，明确目标任务、责任分工和时间要求，确保各项工作措施落到实处。为了更好地落实指标管理工作，可以建立行动核查表。

五、可持续新城规划建设实践

（一）国外可持续新城规划建设

国外对于可持续新城的建设积累了诸多经验，其中阿拉伯联合酋长国马斯达尔、瑞典斯德哥尔摩哈马碧湖城、马来西亚布城是可持续新城建设的典型代表。从国外可持续新城建设经验中可以看出，建构科学合理的空间布局、倡导公交优先的发展模式是发展可持续新城的基础同时，注重以各自的特色措施促进可持续新城的发展。其中，马斯达尔注重可持续发展相关人才、技术培育，促进产城融合，高效利用能源及资源，发展绿色建筑，减少城市碳排放。哈马碧湖城的资源节约及固体废弃物再利用是其发展可持续新城的重要措施，同时注重广泛的公众参与。布城则坚持生态优先的开发理念，注重保护历史遗产，以多种手段对新城的可持续发展进行高效管理。

1. 阿联酋马斯达尔：世界首个高密度、碳中和、零废弃物城市

（1）马斯达尔城市概况

马斯达尔是阿拉伯联合酋长国在阿布扎比郊区兴建的一座新城市，占地约 640 公顷，预计可容纳 4.5 万名居民。该城市于 2007 年开工建设，预计 2030 年完工。马斯达尔的目标是创建世界上第一个高密度、碳中和、零废弃物的城市，设置了包含建筑、能源、产业、交通等多方面的低碳发展目标。

（2）培育可持续发展相关人才、技术，促进产城融合

马斯达尔市与麻省理工学院共同设立全球首个专为再生能源设立的学位大学——马斯达尔理工学院（MIST），专注于可再生能源研究，培养相关人才。同时，2013 年马斯达尔市的马斯达尔公司建立了试点计划，检验和开发适合由可再生能源驱动的高级能效型海水淡化技术。这项计划的长期目标是在阿联酋设立由可再生能源驱动的海水淡化工厂，预计在 2020 年之前拥有达到商业规模的设施。

（3）构建科学合理的空间布局，减少交通工具的使用

按照马斯达尔市城市规划设计，全城以坐东北朝西南的走向兴建，以获得最佳采光及蔽荫效果。全城 30% 的区域为住宅区，24% 为商业及研究区，13% 为商用及轻工业区，6% 为马斯达尔理工学院，19% 为服务及运输区，8% 为文娱用途。街道限制在 3 米宽、70 米长，以维持微气候稳定并促进空气流通。从任何一个地方出发到最近的交通网点和便利设施的距离都不超过 200 米，合适的步行距离将减少对交通工具的使用，降低碳排放。

（4）倡导创建公交优先的交通发展模式

为鼓励公共出行和减少汽车尾气排放，马斯达尔规划了一个“三层次交通体系”。最外层是连接到阿布扎比国际机场的轨道交通，包括轻轨铁路和地铁。第二层是铺设在地下的个人快速交通系统，居民可以此到达学校和工作场所等，个人快速交通系统由光伏电池提供动力，可实现无人驾驶和零碳排放。最内层是到达必要基础设施控制在 150 米以内的地面步行系统，居民可在 2 分钟内步行到达公共绿地和购物场所[①]。同时，全面禁止内燃机汽车。马斯达尔市规定，内燃机汽车必须停在城边，在城区穿梭于城市街道上的必须为电动汽车。

（5）高效利用能源及资源

马斯达尔整个城市致力于对资源的循环利用。绕城种植的棕榈树和红树将成为制造生物能源的原料。城外的风力和光电发电厂将充分

① Masdar Cooperate，Pioneering Innovation at Masdar City［DB/OL］.2017.

利用波斯湾的海风和沙漠的阳光，保证马斯达尔城的电力能源完全自给自足。利用风塔将高空的冷空气自然地引向地面，使得地面温度大幅降低。建立高效的水循环利用系统，城市会首先抽取地下淡盐水，再由太阳能供电的淡化厂进行脱盐，由此得到饮用水和生活用水。净化过程中产生的浓盐水会和中水混合，在达到和地下水相同盐度后被排放回地下。生活废水处理后则会用于建筑清洁和灌溉。

（6）运用可持续型材料、遵循严格的可持续建筑建设标准

马斯达尔城的开发商以最佳实践为基准，采用可持续的建筑材料和节能技术建造整个城市。主要措施包括：在建筑上安装一种特殊材料制成的滤网，有效降低建筑温度；在每座建筑的屋顶铺设太阳能光伏组件等。到目前为止，竣工的所有建筑已形成 1 兆瓦的屋顶光伏电池板。

2. 瑞典斯德哥尔摩哈马碧湖城：世界一流生态低碳城市

（1）哈马碧湖城城市概况

哈马碧湖城位于瑞典斯德哥尔摩内城的东南部，规划面积 200 公顷，规划人口 25000~30000 人。哈马碧湖城原是旧工业区和港口棕地区，环境污染严重。为申办奥运会，1996 年斯德哥尔摩政府决定将哈马碧湖城建为一个可持续发展的都市区。哈马碧湖城始建于 1997 年，预计将在 2025 年完成开发。哈马碧湖城的开发在经济、社会和环境等方面被认为是一个极其成功的世界顶级生态城典范项目。

（2）构建科学合理的紧凑小街区空间布局，减少通勤距离

在哈马碧湖城，功能混合的小街区制被广泛使用，以适当提高建设密度和减少通勤距离[①]。小于1公顷的小型街区占主导地位。典型的街区大小为50×70米、70×100米，产业园和学校例外。同时，用地功能混合，建设混合公用的建筑，底下是商业，楼上建筑为住宅。所有的住宅单位在建筑入口500米范围之内都可以靠近至少六种便利设施，包括学校、邮局、银行、零售、诊所、活动中心和餐馆等。

（3）坚持公交优先与汽车控制，发展绿色交通

在绿色交通方面，斯德哥尔摩政府于1996年确立了哈马碧湖城80%的通勤都应是由公共交通、自行车或者步行完成的目标，以减少私家车化石燃料的使用。

在具体实施上，主要是通过汽车控制、发展公共交通、推进非机车化出行来实现[②]。哈马碧湖城路面停车被严格管制，沿街停车位按最小需求设计，地区内的停车位标准设为每户0.55辆车。地区内的自行车道和步行道与城市交通网整合到一起，既有沿着主要交通干线的自行车道，也有沿水滨的与主干道分离的自行车道，还有穿越住宅区域的自行车道，自行车道和步行道优先开发。目前，哈马碧湖城步行道的密度为25.8公里/平方公里，自行车道的密度为10.5公里/平方公里。在城市尺度，以轻轨、公共巴士、共享汽车为主构建了便捷高效

① Iverot，S.P.，& Brandt，N. The Development of a Sustainable Urban District in Hammar by Sj ? stad，Stockholm，Sweden.Environment，Development and Sustainability［J］，2011，13（6），1043-1064.

② Glashusett，L.，Hammarby Sjostad—a Unique Environmental Project in Stockholm［DB/OL］. 2007.

的公共交通设施，对居民来说，距离公共交通站点最远为 250~300 米，由步行道和有吸引力的人行便道连接。

（4）重视资源节约及废弃物利用

哈马碧湖城重视资源节约。哈马碧湖城将地区内所有的积水、雨水、融化水都在当地进行储存及处理。地表积水深入地下或被导入运河，在小区内设置降水沟，通过台阶流向哈马碧海。马路地沟水先被导入两个封闭的蓄水池，经过静止沉淀后，导入运河中。采用建筑的绿化屋顶及景天类植物来收集雨水，这些植物同时也能起到隔热作用。居民耗水量通过使用环境友好型的节水设备、低水位抽水马桶和空气混合水龙头等节水设备来减少。同时，哈马碧湖城重视对废弃物的再利用。该地区构建了楼层、街区、地区的三级垃圾管理系统，针对有机废物、可燃垃圾、可回收材料、危险废物等不同废弃物进行差别处理（见图 2–3），形成可再生能源。哈马碧湖城将近 100% 的建筑物都是由区域集中供热来提供采暖需求的。城市集中供热系统的基础产能负荷来自于热电联产的垃圾焚烧电厂和污水处理厂的热泵系统。

（5）强调公众广泛参与

在哈马碧湖城，若本地参与者使用了促进生态可持续发展的措施，例如，减少环境的负荷，促进可再生原材料的使用，有助于保护和加强生物多样性、保护人文价值和环境价值等，可向市政府申请补贴。同时，在哈马碧城内有一座名为“GlashusEtt”的建筑，是专门对居民及参观者开放的环境信息中心。信息中心展示了关于如何处理废物、水、能源的环境解决方案与宣传信息，鼓励人们节约能源、使用公共交通、垃圾分类等。这些信息展示和日常的社区活动极大地影响了居民的日常行为，时刻提醒人们环保的重要性，使居民慢慢地形成了一种良好的生活方式。

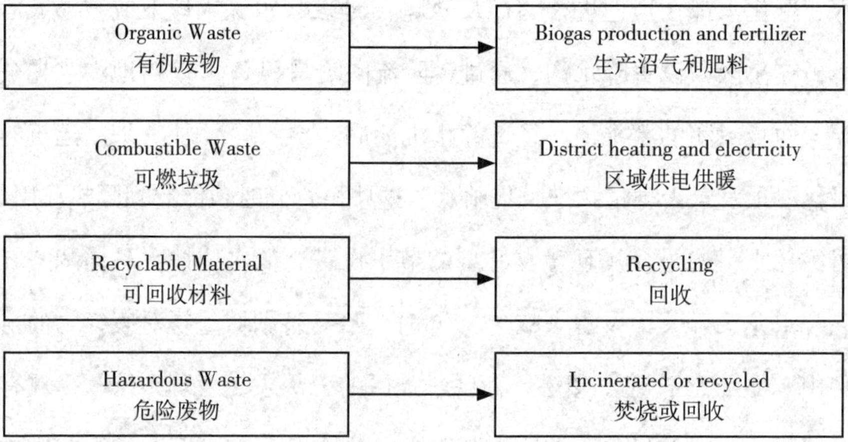

图 2–3　哈马碧湖城废弃物循环利用示意图

资料来源：国开金融，哈马碧湖城，2015。

3. 马来西亚布城：生态优先、环境宜人的新行政中心

（1）马来西亚布城概况

马来西亚布城距离首都吉隆坡 25 公里，是马来西亚新的行政中心，布城面积约 4900 公顷，2017 年总人口为 8.69 万。布城于 1993 年确定选址，1996 年启动建设，经过大约 15 年的建设，布城已经成形并逐渐进入成熟发展阶段。如今，布城不仅成为马来西亚新的行政中

心，而且成为一座环境宜人的田园城市。

（2）坚持生态优先的开发理念

这里原本是一片未开发的原始森林，其原始的自然生态环境为田园城市概念的落实奠定了非常好的基础，布城原有的生态肌理与生态属性在布城的规划得到了充分的尊重。布城绿地率达 70%，有 12 座公园，面积达 650 公顷的人造湖是城市生态环境的重要组成部分，为城市提供水源、蓄洪功能，同时也是城市气候的调节器。

（3）采用管辖区块概念，划定清晰的边界

根据开发框架，布城的规划运用了管辖区块（Precinct block）的概念，管辖区块与规划区划类似，它们可以被分配至多个社区单元。整个地区被分为 20 个管辖区块，每一个管辖区块都以道路或绿色空间为分界。清晰的边界使每一个管辖区块拥有更加鲜明的特征，便于自上而下分层级管理，促进整个项目的实施。

（4）构建合理的空间布局

布城进行合理的土地利用分配，其中开放空间及居住用地是占据大比例的用地类型，开放空间比例约为 37.6%，居住用地比例约为 25.5%。同时，布城核心区域包括 5 个管辖区块，分别为政府管辖区块、混合开发管辖区块、市民与文化管辖区块、商业管辖区块、运动与休闲管辖区块，其余 15 个管辖区块处于外围。每一个管辖区块有一个社区商业点，公共设施包括公立学校和综合体。除了第一管辖区块（政府）和第十三管辖区块（湿地和公共设施），其他管辖区块都包含居住区域。此种划分方法旨在鼓励混合利用，同时避免城市内部的无序发展。

（5）保护布城文化遗产，展示传承马来西亚文化

布城城市建设的目标之一是反映马来西亚的文化遗产。除保留粉红清真寺等既有的马来西亚文化建筑，还新建了首相署、千禧纪念碑等具有马来西亚文化特征的标志建筑。同时，将酒店等公共建筑融入马来元素，共同彰显鲜明的马来西亚文化特征和特色。

（6）采用高效可持续的城市管理理念

为实现高效的城市管理，布城管理局做了很多积极的工作。设置城市控制室，负责城市关键基础设施及服务等的监测、控制与管理、智能交通系统、设施管理系统、公众信息与应急系统等相互协作。建设城市综合管廊，使各种公共服务设施的维护与升级非常便捷，避免对城市正常运行的干扰，提高城市管理的效率。

同时，采用可持续的城市环境管理理念。布城管理局采用了一套完整的环境管理体系来保证环境可持续性方面各项指标与状态的监测贯穿开发全过程——规划、建设、运行。例如在规划阶段，项目发起者必须在规划审批阶段提交一份环境管理规划。

（二）国内可持续新城建设

国内大城市地区在可持续新城或新区建设上有不同类型的实践探索。如雄安新区、北京城市副中心、上海东滩生态城、中新天津生态

城以及深圳光明新城，均是现阶段国内可持续新城建设的亮点，为我国可持续新城建设积累了成功案例和宝贵经验。

1. 河北雄安新区：高起点规划，引领全国的可持续新城

河北雄安新区规划建设是以习近平同志为核心的党中央作出的一项重大历史性战略选择，是继深圳经济特区和上海浦东新区之后又一具有全国意义的新区，是千年大计、国家大事。雄安新区规划范围包括河北省雄县、容城、安新 3 县及周边部分区域，地处北京、天津、保定腹地，规划面积 1770 平方公里，采用统一规划、分期建设开发的新城规划建设方式（图 2-4）。

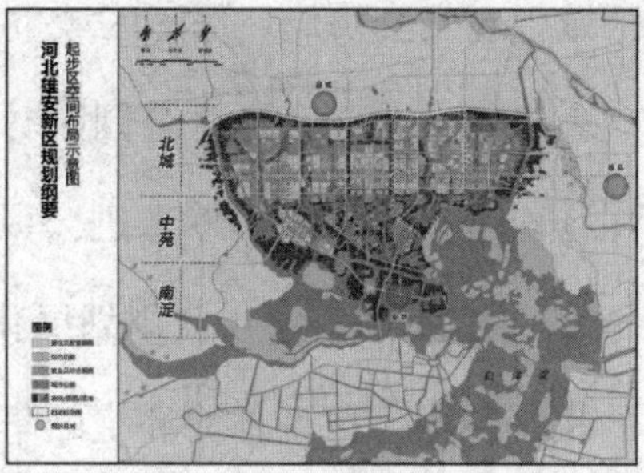

图 2-4　雄安新区起步区空间布局示意图

资料来源：新华网。

雄安新区作为北京非首都功能疏解集中承载地，是高水平社会主义现代化城市、京津冀世界级城市群的重要一极、现代化经济体系的新引擎、推动高质量发展的全国样板。未来将是绿色生态宜居、创新驱动发展引领、京津冀协调发展示范高地。

雄安新区规划建设对于集中疏解北京非首都功能，探索人口经济密集地区优化开发新模式，调整优化京津冀城市布局和空间结构，培育创新驱动发展新引擎，实现京津冀地区可持续发展，具有重大现实意义和深远历史意义。

（1）生态优先、蓝绿交织的典范新城，蓝绿空间占比达70%

坚持生态优先，将淀水林田草作为一个生命共同体进行统一保护、统一修复。通过植树造林、退耕还淀、水系疏浚等生态修复治理措施，强化对白洋淀湖泊湿地、林地以及其他生态空间的保护，确保新区生态系统完整，蓝绿空间占比稳定在70%。构建衔接“太行山脉—渤海湾”和“京南生态绿楔—拒马河—白洋淀”生态廊道，形成连山通海、南北交融的区域生态安全格局，保障区域生态安全。规划构建大型郊野生态公园、大型综合公园和社区公园园林绿化体系，使未来居民3公里见森林，1公里见绿廊，300米进公园，街道100%林荫化。新区规划森林覆盖率达40%，起步区规划绿化覆盖率达到50%。新区将展现出迷人的生态魅力，再现林淀环绕的华北水乡特色，形成城绿交融的中国现代生态城市发展面貌。

（2）“组团式”空间格局，疏密有度、水城共融的城市空间

雄安新区起步区将呈现“北城、中苑、南淀”组团式发展格局，构建尺度适宜、职住均衡的城市组团。各组团之间，森林、湿地、绿地等蓝绿系统环绕间隔，有明确开发边界。“北城”集中布局5个城市组团，各组团功能相对完整，空间疏密有度，组团之间由绿廊、水

系和湿地隔离；“中苑”恢复历史上的大溵古淀，结合海绵城市建设，营造湿地与城市和谐共融的特色景观；“南淀”通过对安新县城和淀边村镇改造提升和减量发展，严控临淀建设，利用白洋淀生态资源和燕南长城遗址文化资源，塑造传承文化特色、展现生态景观、保障防洪安全的白洋淀滨水岸线。

（3）划定规划控制线，严格控制规模与边界，控制城市开发强度与高度

雄安新区通过科学划定生态保护红线、永久基本农田、城镇开发边界三条控制线，加强各类规划空间控制线的充分衔接，统筹土地利用、环境保护、文物保护、防洪抗震等专项规划，实现多规合一。严格控制建设用地规模，新区远景开发强度控制在 30%，建设用地总规模约 530 平方公里。建筑高度也将受到严格控制，新区整体塑造轮廓舒展、韵律起伏的城市天际线。根据城市功能布局和产业特点，在新区特定核心区范围规划建设高层建筑，集中承载中央商务、金融、企业总部等功能。

（4）传承与发展中国文化，创造中国城市风貌

雄安新区规划建设提出保护代表性历史遗存与合理利用文物古迹，结合历史遗存保护，建设考古遗址公园、遗址博物馆、陈列馆，将标志性历史遗存的保护与城市公共空间的建设有机结合，保护传统村镇内历史空间格局清晰、传统风貌较为完整的核心地段，传承与展示水乡生产习俗和民俗文化活动。传承与弘扬雁翎队为代表的红色革命文

化等优秀传统文化。规划建设将集中展现中国建筑艺术的精髓，起步区传承中华营城理念，构建布局规制对称、街坊尺度宜人的中心“方城”，街坊呈棋盘式布局。按照传承历史、开创未来的设计理念，塑造体现中华文明、凝聚城市精神、承载中心功能的两条城市轴线，南北轴线展示历史文化生态特色，东西轴线串联城市组团。塑造中华风范、淀泊风光、创新风尚的城市风貌。打造中西合璧、以中为主、古今交融的建筑风貌，弘扬中华优秀传统文化，保留中华文化基因。

（5）产城融合，打造全球创新高地和高新企业发展高地

科技创新是雄安新区未来发展的第一动力。雄安新区明确未来重点发展新一代信息技术产业、现代生命科学和生物技术产业、新材料产业、高端现代服务业、绿色生态农业。通过承接符合新区定位的北京非首都功能疏解，积极吸纳和集聚创新要素资源，高起点布局高端高新产业，建设实体经济、科技创新、现代金融、人力资源协同发展的现代产业体系。搭建国际一流科技创新平台，建设国际一流科技教育基础设施，构建国际一流创新服务体系，打造全球创新高地。坚持产城融合、职住均衡和以水定产、以产兴城原则，采取集中与分散相结合的方式，推动形成起步区、外围组团和特色小城镇协同发展的产业格局。

（6）公交优先，构建“公交＋自行车＋步行”的出行模式

起步区公交、自行车、步行等绿色交通出行比例达到90%。加强交通与用地布局协调，推广交通枢纽与城市功能一体化开发模式，在

公共交通廊道、轨道站点周边集中布局公共服务设施，实现公共交通引导城市的建设目标。提升公共交通系统覆盖的人口数量，起步区公共交通占机动化出行比例达到80%。建立服务优质、形式多样的新型公交系统。新区布局“干线＋普线”两级城乡公交网络，干线服务起步区与外围组团、城镇，普线连接外围组团与村镇的公交系统。起步区布局“快线＋干线＋支线”三级城区公交网络，快线服务区内组团间出行，干线服务组团内出行，支线灵活设置线路、站点深入社区，实现地面地下协同调度、各类公交便捷换乘的高品质服务。

（7）打造步行15分钟生活圈，落实租购并举的多元化住房保障体系

雄安新区坚持以人民为中心，新区规划“城市－组团－社区”三级公共服务设施体系，形成多层次、全覆盖、人性化的基本公共服务网络。以人的便捷舒适作为城市建设的基础，构建社区、邻里、街坊三级生活圈，形成5-10-30分钟生活圈，提供全方位、全时段生活服务。引进国内外优质教育、医疗资源，高标准布局大型文化设施，在街道、社区完善文化站和文化服务中心等基层文化服务设施，建设体育健身设施网络，鼓励体育设施与其他公共服务设施共建共享，整体提升公共服务水平。

通过统筹居住和就业，促进职住平衡，在轨道车站、大容量公共交通廊道节点周边，优先安排住宅用地；在城市核心区和就业岗位集聚、公共交通便捷、具有较高商业价值的地区，布局混合性居住空间，

实现合理公交通勤圈内的职住均衡。建立多主体供给、多渠道保障、租购并举的住房制度和多元化住房供应体系。完善多层次住房供给政策和市场调控体制，严控房地产开发，建立严禁投机的长效机制，保障住房供给。

2. 北京通州城市副中心：生态和谐、国际一流和谐宜居之都示范区

北京城市副中心的建设是为调整北京空间格局、摆脱单中心城市发展瓶颈、拓展城市空间的需要，也是推动京津冀协同发展、优化人口经济密集地区开发模式而提出的。副中心规划范围为原通州新城规划建设区，总面积约 155 平方公里；外围控制区为通州全区，约 906 平方公里，辐射带动廊坊北三县地区协同发展。2018 年 3 月 29 日，北京市人大常务委员会审议了《北京城市副中心控制性详细规划（草案）》，北京城市副中心控制性详细规划向社会公开。目前，北京城市副中心除已经开工的行政办公区工程外，其他区域和项目都在进一步完善规划。

（1）践行“绿水青山就是金山银山”的理念，建设水城共融的生态城市、蓝绿交织的森林城市

北京城市副中心的建设发展目标提出，至 2035 年在副中心构建低碳高效绿色城市、蓝绿交织森林城市、自然生态海绵城市、智能融合的智慧城市、古今同辉的人文城市、公平普惠的宜居城市。从发展目标上充分反映出未来北京城市副中心生态优先、生态建城的发展建设理念（图 2–5）。

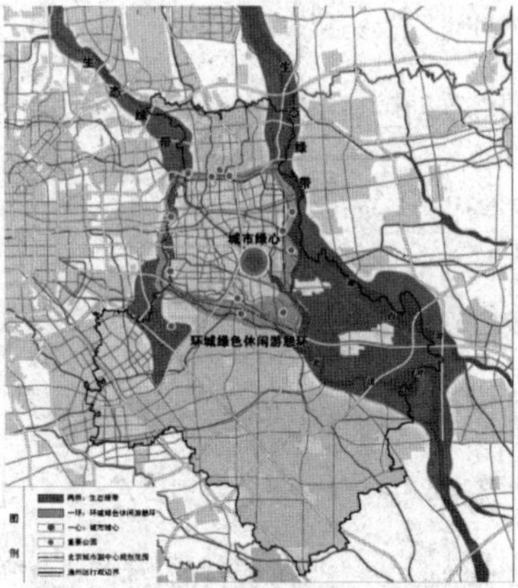

图 2-5 北京城市副中心绿色空间结构图

资料来源：《北京城市总体规划（2016-2035）》。

水城共融的生态城市——继承传统水城格局，以大运河为主脉，恢复部分河流历史故道，疏浚治理主要河道，构建树状河网结构，将超过 1/4 面积滨水空间打造成为生态化、人性化的活力地区。优化滨水空间功能，生态化改造现状混凝土河岸护坡，营造自然宜人的滨水环境，结合岸线特征精心设计河岸两侧建筑高度、体量和布局，形成高低错落、灵动舒朗的滨水界面。合理优化海河流域的防洪格局，建设自然和谐的海绵城市。

蓝绿交织的森林城市——严守生态安全底线，划定生态控制线，将山水林田湖草作为一个生命共同体进行系统保护、系统修复，在通州区形成“两带、两楔”的绿色空间结构，防止城市副中心与朝阳、大兴、廊坊北三县等地区贴边连片发展。全面增加城市副中心绿色空间总量，构建城市级、社区级两级绿色空间体系。率先在城市绿心实现具有一定规模和效益的森林生境，依托景观大道种植高大乔木，实现森林入城。丰富休闲服务功能，推动绿色空间与体育、文化等城市功能的混合利用。围绕绿色空间，修复本地生物谱系，让通州本地物种回归通州，建立完整的生态系统，提高生态环境品质。

（2）严格控制用地规模，优化生产、生活、生态空间结构

坚守建设用地规模底线，划定城市开发边界。到2035年，城市副中心城乡建设用地控制在100平方公里左右，地上建筑规模约1亿平方米。压缩生产空间规模，适度提高居住及其配套用地比重，大幅提高生态空间的规模与质量，到2035年生态空间面积达到总面积的40%以上。同时，为重大发展战略、重大技术变革、重大项目预留发展空间。

以“一带、一轴、多组团”的城市空间结构，组织城市功能布局，提供均衡优质的城市公共服务。

副中心规划城市空间充分遵循中华营城传统、通州地域文脉，构建蓝绿交织、水城共融、多组团集约紧凑发展的生态城市布局，形成科学合理，可持续的“一带、一轴、多组团”的空间结构（图2–6）。

以“一带、一轴”为统领，依托大运河生态文明带，统筹两岸公共空间、城市功能、交通组织和滨水景观，营造充满现代活力、再现历史记忆的滨水公共空间，形成韵味深厚、环境优美的。引导六环公园两侧城市功能互动发展和创新功能集聚。以组团、家园为单元，提供均衡优质的城市公共服务。统筹考虑现状条件及发展目标，以12个组团划分，制定差异化的公共服务保障策略，统筹调配各组团的职

住关系和公共服务，以36个家园为基本单位，传导落实组团的各项刚性管控内容。坚持宜居便利、均衡发展，建立市民中心—组团中心—家园中心—便民服务点的公共服务体系。强化组团中心和家园中心建设，鼓励配套服务功能集中设置、混合利用、统筹核算，实现均衡布局，到2035年城市副中心实现一刻钟社区服务圈全覆盖。

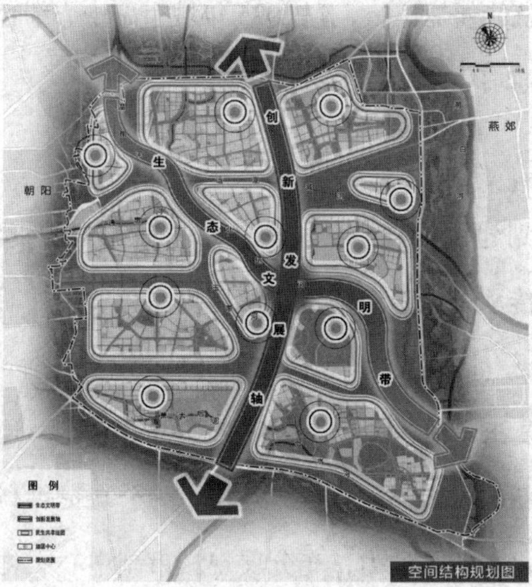

图 2–6　北京城市副中心空间结构规划图

资料来源：北京城市副中心控制性详细规划（街区层面）公告。

（3）倡导绿色出行，建设轨道网络 + 公共交通引导的畅达新城交通

按照规划，城市副中心与中心城区、周边地区，将构建以北京城市副中心为交通枢纽门户的公共交通为主导的多层次对外交通体系，

与廊坊北三县地区之间通过建设城际铁路、区域快线等方式满足出行需求，形成以轨道交通和地面公交为主导的交通体系。与中心城之间形成以轨道交通为主、地面公交为辅的公交体系。设置快速公交走廊提高城市副中心对东部各区交通辐射能力。新城内倡导绿色出行，构建公交 + 自行车 + 步行的出行模式，加密路网形成小尺度街区，实现不依赖小汽车就能便捷出行，到 2035 年城市副中心绿色出行比例达到 80%，内部通勤时间控制在 30 分钟以内。

（4）古今同辉，建设文化传承的人文城市

副中心规划建设重视中华文化传承，通州文脉资源利用。深入挖掘、保护与传承以大运河为重点的历史文化资源，对路县故城（西汉）、通州古城（北齐）、张家湾古镇（明嘉靖）进行整体保护和利用，改造和恢复玉带河古河道及古码头等历史遗迹。通过恢复历史文脉肌理，置入新的城市功能，古为今用，为公众提供高质量文化交流场所，增强文化创新驱动力，充分展现城市副中心文化底蕴和独特魅力。重构空间秩序，依托大运河塑造古今同辉的城市风貌，展开一副运河蜿蜒流淌、古城伴水而生、绿心层叠苍翠、空间疏密有致、高度舒缓有序、街巷尺度宜人、彰显中华传统文化特色的城市风貌。

（5）强化顶层设计，建立规划建设管理体制，加强政策集成与创新

城市副中心规划建设管理提出加强市级统筹，各部门协同的规划实施工作机制。深化推进土地管理制度改革、细化完善功能疏解和产业发

展政策机制、完善城市副中心规划建设财税政策，推进审批制度改革先行。同时，通过规范城市网络化工作体系，畅通公众参与与城市治理渠道，运用法规、制度、标准管理城市，强化城市精治、共治、法治。

3. 深圳光明新区：生态先导的高新创业新城

深圳光明新区设立于 2007 年 8 月，位于广深港产业走廊的重要节点，土地面积 156.1 平方公里（图 2–7）。依托良好的自然生态资源，光明新区坚定地选择了绿色低碳发展道路，明确提出了“现代化绿色可持续发展的先锋新城”的发展目标。光明新区的“绿色”是广义的绿色，包含了资源集约、环境友好、社会和谐的三维内涵，符合科学发展观和十八大提出的生态文明观。新区经过几年的开发建设，在生态绿色、高新低碳城市发展等方面取得了突出的成就。

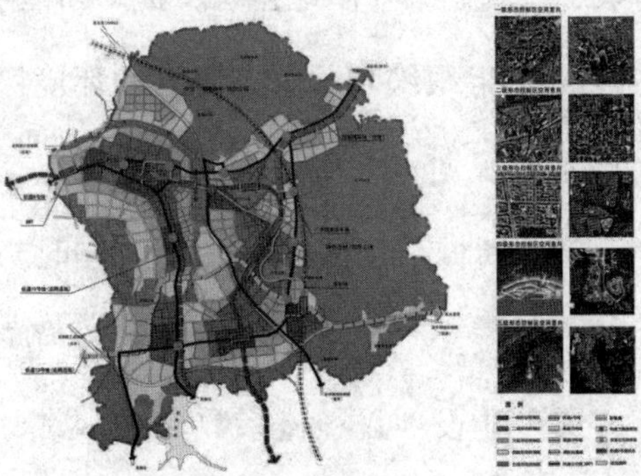

图 2–7　光明新区城市形态控制分区图

资料来源：王芃、唐绍杰、张一成：“深圳光明新区生态城市规划实践”，《建设科技》，2009 年第 15 期。

（1）生态低碳理念为先导的城市功能定位

光明新区转变发展方式，提出打造“绿色新城、创业新城、和谐新城”的建设理念，建立绿色生态系统、绿色交通、绿色产业、绿色建筑、绿色城市形象。光明新区结合自身资源条件和区域发展方向，新区定位为深圳绿色城市示范区、深圳重要的城市副中心，创新型高新产业基地及其配套服务区。承接香港、辐射东莞的生产性服务中心以及深港大都会独具特色的生态旅游区。

（2）尊重自然，生态优先，实施低冲击开发

坚持将生态保护放在最优先的位置。生态环境是新区最重要的公共资源。新区划入基本生态控制线的用地占辖区总面积的53.45%。新区落实最严格的保护措施，坚持在保护中开发，确保生态用地总量不减少，质量不降低。通过划定茅洲河干支流河道蓝线，保护和利用现有的扇形水网系统，规划8片湿地公园，提高新区生态服务功能。

实施低冲击开发。组织编制了生态建设和环境保护规划、生态资源调查评估与绿地系统规划、中水与雨洪利用规划等专项规划，落实低冲击开发理念，引导新城与自然和谐共生。同时，通过提高建设项目设计水平，加强政府监管，避免大规模拆建。为减少新城建设地表径流系数的改变，通过建设项目径流系数控制、源头雨洪利用以及增加建设区内透水面积，确保新城建设前后外排水量不增加，同时，削减面源污染。

(3) 以 TOD 模式引导建设紧凑型新城

新区采用混合紧凑型土地利用模式，新城建设以轨道枢纽、快速公交专线站点周边为重点发展引导区，围绕轨道站点构建“城市单元”，划分为五大形态控制区，站点周边适当加大开发强度，实现土地功能适度混合，集中商业、办公、居住、娱乐等多种综合功能。依托广深高铁光明城站及周边地区 3.15 平方公里范围建设光明门户区，在规划用地中安排一定比例的白地、综合发展用地、2.5 类产业用地，在确定其主体功能的同时，根据所在片区的不同发展特征兼容其他不同的城市功能。

(4) 公交优先，构建高水平公交服务设施网络，建设慢行“绿道系统”

新区规划提出实现 70% 的公交分担率，光明新城适度超前规划轨道交通网络，新城共有多条轨道交通线路，轨道站点 500 米覆盖范围占新区可建设用地面积的 35.1%，以轨道站点为核心构建交通设施接驳系统，建设高水平常规公交服务设施，通过快速路打造“光明快车”，已建设“四横五纵”的骨干公交专用网络。结合公园和自然湿地，建设自行车和步行“绿道系统”，基本实现“把乡野引入城市，把市民送到田园”的规划目标。

(5) 培育多元、可持续产业结构，实现产业与城市的共荣格局

光明新区规划建设重点为培育高新技术产业园区发展。建立引入项目评估机制，严格按照“两低三高”(低能、低耗，高技术、高附加值、高税收贡献率) 的标准引进企业，以创建国家生态工业示范园

为目标。升级改造城区内传统工业区，积极发展低能耗、高附加值的生产型高端服务业，如商务园、中小企业总部园等。借助区位与交通发展优势，强化对香港地区服务功能，重点培育中试和科研产业化基地园区。发挥地区环境、文化资源优势，在保护的基础上发展都市农业、生态旅游业和体验经济，并提高高新农产品、生物质能源生产和研发。通过产业协同发展实现产业与城市的共荣格局。

4. 中新天津生态城：自然生态与人工环境共融共生新城

中新天津生态城位于天津滨海新区范围内，总面积约 31.23 平方公里（图 2-8），是中国和新加坡两国政府应对全球气候变化、节约资源能源、加强环境保护、建设和谐社会的重要合作项目，成为建设资源节约型、环境友好型社会的典范。其目标是实现“人与人和谐共存、人与经济活动和谐共存、人与环境和谐共存”，成为“能实行、能推广、能复制”的未来城市建设样板。

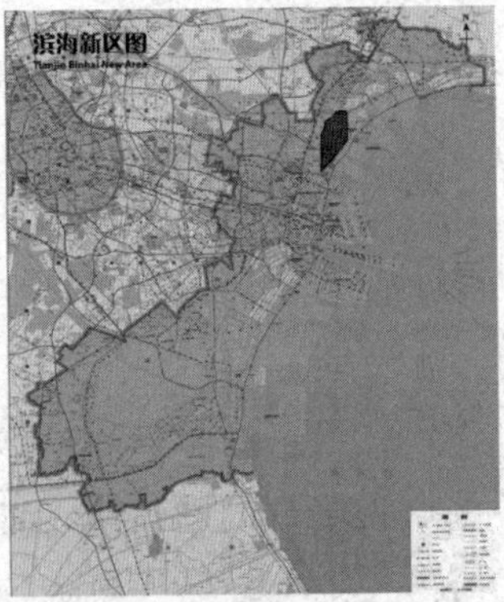

图 2-8　中新天津生态城区位图

资料来源：中新天津生态城总体规划。

中新天津生态城以生态修复和保护为目标，建设自然环境与人工环境共融共生的生态系统，实现人与自然的和谐共存，把治理历史遗留污染与建设新型生态城市相结合，实现城市发展方式的转变，成为我国综合性的生态环保、节能减排、绿色建筑、循环经济等技术创新的宜居示范新城。

（1）完整保留湿地水系，以绿色交通为支撑构建紧凑型城市布局

中新天津生态城完整保留了区内的湿地和水系，预留鸟类栖息地，构建生态保育区与城市建设用地共生共荣的城市格局。以大运量公交系统为支撑，进行适度有序的高强度开发，沿交通站点周边提高土地开发强度，集约高效使用土地资源，构建紧凑型城市布局，强调土地的混合利用（图 2–9）。

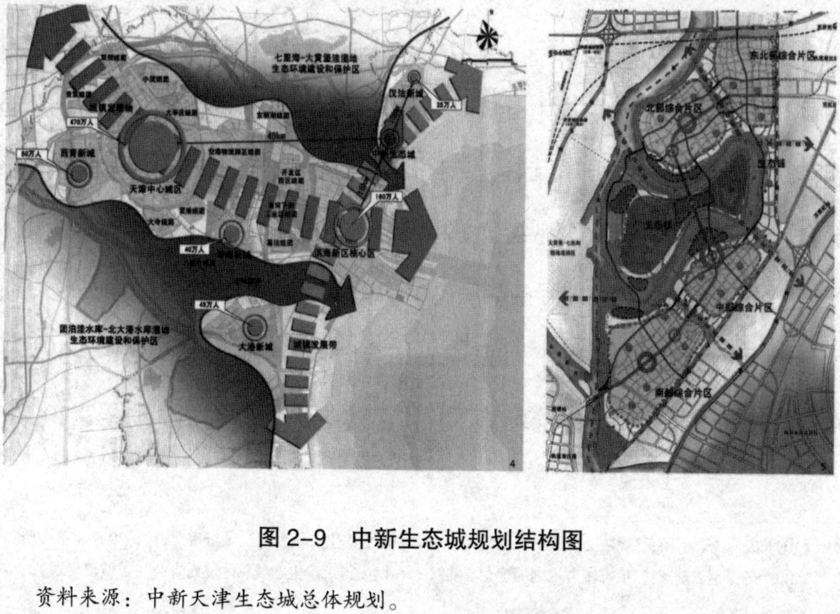

图 2–9　中新生态城规划结构图

资料来源：中新天津生态城总体规划。

（2）确立公交主导、慢行优先的绿色交通模式

大力发展以大运量公交为主的公交体系，设置公交专用道和路权优先制度，保证公交畅通，形成覆盖全城的安全、便捷、舒适的公交网络。合理布局公交站点和换乘枢纽，结合公共交通站点建设城市公共配套设施，实现公交站点周边500米范围全覆盖，引导居民将公交作为出行的首选方式[①]。构建了人车分离、机非分离、专供自行车和步行使用的慢行系统，结合河流湿地景观建设，创造安全、舒适的慢行空间环境，形成贯穿全城的慢行交通网络。主干道采用生态道路标准建造，采用新型透水砖实现雨水收集利用，路灯全部采用太阳能等新型能源，充分体现生态环保、节能减排。

（3）结合“邻里单元”理念，规划形成“生态社区模式”

创新生态社区模式，结合新加坡“邻里单元”理念，规划形成“生态社区模式”，包括基层社区、居住社区、综合片区三级。建立社区和服务设施的分级配置体系，每个基层社区由约400m×400m的街廓组成，内部包含一个公共绿地和医疗卫生、商业服务设施。居住社区由4个基层社区组成，通过步行和自行车系统连成网络，统一规划建设一站式、综合化的社区中心，配置政府管理服务和居民生活设施[②]。综合片区由4到5个居住社区组成，场地灵活布置，片区中心结合轨道站点配置更高一级的管理、服务设施和公共绿地。生态城南部片区已建成4个社区中心（图2–10）。

---

① 殷广涛、黎晴：“绿色交通系统规划实践——以中新天津生态城为例”，《城市交通》，2009年第4期。

② 杨保军、董珂：“生态城市规划的理念与实践——以中新天津生态城总体规划为例”，《城市规划》，2008年第8期。

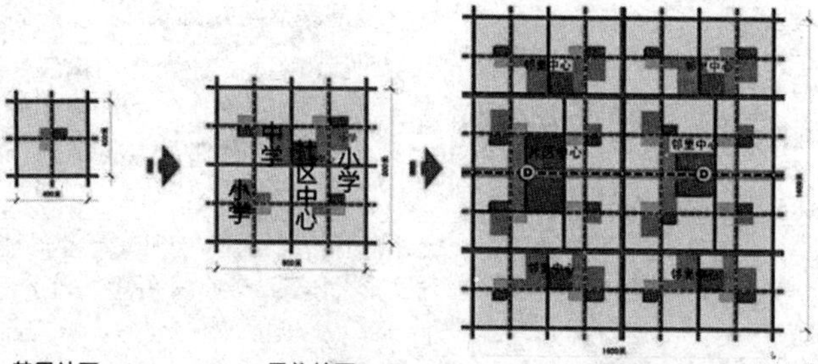

基层社区　　居住社区　　综合片区

图 2–10　三级“生态社区”模式图

资料来源：中新天津生态城总体规划。

5. 国内其他可持续新城建设案例

除上述新城外，近年来，大部分省市也都有一定的探索和实践①（表 2–2）。

表 2–2　国内可持续新城、新区建设情况表

城市 / 城区	发展理念与规划策略
长沙湘江新城	以低碳产业为主导进行可持续城市建设。规划建设低碳经济示范城市，重点促进新能源汽车、太阳能利用、可再生能源、节能型建筑、LED 等绿色生态产业发展
珠海西部生态新城	以低碳建筑和低碳社区为重点进行可持续新城建设。以引进技术发展低碳建筑作为低碳城市建设的突破口，同时推进“绿色社区”建设
杭州钱江新城	坚持生态优先，注重产城融合。优化区域生态格局，打造多元化创新创业空间发展体系，通过构建综合性、特色型产业发展平台，落实生态区域的发展创建要素

① 杨保军、董珂：“生态城市规划的理念与实践——以中新天津生态城总体规划为例”，《城市规划》，2008 年第 8 期。

续表

城市 / 城区	发展理念与规划策略
南昌瑶湖生态科技新城	以生态引领的可持续新城建设，分为北中南三个区域，打造不同特色，北部重点打造特色产业；中部突出湖心岛城市形象，强化城市生态环境建设；南部重点打造人与自然融合的环境特色
宁波杭州湾新区	强调产城融合，突出新区生态功能与现代产业的建设。主体功能上，突出“产城人”融合；产业发展上，注重“智慧经济”培育；开发标准上，体现“国际化”理念，致力将滨海新城打造成创业创新的梦想家园、流连忘返的旅游小镇和优雅闲适的花园社区
无锡太湖新城	强调产业与生态宜居综合发展的可持续新区建设。太湖新城自东向西分为三个区域。东区，以太湖国际科技园为载体，重点建设高新科技园区等中区，重点建设太湖新城金融服务中心、行政文化中心等；西区，重点发展创意产业和生态休闲旅游业
昆明呈贡生态新区	以低碳规划为引领、以低碳产业为动力、以清洁能源为重点、以低碳交通为模式、以网格生态为依托的绿色型、生态型、环保型和宜居型的低碳城市新区
唐山曹妃甸生态新区	以生态、低碳建设为引领的可持续新区。利用中国和西方专家的合作优势，将不同的思路和知识结合起来转化为新的整合的城市形态和系统解决方案：由指标体系引导的全面整合规划，重点探索循环经济、节能、节水、节地的高效紧凑发展

资料来源：李超骕、马振邦、郑憩等：“中外低碳城市建设案例比较研究”，《城市发展研究》，2011 年。

（三）经验总结

可持续城市建设是必然趋势。总结国内外可持续新城实践案例及其经验，有助于更有效地推进我国可持续新城建设。

1. 明确目标与发展定位，合理布局新城空间

国内外可持续新城在规划之初，都有明确的目标与功能定位，树立可持续发展意愿，制定行动计划和落实措施。同时，在空间布局、

土地利用方面，采取紧凑的用地功能布局，混合的土地利用模式，提升居民出行的可达性，降低私家车的依赖性，支撑更为高效的交通和基础设施体系。

2. 注重产城融合，构建绿色低碳的现代产业体系

可持续新城以生态城市建设规划理念为先导，在生态优先原则下，优先发展生态产业和产业链的高端环节，对新城产生广泛的辐射带动与引领作用。建立产学研融合、产业和城市融合的发展模式，增强创新能力。

3. 构建绿色交通体系，以公共交通引导新城发展

创建以绿色交通系统为主导的交通发展模式，提高公共交通和慢行交通的出行比例，缩减私家车的使用。采取大力发展公共交通系统、减少私家车出行、构建步行及自行车网络、提高车辆燃料及运行效率等措施，实现绿色交通系统与用地功能的契合与统一，提高大运量公共交通站点周边的开发强度，实现公共交通引导城市发展的开发模式。

4. 建立政策管控体系，对新城规模与边界实行科学的规划与管控

控制城市的规模与开发建设量是可持续新城建设的重要内容，也是避免新城开发建设无序蔓延的重要手段。在可持续新城建设政策引导、管控方面，国内新城建设也在积极探索规模管控措施与保障机制，

可通过建立科学、系统、可操作的实施评估体系，制定政策、法规等措施，实施管控和管理，实现对可持续新城发展建设的引导和保障。

5. 强调落实措施和先进技术应用的细化

可持续新城建设不仅是提出目标、理念和策略，对于目标理念的落实措施、先进技术应用，都应该从政策支持、项目示范、行为引导等各层面落实。在国外，可持续新城实践案例中多是制定发展建设目标的同时提出行动策略，再从政策支持、行为引导等方面提出分阶段的具体实施计划，细化实施路径。

6. 多方共同参与推进新城建设

可持续新城发展建设不能完全是政府行为，也不能是简单的市场行为，对比国内外成功实践案例，新城新区发展建设是政府、企业、组织、居民四方主体相互影响、相互作用、共同参与的过程。政府在新城发展建设中发挥着规划、引导的重要作用；企业和居民对新城的发展建设也是不可或缺的；国际及国内民间组织、学术机构的参与为可持续新城发展建设带来各方面的宝贵经验。

参考文献：

[1] Masdar Cooperate, Pioneering Innovation at Masdar City [DB/OL]. 2017.

[2] Glashusett, L., Hammarby Sjostad—a Unique Environmental Project in Stockholm [DB/OL]. 2007.

[3] Iverot, S. P., & Brandt, N. The Development of a Sustainable Urban District in Hammarby Sj ? stad, Stockholm, Sweden. Environment, Development and Sustainability [J],

2011, 13 (6), 1043-1064.

[4] Austin, G., Case Study and Sustainability Assessment of Bo01, Malm ? , Sweden. Journal of Green Building [J]. 2013, 8 (3), 34-50.

[5] Field, S., Case Study Vauban Freiburg, Germany [DB/OL]. 2014.

[6] Coates. G. J., The Sustainable Urban District of Vauban In Freiburg, Germany. International Journal of Design & Nature and Ecodynamics [J]. 2013, 8 (4), 265-286.

[7] Van Berkel, Rene, et al. Industrial and Urban Symbiosis in Japan: Analysis of the Eco-Town program 1997 - 2006. Journal of Environmental Management [J]. 2009, 90 (3), 1544-1556.

[8] Taylor, S., Offsite Production in the UK Construction Industry [DB/OL]. 2015.

[9] 方创琳, 王少剑, 王洋. 中国低碳生态新城新区:现状、问题及对策 [J]. 地理研究, 2016 (09):1601-1614.

[10] 王芃, 唐绍杰, 张一成. 深圳光明新区生态城市规划实践 [J]. 建设科技, 2009 (15):34-37.

[11] 张一成, 孔祥伟, 曾昕. 深圳光明门户地区低碳生态建设实践 [J]. 建设科技, 2012 (12):38-43.

[12] 郝鲲鹏, 于立. 从蓝图到实践:深圳低碳生态城市建设示范 [J]. 建设科技, 2012 (14):30-33.

[13] 杨保军, 董珂. 生态城市规划的理念与实践——以中新天津生态城总体规划为例 [J]. 城市规划, 2008 (08):10-14.

[14] 孙晓峰, 蔺雪峰, 戚建强. 中新天津生态城绿色建筑管理探索与实践 [J]. 建筑节能, 2015 (08):113-118.

[15] 殷广涛, 黎晴. 绿色交通系统规划实践——以中新天津生态城为例 [J]. 城市交通, 2009 (04):58-65.

[16] 李超骕, 马振邦, 郑憩等. 中外低碳城市建设案例比较研究 [J]. 城市发展研究, 2011, 18 (1):31-35.

[17] City of Vancouver. Greenest City 2020 Action Plan Part Two (2015-2020). 2014.

[18] City of Vancouver. Greenest City Action Plan 2020: (2011-2016).

[19] 邹涛, 叶炜. 中国生态新城的转型观察——基于实践经验的调整与创新: 2014 (第九届) 城市发展与规划大会, 中国天津, 2014 [C].

[20] 刘士林等, 2015中国大都市新城新区发展报告, 2015年12月, 上海交通大学。

第三章
可持续新城资源环境承载力评价

内容提要

可持续新城建设需要科学评估新城所在区域的资源环境状况，资源环境承载能力评价主要是为了刻画可持续新城建设的要素本底属性和过程特征的指标，具体包括土地资源、水资源、生态系统、环境质量、能源保障、区位条件等方面。

可持续新城建设是一个从选址开始，进而开始规划建设的过程。新城选址是否科学合理，新城所在地区的资源环境条件如何，直接关系到未来新城的可持续发展能力。因此，建设可持续新城，首先需要科学评估新城所在地区的气候条件、资源禀赋和环境状况，并在此基础上，科学确定新城的功能定位、规模边界和发展模式。

一、资源环境承载力评价的理论内涵及意义

资源环境是城市可持续发展的基础。在我国城镇化发展过程中，新城是新时期城市扩展发展空间、集聚人口和产业的重要形式。新城建设需要考虑其资源环境承载力，走可持续发展的路子。

（一）资源环境承载力评价的理论内涵

世界环境与发展委员会将可持续发展定义为“既能满足当代人的需要，又不对后代人满足其需要的能力构成危害的发展”[①]，可持续发展

① 刘晓丽：《城市群地区资源环境承载力理论与实践》，中国经济出版社 2013 年版。

要求人们把眼前利益与长远利益、局部利益与整体利益结合起来，不但要注重经济发展，更要兼顾人口、生态环境、社会系统发展。可持续发展理论是新城可持续发展的理论基础之一，对可持续新城资源环境承载力评价具有重要的指导意义。

可持续发展理论的实质是要处理好人口、资源、环境与经济协调发展的关系，核心问题是有效管理资源环境，为经济发展提供持续的支撑力。综合各方面的研究成果，资源环境承载力是指在一定时期内，在确保资源合理开发利用及维系良好生态系统的前提下，资源环境所能容纳的人口规模和经济规模的大小[①]。将这个概念应用到可持续新城建设中，资源环境承载力则体现在它对新城建设发展提供的支持，当新城建设活动对资源环境的影响超过了临界点时，城市发展就是不可持续的。新城可持续发展需要协调好人口、经济、社会、资源与环境之间的关系，通过可持续发展使自然资源得到合理开发利用，经济得到持续稳定发展，社会发展不断进步，生态环境得到良性循环。因此，建设可持续新城需要以资源环境承载力为基础，科学衡量一个地区的资源环境承载力是建设可持续新城的重要前提和依据。

开展资源环境承载力评价，不仅要探讨当前新城资源环境对社会和经济发展的支撑能力，更要测度和评判未来区域资源环境的发展趋势及对经济社会发展的支撑能力和保障程度。资源环境承载能力评价主要是为了刻画可持续新城建设的要素本底属性和过程特征指标，通过对可持续新城建设开展分步式或集成式评价，可以为可持续新城建

① 毛汉英、余丹："林区域承载力定量研究方法探讨"，《地球科学进展》，2001年第16期，549页-555页。

设确定规模上限、空间格局及城市边界提供依据，更加科学合理地确定新城开发模式、规模、强度和时序，满足构建资源节约型、环境友好型的可持续新城建设要求。

开展可持续新城资源环境承载力评价，需要明确可持续新城资源环境承载力的主要影响因素。参考国内外学者相关研究，我们认为，可持续新城的资源环境承载力主要取决于七个方面的因素，包括：气候条件、土地资源、水资源、生态系统、环境质量、能源保障、区位条件等。特别是短缺性的水、土地等资源要素以及大气、水等环境要素的承载力，对新城总体承载力具有重要影响，并且根据“木桶效应”原理，决定区域资源环境承载力的不是优势要素，而是各要素中的“短板”。因此，单一要素所代表的区域承载力具有一定的局限性和片面性，需要综合考虑各个资源环境要素。

（二）资源环境承载力评价对可持续新城规划建设的意义

资源环境承载力与新城可持续发展之间是相辅相成、不可分割的。研究新城资源环境承载力旨在为新城规划建设提供技术标准支撑和决策依据。认清和把握新城所在区域资源环境的优劣势，对建设可持续新城具有重要意义。

1. 有利于明确新城的发展规模

资源环境承载力研究通过深入分析新城所在地区的资源环境保障状况，为新城的选址、人口规模、建设用地规模等重大问题提供决策依据。新城的发展规模要坚持以资源环境承载能力为刚性约束条件，特别是生态环境约束。通过科学的资源环境承载力评价，可以划定合理的新城建设边界、生态保护红线等规划控制线，明确新城的发展规模。

2. 有利于明确新城产业发展方向

通过资源环境承载力分析，摸清新城“家底”，可以更科学地认清新城的区位条件、资源基础、环境状况等优劣势，促进新城发挥区位、交通、资源或环境等比较优势，吸引合适的产业集聚，加强与其他地区的产业分工合作，避免区域产业恶性竞争。

3. 有利于促进新城“三生”协调

生态底线是新城建设不可突破的刚性约束，要坚持生态优先和底线管控思维。通过资源环境承载力研究可以更清晰地认识新城的山水林田湖等生态环境情况，有利于在保护中积极利用，优化生产、生活、生态三类空间结构与布局，推动“三生空间”协调发展。

4. 有利于提高新城的防灾减灾能力

资源环境承载力研究从定性和定量相结合分析气候、水资源、土地、环境容量、能源保障等资源环境要素，有助于科学判读资源环境本底对新城的支撑能力，发现新城可持续发展存在的问题，例如预判新城可能面临的气候灾难、水资源短缺、生态环境问题等，从而采取超前应对措施，提高新城的防灾减灾能力。

二、可持续新城资源环境承载能力测度

可持续新城资源环境承载力可简化总结为：（现状 + 潜力）-（现状需求 + 预测需求）= 剩余承载能力。在气候条件、土地资源、水资源、生态系统、环境质量、能源保障、区位条件等单项评价基础上，根据“木桶原理”构建资源环境承载能力综合评价方法，以科学确定可持续新城资源环境适度承载人口规模和经济规模。

（一）气候适宜性评价和气候风险评估

气候条件或气候适宜性是可持续新城规划建设需要考虑的重要因素，特别是在全球变暖大背景下，暴雨、热浪、泥石流、海平面上升、干旱等极端气候对城市运行时常造成危害，致使城市发展面临着日益严重的气候风险，城市建设和发展需要提高应对气候风险的能力。气候可行性论证是对可持续新城所在区域的气候背景分析，气候适宜性、风险性和可能对局地气候产生影响的评估，以及对极端天气气候事件出现概率、预防或者减轻影响的对策和建议。

1. 气候条件论证

新城选址的气候可行性论证着重对新城所在地区进行气候适宜性、风险性以及局地气候可能对新城建设产生影响的分析与评估。开展气候可行性论证对新城应对气候变化、开发利用气候资源、合理控制建设成本、避免和减轻气象灾害造成损失以及提供风险管理决策依据等具有重要意义。

结合中国气象局发布的《气候可行性论证管理办法》和《城市总体规划气候可行性论证技术导则》等规定，对可持续新城规划和建设进行气候可行性论证工作包括以下内容[①]。

（1）论证的主要内容

对新城进行气候条件论证，应包括以下主要内容：

①区域气候的总体特征：包括年度气温变化规律、降水强度及分布特征等。

②城市热岛效应：分析新城所在地的热岛的变化规律和空间分布特征。

③城市风况：在时间序列上，分析新城所在地年平均风速变化特征。

④城市边界层特征：分析新城所在地的大气温度垂直方向上的特征，统计逆温出现的概率，也可分析规划城市混合层特征。

⑤城市暴雨和干旱：分析暴雨和干旱发生的频率、强度及其对城市的影响。

⑥城市雾与霾：分析雾与霾发生的频率、规律。

⑦城市雷电：分析新城所在地的多年雷电发生频率。

⑧大风与沙尘：分析新城所在地的大风、浮尘、扬沙和沙尘暴发生的频率。

---

① 中国气象局：《城市总体规划气候可行性论证技术导则》，2011 年。

⑨风能与太阳能资源：对新城所在地的风能、太阳能资源进行评判。

（2）工作流程

①实地调研与资料收集：与城市规划和管理部门座谈，实地走访街道、园区、企业等，收集资料，掌握新城建设的基本状况，深入了解当地气候和环境问题，确定气候可行性论证的实际研究范围及重点。

②资料处理与统计分析：对资料文献结论提炼，分析新城的气候概况、环境状况以及城市发展特点、规划动态。分析新城有关的气象要素（主要包括气温、风向、风速、降水）的时空变化规律，着重分析和新城规划建设有关的气象灾害。

③数值模拟计算：绘制出现状和各规划方案下温度、风速、流场等空间分布图，进行对比，为新城规划布局的调整提供建议。

2. 气候变化趋势分析

气候变化是人类社会面临的全球性挑战。科学研究表明，全球气候正在发生以变暖为主要特征的显著变化，全球变暖已成为不争的事实。全球气候变化导致冰川融化、海平面上升、水资源分布失衡、极端气候事件增加等一系列重大问题，对人们的生产生活带来显著影响。对城市来说，全球变暖导致热岛效应加剧、高温酷暑、洪涝等极端天气对城市居民生活和基础设施造成重大影响，沿海城市还会受到海平面上升、风暴潮等的影响。气候变化在不同国家和地区具有不同的表现和特征。科学分析气候变化趋势，才能更有效地制定新城规划建设方案，超前预防新城可能面临的气候灾害风险。

分析新城所在区域的气候变化趋势，应依据历史信息，采用相关模型，研究本区域气候变化发生机理和表现形式，增加灾害风险预测精确度。重点分析气温变化趋势，包括年平均气温变化、最低气温变化；分析降水变化趋势，包括年降水量变化、暴雨日数变化；分析风速和光照的变化趋势，研判风能和太阳能资源变化情况。特别是根据气候变化趋势分析气候灾害的发生类型、频率和强度及其可能引发的次生灾害。例如，台风、洪涝发生的几率、强度，可能波及的区域等。

3. 气候风险评估

在对新城所在区域进行气候条件论证和气候变化趋势分析的基础上，应着重对新城所在区域的气候风险进行评估。气候风险评估重点是了解本区域气候风险的基本特征，包括：可能发生什么性质的气候风险？哪些气候风险最值得关注和防范？风险可能发生在哪些区域和领域？谁会遭受风险？风险影响的特定人群有哪些？气候风险影响的建筑和基础设施有哪些？城市的脆弱性及适应能力如何？哪些群体、部门或区域最为脆弱？现有哪些可以利用的资源？风险的发生概率水平及影响程度有多大？是否会造成广泛的人员伤亡和经济损失等。

通过风险评估，可以形成新城气候风险分析报告，这些信息是制定可持续新城规划和进行风险管理决策的重要依据。应对和防范气候风险，可以从降低人员和财产的风险暴露水平、增强适应能力等方面入手，减小灾害的发生概率，降低城市脆弱性[①]。

（二）土地资源承载力评价

土地资源是可持续新城资源环境承载力评价的关键因素之一。土地利用是人类生活与生产等经济社会活动适应和改造土地资源自然属性的综合过程。评价土地资源可通过评价土地利用类型的数量、结构以及空间分布特征得到表征。针对新城开发建设对建设用地的特殊需求，土地资源评价重点是新城适宜用地和后备建设用地潜力，为确定新城未来工业化、人口集聚和城镇发展规模提供依据[②]。

1. 土地利用现状

首先要理清新城的土地利用结构、开发强度、人口密度等现状情况。其中，开发强度是指一个地区已有建设用地面积占土地总面积的比重，反映了一个地区空间开发的基本状况。

2. 适宜用地潜力

确定可供新城开发建设的土地资源潜力上限。一般而言，数量大、质量好且集中连片的适宜用地资源更适合于新城未来人口集聚、产业布局和城镇发展。

可利用的适宜用地资源潜力还与地形坡度条件有关。河谷和地势

---

① 郑艳："适应型城市：将适应气候变化与气候风险管理纳入城市规划"，《城市发展研究》，2012 年第 1 期。

② 樊杰："城市群规划要科学"，《光明日报》，2014 年。

相对平坦的平原地区可利用潜力较大，而陡峭山区的可利用潜力较小。确定合理的地形坡度和海拔高度，测算新城适宜用地面积并分析其空间分布特征。

可利用的适宜用地资源作为土地承载力的评价指标之一，其数量、质量和集中规模对于新城在未来人口集聚、工业化和城镇化发展的潜力是不同的。

3. 剩余适宜建设用地

根据适宜用地分析评价，扣除适宜用地内河湖库等水域、林草地、沙漠戈壁、已有建设用地、基本农田面积，评估新城尚未开发的剩余适宜建设用地规模及空间分布特征。

4. 测算低效建设用地和农村居民点整理潜力

对城镇和工业用地节约集约程度进行等级划分，评估低效建设用地整理潜力及空间分布特征；根据农村人均居住用地标准（$120m^2$~$150m^2$/人），评估农村居民点用地整理潜力及空间分布特征[①]。

5. 测算城镇建设用地需求

根据新城宜居目标——人均公共绿地面积目标和城镇人口预测规

① 李扬、汤青："城市现代化的资源环境承载能力评估方法探讨"，《科学与现代化》，2014 年第 4 期，74 页 –80 页。

模来测算城镇建设用地面积，计算公式为[①]：

$L_t=P_t^* g_t/r_o$

式中：L_t——预测目标年末城镇建设用地规模

P_t——预测目标年末城镇人口规模

g_t——预测目标年末人均公共绿地面积

r_o——公共绿地占建设用地比例

6. 测算建设用地承载力

建设用地包括城镇居住用地、农村居民点用地、独立工矿用地、交通用地、水利设施用地和其他建设用地等类型。新城建设用地以城市建设用地、建制镇建设用地为主。按照国内外相关研究，城市满足人类生存发展和享受的土地需求为人均 140 平方米 ~200 平方米（我国国家标准是 60 平方米 ~120 平方米），大于或等于这个指标，才能满足人类的城市生活基本需求（包括交通、居住、绿化以及日常活动等）空间。具体到单个新城，可参考这一数值并结合新城实际确定人均建设用地面积标准。

建设用地条件评价还需要综合考虑水源保护区、森林公园、高程、坡度、起伏度、断裂带、风景名胜区等因素。根据建设用地适宜性分析结果，结合新城的发展目标和规模，可以进一步将新城划定禁建区、限建区、已建区和适建区等功能区，并分别制定空间管制策略，作为

① 中国城市规划研究院、四川省人民政府：《四川省成都天府新区总体规划（2010–2030）说明书》，2011 年。

今后新城建设和管理的前提和依据。

根据以上分析，可以将建设用地承载力评价简化为：

可持续新城建设用地承载力 = 土地利用现状 + 适宜用地潜力 + 低效建设用地 - 城镇建设用地需求

（三）水资源承载力评价

水资源是可持续新城建设的重要基础和保障条件，水资源评价主要是评价新城可利用水资源量和可利用水资源潜力，反映区域水资源的丰富程度以及对可持续新城经济社会可持续发展的支撑能力。

1. 测算可利用水资源量

可利用水资源量包括地表水资源可利用量和地下水资源可利用量和区域外部可稳定调入水资源利用量。根据各河流水文和生态特征，计算河道生态需水和地表水可利用量；根据各水文地质单元的水文特征，计算地下水系统生态需水量和无法利用的地下水量，得出地下水可利用量。根据水利工程设施设计能力和水源地供水量，计算外部可稳定调入水资源利用量[①]。

2. 再生水回用量

可集中收集处理的水量主要为城镇生活与生产用水，即城镇居住、

① 李扬、汤青：“城市现代化的资源环境承载能力评估方法探讨”，《科学与现代化》，2014 年第 4 期，74 页 - 80 页。

公共管理与公共服务设施、商业服务业设施、工业以及公用设施等用水所产生的废水，一般按照产污系数 0.8 计算，根据当地中水回用率预测再生水回用量。

3. 测算可利用水资源潜力

根据新城的农业、工业、居民生活、城镇公共设施的实际用水量和生态用水量，计算已开发利用水资源量；依据区域河流上游实测多年平均年流量数据，计算地表入境可开发利用水资源潜力；测算外部可稳定调入水资源利用量需要明确重大水源地的位置、面积、库容，制定重大供水设施的供水能力、技术水平和服务范围；将可开发利用水资源量与可开发利用入境水资源量相加，再减去已开发利用水资源量，得到可利用水资源潜力[①]。

4. 需水量预测

可分别预测城镇地区和农村地区需水量。如果新城主要为城镇地区，则主要预测城镇地区需水量。一般采用单位用地指标法和人均指标法两种方法进行预测。在实际操作中，考虑新城产业结构和强化节约用水的因素，可以按照“一般节水、中等节水、高等节水”等不同节水水平设定不同情景预测指标值。

城镇需水量：可以采用单位用地指标法预测需水量，参考《城市给水工程规划规范》中各类用地的用水指标及用水量，结合各地确定

① 樊杰：“城市群规划要科学”，《光明日报》，2014 年。

的各项用地指标，充分考虑不同节水水平，可以估算新城中城镇需水总量。

农村需水量：①农村生活需水量预测。采用人均居民生活净用水指标法进行预测，一般农村居民生活用水定额分别为 60 ～ 90L/ 人 /d。②农村生产需水量预测。需要根据农田有效灌溉面积、林果地灌溉面积、牲畜数量预测。大牲畜饮水需水量指标为 35~40L/d/ 头，小牲畜饮水需水量指标为 18~20L/d/ 头。

5. 水资源承载力

水资源承载力是指某一时期、某种状态下的水环境条件对城市的经济发展和生活需求的支持能力。影响区域水资源承载能力主要有两方面因素，一是区域水资源总量；二是区域达到一定经济社会发展程度时应达到的人均水资源标准。人均水资源可利用量可代表区域水资源丰富程度，故选取该指标来评价水资源对新城经济社会发展的支撑能力[①]。

根据 Malin Falkenmark 提出的“水紧缺指标”（Water–Stress Index），人均淡水资源占有量在 $1000m^3$~$1700m^3$/ 人时，将出现周期性和规律性的用水紧张，当人均淡水资源量介于 $500m^3$~$1000m^3$/ 人时，将经受持续性缺水，经济发展受到损失，人体健康将受到影响；而人均淡水资源量小于 $500m^3$/ 人时，将出现极其严重的缺水情况。水资源警戒线标准为人均 $1750m^3$ 参考此标准，结合具体新城的人均可利用水资源量统

① 贾超、沈珍：“水环境承载力研究”，第三届全国环境模拟与污染控制学术研讨会，清华大学，2003 年。

计数据，可将新城水资源丰富程度划分为丰富、较丰富、一般、较欠缺、欠缺等类型。

除了水资源总量评价，还需要考虑水资源时空分布情况。有些地区地势较高，存在“人高水低”的现象，水利工程建设难度较大，有些地区地形条件以低山、丘陵、平原为主，地势相对平坦，水源工程建设条件较完备。区内水资源时空分布差异大不利于水资源利用，可能造成区域内资源型缺水与工程型缺水。

通过上文中的方法，比较新城需水总量预测值和可供水总量预测值，按照不同节水水平，可进行水资源供需平衡分析。考虑我国目前多数城市存在缺水问题的现状，参考国际水紧缺警戒线和新城水资源供需平衡分析及水资源时空分布情况，应科学评价新城水资源承载能力，做到“以水定城、以水定人”。

（四）环境容量评价

环境容量是指新城空间范围内的环境要素在一定的环境质量标准下所能容纳的污染物的最大排放量。环境容量评价的目的是从区域内的大气、水、噪声、固废、辐射、生态等环境组成要素的角度，评判新城开发建设的适宜性[①]。应重点评价大气环境容量、水环境容量、固体废弃物处理能力，反映总体环境或某些要素对新城经济社会发展的适宜程度。

---

① 严岩、孙宇飞、刘建昌：“基于环境容量的汶川地震重建规划区环境适宜性评价”，《生态学报》，2008 年第 28 期，5826 页 –5832 页。

1. 大气环境容量评价

（1）大气环境容量测算

一般应用 A–P 值法测算大气环境容量，A–P 值法是国家标准《制定大气污染物排放标准的技术方法》（GB/T3840–91）推荐使用的，是大气环境总量控制 A 值法和 P 值法的合称。A–P 值法方法简便，能从宏观上估算出各地区允许排放总量（见专栏 3–1）。

根据目前的大气环境功能区划要求，在大气环境容量测算中，A 值容量控制区可以划分为两类：新城建成区等人口聚集或工业企业集中区域为二类容量控制区，执行二级标准；可持续新城中的风景名胜区等需要特殊保护的区域以及与之相连的农村地区、山区、水域为一类容量控制区，执行一级标准。

根据不同地区的大气污染现状和总量控制指标要求，可以选择二氧化硫、氮氧化物和可吸入颗粒物等不同类型作为大气环境容量计算的控制因子。

最后，根据大气污染物排放量与环境容量对比，测算剩余环境容量和二氧化硫、氮氧化物和可吸入颗粒物等大气环境容量控制因子排放量是否超过环境容量。

（2）大气污染物排放量与环境容量对比

大气环境容量评价主要围绕以二氧化硫、氮氧化物、悬浮颗粒物

（PM2.5，PM10）等主要污染物展开。对比《国家环境空气质量标准》（2012）（表 3-1），测算大气环境容量，使用年日平均浓度、背景浓度、控制面积等测算大气环境容量。通过现状排放量与大气环境容量对比，评价大气环境容量超载程度。此外，大气环境容量还取决于区域对污染物输出能力的差异上。区域接纳外界污染物的能力与区域对外界的输出能力通常决定了区域环境容量的大小。

专栏 3-1　估算大气污染物排放总量限值的 A-P 值法

$$Q_{ak}=\sum_{i=1}^{n} Q_{aki}$$

式中：

Q_{ak}——片区某种污染物年允许排放总量限值，10^4_t

Q_{aki}——第 i 个片区某种污染物年允许排放总量限值，10^4_t

n——片区总数

i——控制区内各片区分区的编号

a——总量下标

k——某种污染物下标

各片区污染物排放总量的限值由下式计算：

$$Q_{aki}=A_{ki}\frac{S_i}{\sqrt{Si}}$$

$$S=\sum_{i=1}^{n} S_i$$

式中：

Q_{aki}——第 i 片区某种污染物年允许排放总量限值，10^4_t

S——控制区总面积，km^2

S_i——第 i 片区面积，km^2

A_{ki}——第 i 片区某种污染物排放总量控制系数，$10^4_t/a/km$

各片区内某种污染物排放总量控制系数由下式计算：

$A_{ki}=A(C_{kis}-C_{ki0})$

式中：

A_{ki}——第 i 片区某种污染物排放总量控制系数，$10^4_t/a/km$

C_{kis}——第 i 片区 K 种污染物对应 GB 3095 等国家和地方有关大气环境质量标准的年日平均浓度限值，mg/m^3

C_{ki0}——第 i 片区 K 种污染物的背景浓度，mg/m^3

A——地理区域性总量控制系数，$10^4 \cdot km^2/a$

表 3-1 环境空气污染物基本项目浓度限值 单位：$\mu g/m^3$

空气污染物基本项目	国家一级	国家二级
二氧化硫年平均浓度	20	60
二氧化氮年平均浓度	40	40
悬浮颗粒物（PM10）年平均浓度	40	70
悬浮颗粒物（PM2.5）年平均浓度	15	35

资料来源：《国家环境空气质量标准》(2012)。

2. 水环境容量评价

水环境容量是指在保持水环境功能正常的前提下，受纳水体所能承受的最大污染物排放量和对其基本要素改变的能力。确定的设计风险条件下，确定的水环境功能区水质目标约束下，确定排污口位置、排污方式及数量条件下的单位时间的最大允许纳污量为水环境容量。

可持续新城水环境容量评价通过新城范围内水体水质状况得到综合反映，一般以氨氮环境容量、化学需氧量环境容量、总磷环境容量为主要评价对象。控制断面水质目标的确定需要遵循以下 4 个原则：①功能区出入境断面：如果两侧标准不同，执行标准要求严一侧的水质标准。②跨省跨行政区断面：如果两侧标准不同，一般执行标准要求严一侧的水质标准；在不影响下游使用功能的前提下，部分断面在两地协商后，采用两侧水质标准的均值作为水质目标约束。③排放口控制断面：排放点位置混合均匀达标（首断面达标控制），如果对某个排放口需要放宽，要明确控制断面（如城市污水处理厂下游 1000m 处要求断面平均达标，可在此设定控制断面）。④排放口污染带控制断面：河宽 200m 以上的河段，一般企业排污污染带长度一般按 1000m 控制，城市污水处理场按 2000m 控制，区间污染带总长不超过河段岸线的 10%[①]。

选择新城不同的地表水级别标准，使用目标浓度、本底浓度、地表水资源量等测算水环境容量，通过现状排放量与水环境容量对比，客观评价可持续新城各河段水环境压力的大小，分析可供进一步开发利用的水环境容量，从而为可持续新城产业布局提供合理引导。

3. 固体废弃物处理能力

以城乡生活垃圾、生产垃圾和特殊垃圾量为主要评价对象，测算

① 中国环境科学研究院、四川省环境科学研究院：《四川天府新区总体规划环境影响报告书》，2016 年。

新城分类固废处理设施所具有的处理各类固体废弃物的最大量。通过固体废弃物现状排放与处理能力对比，评价固体废弃物处理潜力。

（1）生活垃圾产生量预测

首先，根据新城规划常住人口预测新城生活垃圾产生量，预测方法见专栏 3-2。参考可持续新城常住人口总数，参照《第一次全国污染源普查城镇生活源产排污系数手册》，一般经验数值是城市居民生活垃圾产生系数取 1kg/ 人 · 天，农村居民生活垃圾产生系数取 0.6kg/ 人 · 天。可持续新城的生活垃圾处理要实现无害化、减量化、资源化，实现生活垃圾的分类收集、分类清运和分类处理。根据生活垃圾预测量和生活垃圾处理情况来评价生活垃圾处理能力。

专栏 3-2　居民生活垃圾产生量计算公式

$$W_a=0.365NF_w$$

式中：

W_a——居民生活垃圾年产生量，单位：万吨 / 年

N——居民常住人口，单位：万人

F_w——居民生活垃圾产生系数，单位：kg/（人 · 天）

（2）一般工业固体废物产生量预测

在特定的产业结构、产业技术水平以及自然资源条件下，一般工业固体废物产生量主要随着工业经济规模的扩张而增加。因此，工业固体废弃物产生量采用产值法预测（见专栏 3-3）。根据工业固体废

物预测量和工业固体废物处理情况来评价工业固体废物处理能力。

专栏 3–3　一般工业固体废物产生量的测算方法

$W=\delta\cdot(1+\alpha)_n\cdot M$

式中：

W——规划期末工业固体废物年产生量（单位：万吨）

δ——基准年万元工业增加值固体废物产生量（单位：吨 / 万元）

α——衰减系数；n——预测时段（单位：年）

M——规划期末工业增加值（单位：万元）

4. 绿色空间的人口容量

森林、湿地、草原、河流等绿色空间能够发挥涵养水源、防止水土流失、遏制沙化等重要生态功能，是人类生产生活的重要氧源。因此，绿色空间覆盖率可作为新城人口生态承载能力的重要指标。

依据绿色空间承载能力的相关研究，每人至少需要 200 平方米绿色空间（不计算城镇内部绿地）。新城绿色空间承载力还可考虑到所辖范围内的公园、耕地、林地、园地等绿色空间的生态功能。

（五）能源保障能力评价

可持续新城的能源保障能力主要取决于区域性能源设施网络建设。需要综合考虑新城所在区域的电力、天然气等能源设施网络。

1. 能源需求预测

一个区域未来能源需求情况常采用美国劳伦斯－伯克利国家实验室开发的 LEAP 模型预测，模型计算方法见专栏 3-4。只有对新城未来用能需求有一个宏观预测，才能合理评价和规划新城能源保障能力。

专栏 3-4　能源需求测算方法

$E={}^{1}_{4}a_iE_i+{}^{1}_{42}r_iP_i$　（i，j=1，2，3，4）

其中，E——预测年能源需求总量

a_i——行业增加值或产值或产品产值

E_i——行业单位增加值能耗或单位产值能耗或单品能耗

r_i——预测年的城镇 / 农村人均居民生活用能耗

P_i——预测年的城镇 / 农村总人口数

2. 能源整体保障水平

能源设施的整体发展水平：明确设施规模总量、技术水平和服务能力。

电力保障能力：重大电力设施规模、职能等级、技术水平、服务范围。输变电干线的规模数量和技术水平，在此基础上科学评测新城未来的全社会用电量、人均综合用电量、最大负荷利用小时数等，评测未来电力保障能力。

天然气保障能力：天然气主要供应站与调压站的规模等级、技术水平、服务范围。天然气干线管道的规模数量、布局走向、技术等级和服务范围。

3. 可再生能源发展潜力评估

科学评估新城所在区域的太阳能、风能、地热能、生物质能等可再生能源。积极探索各类新能源技术在新城供电、供热、供暖和建筑节能中的应用，减少新城建设和发展对化石能源的依赖，提高新能源利用在新城能源消费中的比重。重点推进太阳能热利用和分布式太阳能光伏发电系统、分布式风力发电、生物质清洁燃料利用、城市生活垃圾能源化利用、地热能及地表水和空气能量利用、新能源动力交通等。

（六）区位条件评价

新城所在的区位条件，对新城未来发展方向具有重要意义，区位条件评价，应着重阐释新城相对于周边自然地理和经济地理环境的位置关系，以及在国内外发展战略格局中的位置，为明确新城的发展环境、功能定位和重点任务提供依据。

1. 自然地理区位分析

主要分析可持续新城在生态安全格局、地形和气候格局、海陆与大型水系分布中所处的位置，评价自然地理区位条件对可持续新城建设的影响。

2. 经济地理区位分析

主要分析新城在国土空间开发格局、国家新型城镇化格局、对外开放合作格局中所处的位置，评价经济地理区位条件对新城发展的影响。

3. 战略区位分析

主要分析新城在全球地缘政治和地缘经济格局中所处的位置；阐释新城在我国重大区域战略、区域规划、区域政策体系中所处的位置等。

（七）综合评价

在土地资源、水资源、生态系统、环境质量、能源保障、区位条件等单项评价基础上，依据“木桶原理”或“短板效应”原理构建资源环境承载能力综合评价方法，划分资源环境承载能力等级类型，为确定可持续新城建设边界和人口集聚规模提供依据[①]。

1. 构建资源环境承载能力综合评价方法

根据单项要素评价，选择合理的指标体系，依据要素组合特征及最大限制因子构建可持续新城资源环境承载能力综合评价指标体系[②]。

---

① 刘晓丽编著:《城市群地区资源环境承载力理论与实践》，中国经济出版社 2013 年版。

② 樊杰:“城市群规划要科学”,《光明日报》，2014 年。

表 3-2　资源环境承载能力评价要素指标

评价目标	评价指标
气候适宜性和气候条件论证	城市热岛、城市风况、城市暴雨和干旱、城市雾与霾、城市雷电、大风与沙尘等
土地资源	适宜用地
	后备建设
	用地潜力
水资源	可开发利用水资源量
	可利用水
	资源潜力
环境质量	大气环境容量
	水环境容量
	固体废弃物处理能力
	绿色空间的人口容量
能源保障	电力
	天然气
区位条件	自然地理区位
	经济地理区位
	战略区位

2. 划分资源环境承载能力等级类型

对新城资源环境承载能力进行综合评价，确定分级参数和标准，将新城划分为高承载力、一般承载力、低承载力等类型，并以此作为确定新城规模和产业的重要依据。

三、案例分析：四川天府新区水资源承载力评价[①]

天府新区总体规划范围包括成都市的高新区南区、龙泉区、双流县、新津县，资阳市的简阳市，眉山市的彭山县、仁寿县。评价以2014年为基准年，近期评价到2020年，远期评价到2030年。

（一）水资源总量

天府新区内大部分区域处于都江堰传统灌区内，区域内天然河流和人工灌区数目众多。主要的河流水系包括四河三湖，即岷江、锦江、鹿溪河、东风渠、龙泉湖、张家岩水库和三岔湖。

1. 地表水资源量

评价范围内由降水形成的当地径流，除少部分被当地的水利设施拦蓄外，大部分汇入区域内岷江、府河、杨柳河、江安河、鹿溪河、西江河等主要河道。根据《天府新区水资源开发利用战略研究》，上述河道多年平均年径流量之和为5.38亿立方米，折算成径流量为17.11m^3/s。当地径流在时间分配上极不均匀，年际变化较大，丰水年的年径流量约为枯水年径流量的2.4倍。在年内分配上，径流主要集中在5～10月，径流量约占全年的85.0%，枯水期的径流量仅占全年的11.3%。

---

① 案例来源：中国城市规划研究院、四川省人民政府：《四川省成都天府新区总体规划（2010–2030）说明书》，2011年；中国环境科学研究院、四川省环境科学研究院：《四川天府新区总体规划环境影响报告书》，2016年。

2. 地下水资源量

评价范围内水量相对丰富，天然地下水资源量约 3.0 亿立方米，可开采量约 2.4 亿立方米。东部丘陵低山地区的地下水主要为裂隙水，富水性较弱，而且分布不均，无大规模开采价值。在水资源总量中，地下水资源与地表水资源不重复计算的水量仅为 0.1 亿立方米。

3. 本地水资源总量

天府新区水资源总量为地表水资源量 5.38 亿立方米与地表水、地下水之间的不重复计算量 0.1 亿立方米之和，即为 5.48 亿立方米。天府新区规划总面积 1578km^2，单位面积水资源量（34.7 万 m^3/km^2）、人均水资源量（301m^3/ 人）低于全省平均水平，属水资源短缺地区。

（二）水资源可利用量

天府新区地表水资源量约为 5.38 亿立方米，但由于水资源时空分布不均，汛期 60%~70% 的水量难以利用，枯水期水量较少，规划区内可利用地表水资源量约 1.64 亿立方米；地下水资源约 3 亿立方米，可开采地下水资源量约 2.4 亿立方米。

（三）需水量预测

城镇需水量取平均值作为天府新区城市最高日需水量预测值，日变化系数取 1.2。结果如表 3–3 所示。

表 3-3　天府新区规划建设用地 2030 年需水预测表

节水水平	预测结果		2030 年需水量		2020 年需水量	
	单位用地指标法	人均综合指标法	最高日需水量（万 m^3/d）	年需水量（亿 m^3/d）	最高日需水量（万 m^3/d）	年需水量（亿 m^3/d）
高等节水	203	168	186	5.66	128	3.89
中等节水	265	216	241	7.33	166	5.05
一般节水	348	264	306	9.31	211	6.42

2. 农村需水量

农村生活需水量预测。确定 2020 年、2030 年天府新区农村居民生活净用水指标分别为 90、100L/（人·天）。根据天府新区总规农村人口发展规模（2020 年为 30 万人，2030 年为 20 万人）及用水强度指标计算，天府新区 2020 年、2030 年农村居民生活用水量分别为 0.08 亿立方米、0.06 亿立方米。

农村生产需水量预测。天府新区 2020 年农业生产用水量 0.54 亿立方米。2030 年农业用水量为 0.38 亿立方米。

生产生活需水总量。天府新区 2020 年、2030 年生产生活需水总量分别为 7.04 亿立方米和 9.75 亿立方米。

（四）供水量分析

分析天府新区地表水可供水量、地下水可供水量、再生水回用量、雨水综合利用量、周边可供水量等，天府新区规划水平年可供水总量如表 3-4 所示。

表 3-4　天府新区可供水总量一览表　　单位：亿立方米 / 年

水平年	节水水平	地表水		地下水	再生水	雨水	引大济岷	可供水总量
		本地	都江堰					
2020 年	一般	1.34	6.17	—	1.18	0.07	0	8.76
	中等			—	1.04	0.13		8.68
	高等			—	0.76	0.2		8.47
2030 年	一般	1.34	4.40	—	2.86	0.27	5.61	14.48
	中等			—	2.51	0.40		14.26
	高等			—	0.76	0.80		12.91

（五）水资源供需平衡分析

天府新区 2020 年和 2030 年需水总量分别为 5.65 亿立方米和 7.77 亿立方米（不包括河道内环境生态用水），可供水总量分别为 8.68 亿立方米和 14.26 亿立方米。通过广拓供水途径，充分利用当地地表水，挖掘都江堰增配调水能力、提高天府新区及周边区域的中水回用率、加快实施引大济岷等跨流域调水工程，能够满足天府新区发展所需的水资源量[①]。

① 秦建、林素琼：“天府新区水环境质量及承载能力分析”，《中共乐山市委党校学报》，2013 年第 4 期，73 页 -77 页。

表 3-5　天府新区水资源供需平衡　　单位：亿立方米

	分类	2020 年	2030 年
可供水总量	当地可利用地表水	1.34	1.34
	都江堰可新增配水	6.17	4.4
	可利用再生水	1.04	2.51
	雨水利用	0.13	0.4
	引大济岷调水（最大）	0	5.61
	小计	**8.68**	**14.26**
需水总量	城镇综合需水	5.05	7.33
	农村生活需水	0.08	0.06
	农村生产需水	0.54	0.38
	小计	5.65	7.77
供需倍数		**1.54**	**1.84**
供需平衡分析		**可满足**	**可满足**

（六）水资源承载力评价结论

本地水资源开发利用强度高，逼近水资源上限。强化节水，充分开发非常规水源，可满足新区社会生产生活用水需求。随着天府新区的开发建设，供水需求的增加和都江堰天府新区配水量的降低将使天府新区面临水资源严重不足的尴尬局面。可考虑实施跨流域调水，全面保障新区水资源需求。

参考文献：

[1] 邓文英．我国优化开发区的资源环境承载力评价和人口规模预测研究．兰州学刊，2015(8)：160-166.

[2] 刘晓丽．可持续新城资源环境承载力理论与实践．北京：中国经济出版社，2013.

[3] 樊杰等．城市群规划技术规程，2014.

[4] 胡吉敏．沿海地区水资源承载力评价研究，大连理工大学，2008.

[5] 贾超，沈珍，水环境承载力研究．第三届全国环境模拟与污染控制学术研讨会．清华大学，2003.

[6] 李听．城市资源环境承载力研究．深圳：海天出版社，2010.

[7] 李扬，汤青．城市现代化的资源环境承载能力评估方法探讨．科学与现代化，2014（4）：74-80.

[8] 林方敏．环境容量及污染物排放总量控制分析在环境影响评价中的应用．轻工科技，2010（26）：84-86.

[9] 刘晓丽编著．可持续新城资源环境承载力理论与实践．北京：中国经济出版社，2013.

[10] 毛汉英，余丹．林区域承载力定量研究方法探讨．地球科学进展，2001（16）：549-555.

[11] 孟玉川．拉萨市大气环境容量测算与分析．四川大学，2005.

[12] 秦建，林素琼．天府新区水环境质量及承载能力分析．中共乐山市委党校学报，2013（4）：73-77.

[13] 邱鹏．西部地区资源环境承载力评价研究．软科学，2009（23）：66-69.

[14] 王恒，肖杰，林蓉．成都市天府新区生态环境需水量预测．四川环境，2014（33）：81-88.

[15] 徐勇，张雪飞，李丽娟等．我国资源环境承载约束地域分异及类型划分．中国科学院院刊，2016（1）：34-43.

[16] 严岩，孙宇飞，刘建昌．基于环境容量的汶川地震重建规划区环境适宜性评价．生态学报，2008（28）：5826-5832.

[17] 杨剑梅．区域开发环境影响评价中大气环境容量的估算．钢铁技术，2010（4）：48-51.

[18] 张文雷，曲庆．大连市可持续发展的人口承载力测算报告．大连财经大学学报，2006.

[19] 张学良编 .2014 中国区域经济发展报告：中国城市群资源环境承载力．北京：人民出版社，2014.

[20] 郑艳．适应型城市：将适应气候变化与气候风险管理纳入城市规划．城市发展研究，2012（19）：47-51.

[21] 支海宇．排污权交易及其在中国的应用研究．大连理工大学，2008.

[22] 中国城市规划研究院，四川省人民政府．四川省成都天府新区总体规划（2010-2030）说明书，2011.

[23] 中国环境科学研究院，四川省环境科学研究院．四川天府新区总体规划环境影响报告书，2016.

第四章
可持续新城空间布局

内容提要

空间布局是实现新城建设可持续发展的核心要素。新城应当构建紧凑集约的空间格局，坚持公交引导开发 TOD 理念，建设适宜低碳绿色出行的城市结构。新城空间布局应当鼓励功能混合，避免建设大规模的单一功能片区，产业、商业、居住、交通、基础设施以及生态功能应当相互支撑、相互融合，共同构建产城融合、绿色出行、生态低碳的城市空间。

一、空间布局与新城可持续发展

城市空间布局是城市经济结构、社会结构的空间投射形式。在城市空间配置中，优良的布局能使城市土地资源的效益最大化，社会资源最有效地被利用，从而产生良好的经济效益、社会效益和环境效益，促进城市的可持续发展。新城的布局会打破城市功能与内涵配置的原有空间格局，影响城市空间整体结构的发展与变化。新城的功能在城市系统结构中会与既有的其他功能发生作用，进而带动城市系统结构的演变。如一定规模的新城，其与城市建成区之间的交通关系程度如何，功能性关联的影响程度如何，都直接决定着新城自身的发展及城市总体结构的演变趋势。比如，新城与城市建成区之间的交通可达性程度高，其功能关联影响就越显著，则城市总体结构越倾向于新城，新城开发对城市发展的影响就越大。

目前，全国各地正在进行着大规模的新城建设，新城的发展未来对能源资源的需求非常大，碳排放和污染物排放也将显著增加。由于城市的空间布局一旦形成便很难进行改变，因此，在这样一个特殊的发展时期，必须以可持续发展作为新城发展的目标，以可持续的城市建设理念为指导，建设可持续新城。在对新城进行规划设计时，利用绿色的城市空间布局规划设计的方法，使城市空间结构的规划向着可持续方向发展，形成高效益、低耗能、低污染以及低排放的城市规划策略，最大限度地降低能源的消耗与污染物及碳排放，从而实现城市的可持续发展。

对城市空间布局的合理规划，必须有效解决城市的空间布局和人口密度之间日益紧张的关系。这就需要对不同的城市空间布局形态的能源资源活动与碳排量进行分析、对比和评估，从中选择最优的城市空间布局方案。举例来说，城市的不同居住区、功能区以及产业园区的规划设计在空间布局方面有很大的差异，为有效降低城市的能源消耗排放，就必须结合城市的实际用途对城市进行科学合理的规划，从而确保规划设计的切实可行性。

二、新城总体规划与空间布局

城市总体规划是指城市根据国家对城市的发展建设方针、经济技术政策，在区域规划和区域城镇体系的基础上，依据本地国民经济和社会发展规划以及当地的自然环境、资源条件、历史状况、发展现状，在统筹兼顾的基础上等所做的一定期限内的综合部署和具体安排，其宗旨是确定城市的规模和发展方向，城市经济和社会发展目标，合理利用城市土地，安排城市用地的功能分区和各项建设的总体布局，协调城市空间布局，布置城市道路和交通运输系统，制定规划实施步骤和措施，最终使城市工作、居住、交通和游憩四大功能活动相互协调发展。城市总体规划是城市规划编制工作的第一阶段，总体规划期限一般为 20 年，是城市建设和管理的总体依据。在空间布局方面，可持续新城总体规划主要发挥以下几方面作用。

（一）合理确定新城规模和空间结构

1. 合理确定人口和用地规模

由于城市的聚集效应，生产效率随着城市规模的增加而增加，但在达到一定的规模后，聚集效应由于拥挤与其他费用的增加而抵消，生产效率也随之下降。因此，规模过小或过大都会产生不经济的现象，与可持续发展所要求的低能耗、高效率的集约型发展相悖。为解决这一矛盾，人们提出适度规模、合理规模和最佳规模等种种理论假设。

通常情况下，衡量城市经济规模的适度性或合理性，人们也提出了不同的指标体系来做比较分析，常用的指标包括人口、用地、经济、基础设施、社会指标等。从人口规模的角度，按照城区常住人口的不同，可以分为小城市（50 万以下）、中等城市（50 万以上 100 万以下）、大城市（100 万以上 500 万以下）。从用地规模的角度，目前国内很多城市在新城区的规划建设中，设定了较高标准的人均用地规模，部分新城达到 120 平方米 / 人，土地利用模式不经济。通过对城市人口规模和用地规模的控制，可以减少因城市规模盲目扩张所导致的土地资源的浪费。新城规模应参照国家城市规模的划分标准，根据自身战略定位和资源环境承载力条件，合理确定人口和用地规模，为新城可持续发展奠定坚实基础。

2. 根据新城规模确定合理的空间结构

不同规模的新城，应当结合城市规模，探索适合自身空间环境特征的空间结构。对于人口规模相当于小城市和中等城市的新城建设，在城市空间布局上应当提倡紧凑式布局，同样应当考虑新城建设的开发时序和绿色交通的适宜距离，控制在公共交通出行30分钟以内的合理规模。在城市公共交通系统建设中，小城市和中等城市可以采用大运量和中运量相结合的公交骨干网络。

对于人口和用地规模相当于大城市的新城规划，在空间布局上应当结合当地生态环境，积极采用紧凑的组团式布局模式，避免新城蔓延式连片发展和带状城市。新城各个组团的用地规模，应当考虑新城建设的开发时序和绿色交通出行的适宜距离，控制在公共交通出行30~40分钟以内的合理规模。在城市公共交通系统的选择方面，具有大城市、潜力的新城应当规划建设大运量的轨道交通作为公共交通的骨干，并引导城市空间布局。

3. 设定高效紧凑的城市空间形态

针对城市摊大饼式发展的困局，可持续新城应当合理提高城市人口或建筑密度，形成紧凑型发展态势。一般情况下，人口密度越高，城市形态越紧凑，人均交通碳排放强度则越低，因为紧凑的城市形态提高了居民出行的可达性，带动了步行、自行车等绿色低碳出行方式比例的提高，同时，较高的人口密度也使公共交通的规模经济性充分显现，有利于提高公共交通的使用率。统筹用地布局和交通系统建设，从源头上优化交通需求，减少交通总量。合理规划和布局城市用地，均衡交通出行在空间上的分布，减少居民出行距离，避免或减少无效交通及绕行交通，提高交通设施的利用效率。

紧凑的空间形态特征可以总结为：①城市外部轮廓空间的紧凑，即向心性或连续性；②高密度、高强度的土地利用模式；③用地功能混合性；④公共交通优先。大量实证研究证明，功能空间的紧凑布局、高密度、就近就业和享受服务的城市形态有利于减少交通出行的 CO_2 排放，而紧凑城市亦具有高密度、功能混合等特性。研究表明，城市形态的紧凑性特征更偏重城市内部功能空间紧凑，而并不在于其外部轮廓；功能空间的紧凑较外部轮廓的紧凑更有利于减少城市交通出行的 CO_2 排放量[①]。

紧凑的城市形态和较高的人口密度也会显著降低人均建筑碳排放强度，因为更为紧凑的建筑格局能够降低供暖和制冷需求，提高效率，从而消耗更少的能源，产生更低的碳排放[②]。同时，紧凑型城市所需要的投资远比采用低碳技术达到相同效果所需要的投资少、周期短。因此，通过规划、管理、建筑、交通、住房政策等多种增加城市人口密度的途径是实现节能减排、低碳发展的有效方式[③]。

---

① 吕斌、孙婷："低碳视角下城市空间形态紧凑度研究"，《地理研究》，2013 年第 6 期。

② 国务院发展研究中心课题组：《中国新型城镇化：道路、模式和政策》，中国发展出版社 2014 年版。

③ 姚永玲："北京城市发展中的能源消耗影响因素分析"，《中国人口·资源与环境》，2011 年第 7 期。

（二）划定生态红线和城市开发边界

1. 划定生态红线

可持续新城建设应当尊重自然生态系统的安全，避免新城建设对自然生态系统造成不可逆转的影响，应对新城区域内的土地资源、淡水资源、大气环境进行综合分析，进行生态环境容量评价。在新城规划中，应划定禁止开发区域、限制开发区域、适宜建设区域和已建设区域，优化城市建设选址。新城建设不得破坏自然资源，以保护城市自然生态格局。

新城规划应根据涵养水源、保持水土、防风固沙、调蓄洪水、保护生物多样性，以及保持自然本底、保障生态系统完整和稳定性等要求，兼顾经济社会发展需要，划定并严守生态保护红线。依法在重点生态功能区、生态环境敏感区和脆弱区等区域划定生态保护红线，实行严格保护，确保生态功能不降低、面积不减少、性质不改变；根据不同的新城自然地理条件，科学划定森林、草原、湿地、海洋等领域生态红线，严格自然生态空间征（占）用管理，有效遏制生态系统退化的趋势。

2. 划定城市开发边界

在新城建设中应划定城市开发边界，作为新城开发建设和禁止进行建设的自然生态区域的空间边界。城市开发边界（Urban Growth Boundaries，UGB）作为一种规划工具，旨在实现紧凑发展，保护耕地与环境资源，同时缩短通勤距离，鼓励公共交通、步行和自行车交通，防止城市“摊大饼”式不断向外蔓延。城市开发边界能够防治城市无序扩张，保护农业用地，减少交通拥堵，抑制空气污染。紧凑发展可以提高公共基础设施的效能。

城市开发边界以及相关的绿带政策是控制城市蔓延、限定城市规模的重要规划和管理手段。从国内外的实践经验看，控制城市开发边界不应单独作为一项孤立空间管制措施来实施，需要辅之以其他规划或财政政策，如提高农业或者乡村土地利用方式的经济收益来降低城镇化的推力，或者通过相应的财税激励引导开发重点集中在建成区内低效用地和潜力用地[①]。

（三）坚持公交优先的交通规划布局策略

1. 公共交通体系布局

在城市发展模式上，城市空间布局应切实贯彻公交引导开发（Transit-Oriented Development，TOD）的理念，用地开发与大中运量的公共交通系统紧密集合，实现土地利用规划与交通规划的结合。根据公共交通容量和公共交通可达性来确定城市开发强度的分布。沿轨道交通站点周边500至800米范围内（具体范围根据不同站点的情况确定）应规划布局高强度的城市开发，轨道交通站点周边地区的平均建

① 刘志林、秦波：“城市形态与低碳城市：研究进展与规划策略”，《国际城市规划》，2013年第2期。

设强度应当高于城市总体建设强度的一倍以上，实现大运量公共交通与开发强度的匹配。鼓励大型城市公共设施集中的城市区域中心与公共交通枢纽相结合。

通过新城规划强化交通基础设施对城市功能和空间布局的引导和支撑作用。在新的开发片区和中心区之间，应规划建设复合型交通走廊，开辟大容量公共交通系统，避免因单一的机动车干道而诱发新的小汽车出行需求。在城市轨道、快速公交、常规公交干线等重要换乘枢纽周围对土地实行高效利用、混合开发，进一步加强城市紧凑发展的集聚力。在城市新的开发片区和城市原有中心区之间，应规划建设复合型交通走廊，优先发展大中运量的公共交通系统，避免因单一的机动车交通干道导致新的小汽车交通出行需求[①]。

2. 设置公交先导区

新城建设应当划分适合步行和混合使用的公交先导区（TOD 片区），这些公交先导区应拥有适宜步行、自行车和公交使用的道路系统，同时设置人口和岗位密度的最小值。公交先导区内的规划建设应当满足两个基本的标准：一是就业岗位和住宅建筑的最低密度应高于城市平均标准；二是应具备一个鼓励包括步行、自行车和公共交通在内的绿色交通出行的交通网络。

公交先导区内应满足以下条件：用地功能上应有中高密度的住宅、

① 马林、徐文珍、陈沙、杨少辉："城市交通系统的节能降耗技术政策研究"，《城市发展研究》，2009 年第 8 期。

商业、办公、服务和零售业；在公交服务方面，应至少有一个中运量以上的骨干公交站点，通常情况下应当包括一条骨干公交线路和几条地区性的接驳公交线网；在骨干公交站点周边500米范围的土地应当纳入公交先导区，800米之外的土地可以有选择的纳入。在符合以上标准的基础上，每个公交先导区的范围可以延伸至以下边界：有清晰边缘的开阔地和自然景观，非步行导向型用途的地块（如集中连片的工业用地），高速公路或交通性的主干道。

3. 提升路网密度

道路的分类应避免仅从机动交通角度出发，应兼顾各种使用功能和属性，构建多样化的街道体系。城市道路按照使用功能的不同，可分为以服务通过性机动交通为主的道路——交通性道路和以服务本地机动交通、步行、自行车交通，提供生活功能为主的道路——生活性道路。应当坚持“窄马路、密路网”的城市道路布局理念。城市建成区的平均路网密度应达到8公里/平方公里，道路面积率达到15%。

（四）坚持功能混合的土地规划利用策略

应将城市看作是有机整体，提倡用地功能混合，不应过分追求严格的功能分区。严格的单一功能用地划分会造成城市功能的割裂、弱化城市活力等问题，已经引起了广泛的反思，因此应当严格控制大学城、大型商贸城、大型工业园区等单一功能的空间布局。加强用地功能混合布局，增加土地功能使用的灵活性，促进以居住为主要功能的用地增加就业岗位和服务设施，提高其公共交通可达性，以提高短距离出行的比例，减少出行能耗。

产业发展用地在空间布局上应当与居住用地以及配套的商业服务设施进行一定的交叉混合和比例搭配，建设与产业发展相匹配的宜居社区，完善生活服务配套，建设便捷的综合交通体系，促进产城融合。为工业用地直接提供配套服务的生产性服务业用地应当与产业空间进行有机融合，比例不宜少于10%。避免城市扩张中新的大规模居住用地布局，注意控制街区尺度，把握建设规模，配套建设医院、学校、文化娱乐场所等公共设施和无污染产业，平衡人口规模与就业岗位，降低对市中心的交通依赖，减少不必要的出行。大型公共建筑的布设应充分考虑周边交通系统的容量，并配套建设相应的公共交通设施。

新城建设应建立多种大运量公共交通联系，加强就业中心的公共交通可达性，确保就业中心与居住区的通勤距离在15千米或30分钟的公共交通范围内，实现城市空间布局在短程通勤距离内达到职住平衡。通过促进不同地区商业、办公等用地的发展，增加就业岗位，创造分散的就业中心，鼓励返向的交通流，增加就业中心周边的住宅供应等手段促进居住与就业空间布局的协调发展。促进各地区城市功能的均衡发展，避免功能单一或公共服务设施缺乏。

（五）历史遗产保护和棕地空间再利用

一个运行良好并具有不断优化生长能力的城市，能够最有效利用其建设成果，并将其转化为长期的社会财富积累，因此城市的每一次建设都对城市生活品质的提升具有正效应。坚持可持续的城市发展模式，在进行必要的维护和修护基础上，应将城市基础设施和居住社区的使用寿命提高到80年左右，摒弃大拆大建的不可持续城市发展模式（图4–1）。

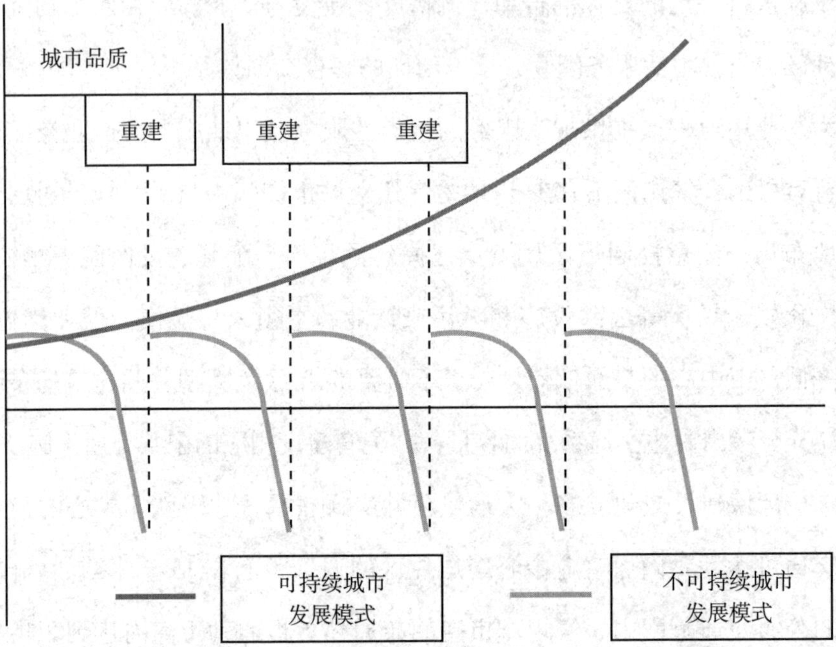

图4–1　可持续城市与不可持续城市发展模式对比

资料来源：Gelh Association。

新城建设应当倡导优先利用待更新改造的棕地空间，从大尺度区域和城市更新的角度考虑棕地改造后的合理土地功能。棕地再利用体现了城市土地循环使用的理念，能够有效缓解环境压力，刺激经济增长，改善现有城区环境、交通与服务设施，优化完善现有城市空间。在有效解决原有棕地污染问题的基础上，应把棕地再开发纳入区域土地规划和城市发展规划系统中。

在新城建设中涉及历史地段与遗存的情况，要保护与合理利用文物古迹，传承与弘扬优秀传统文化。严格保护省级以上文物保护单位、红色文化以及其他重要文物遗存。保护与发展历史古城、传统村镇。将标志性历史遗存的保护与城市公共空间的建设有机结合，保护传统村镇内历史空间格局清晰、传统风貌较为完整的核心地段，传承与展示水乡生产习俗和民俗文化活动。

三、新城详细规划设计与空间布局

城市详细规划是以总体规划或分区规划为依据，详细安排建设用地的各项控制指标和其他规划管理要求，或者直接对建设项目做出具体的安排和规划设计。城市的详细规划分为控制性详细规划和修建性详细规划两个阶段。根据城市建设的需要，一般应当编制控制性详细规划，作为控制建设用地的性质、使用强度、体型空间和环境管理的依据，或用以指导修建性详细规划的编制。

控制性详细规划是城乡规划主管部门根据城市、镇总体规划的要求，用以控制建设用地性质、使用强度和空间环境的规划。控制性详细规划主要以对地块的用地使用控制和环境容量控制、建筑建造控制和城市设计引导、市政工程设施和公共服务设施的配套，以及交通活动控制和环境保护规定为主要内容，并针对不同地块、不同建设项目和不同开发过程，应用指标量化、条文规定、图则标定等方式对各控制要素进行定性、定量、定位和定界的控制和引导。

城市详细规划的目的主要在于选定技术经济指标，提出建筑艺术处理要求，确定各项用地的控制性坐标和标高等，为城市设计提供依据。它是城市总体规划的深化和具体化。详细规划和设计层面空间类技术要点从两个方面展开，分别是地块开发和公共服务配套。

（一）地块开发

1. 地块规模划分

减小地块尺度，科学合理划分地块，营造适于步行和自行车的街道网络，形成安全、可交往、充满活力的城市街道空间，宜形成“小而密”的街道网络。对于规划区内居住用地、商业服务业设施用地等经营性开发地块，2.0 公顷（含 2.0 公顷）以下的地块数量占地块总量的比例不宜小于 70%。学校、医院、水厂、污水处理厂等有具体用地规模控制要求的公共服务设施和市政基础设施的占地面积按相关技术规定执行。

2. 社区空间布局

新建住宅应当推广街区制，原则上不再建设封闭式住宅小区。新城建设中的城市中心地区及一般居住区域的街区尺度应采用小尺度：商业街区的尺度推荐采用 80~150 米；居住街区的街区尺度推荐采用 100~200 米。城市中心外围地区和近郊地区，商业街区和居住功能街区的尺度可比城市中心地区推荐尺度适当扩大，但不宜大于 300 米。

对于规模较大的新建住区，可采用“街区开放—组团封闭”的空间组织模式，将街区尺度化整为零，形成开放的支路网微循环体系与社区生活方式，组团单元的制度控制在边长 100 米以内。对于现有的较大尺度的街区，通过打通内部道路、增加步行和非机动车通道的方式引导小尺度街区的建设。

社区建设应以人的步行距离设置社区的公共服务设施的布局和邻里单元的空间尺度，提高土地混合使用程度，以减少机动车使用率，进而有效减少碳排放。在步行交通较为舒适的空间尺度，即 15 分钟步行距离内，土地使用应混合商业服务、文化娱乐、居住、办公、绿地以及交通等使用功能，满足居民基本的购物、休闲、社区服务的要求，形成有活力的街区。

规划区内的用地功能应多样化、混合利用，避免单一的土地利用模式，引导“就近居住、就近职业、就近休闲娱乐”，从而减少对外交通出行，减少家庭出行能耗和碳排放。居住和办公周边提供就近方便的零售商业服务等混合功能为地区带来了活力和社区认同感。当中国的大众走进现代的公寓式住区，离开传统街道社区的时候，他们失去了原有社区的场所感和高效紧凑的传统社区。中国未来的社区建设应该吸取现代住区和传统社区各自的优点，鼓励居住和服务功能的混合，居住功能要考虑不同社会、收入阶层、年龄的混合，商业和服务应该布置在街道建筑底层，并且在居住和就业的步行可达范围内。居住、商业和服务的混合保证街区 24 小时的活力。在就业中心设置包含日常功能需求的混合街区，设置就业人口在步行范围内可达的娱乐、服务和商业的混合功能。

规划区的居住定位、布局及生活配套宜与本地就业岗位人口的居住需求相匹配。鼓励设置多功能混合用地，多功能混合用地地块数量占经营性开发地块总量的比例不宜小于 50%。居住地块沿街宜设置商业设施和社区级公共服务配套设施。

3. 开发强度设置

通过对容积率的差异化设置，创造开发强度上的多样性。高密度是可持续城市的关键，但仅仅高密度是不够的。为了避免城市拥堵，居住功能应当靠近公交站点和就业中心布局。密度确定还应当与不同交通方式的容量相关。一般而言，高容积率配备有高强度的公交服务，如果道路设计包含自行车、步行化的通廊，含公交专用道的主干走廊，活动相对集中，使得步行、自行车和公共交通比开车更方便，可以减小出行距离，节省出行时间（图 4–2、图 4–3）。

宜根据公共交通服务能力按比例调整和分配开发强度，实现规划区内容积率分布的差异化。距离轨道站点 0~150m 范围，容积率宜大于 2.5，70% 以上宜用于布置交通设施、办公和商业建筑；距离轨道站点 150~300m 范围，容积率宜为 1.5~2.5，办公建筑和住宅宜混合布置；距离轨道站点 300~500m 范围，容积率宜为 1.5，宜布置住宅以及配套公共服务设施；布置工业用地应位于距离轨道站点 500m 以外的地区（图 4–4）。

图 4–2　在广州高密度开发集中在 BRT 走廊周围，该系统的运载能力能够满足通勤高峰时的公共交通出行需求

图 4–3　在巴西库里蒂巴，高层建筑集中在公交系统 200m 范围内

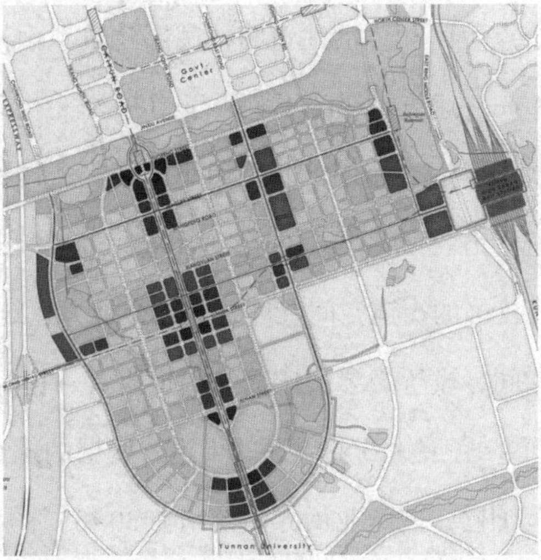

图 4–4　容积率差异化示例（昆明呈贡核心区）

4. 建筑退线与贴线率

退线距离指建筑物后退各种规划控制线（包括规划道路、绿化隔离带、铁路隔离带、河湖隔离带、高压走廊隔离带）的距离。建筑贴

线率指建筑贴近建筑界面控制线建设的比例。宜通过底层建筑界面控制线和建筑贴线率进行街道界面控制，以加强街道、广场等公共空间的整体性和沿街界面的丰富性与活跃程度。

确保街道以及人行道两侧建筑底层配备实用而有生趣的功能。沿街建筑必须根据邻近人行道布置，每一条沿街的地块红线，都规定有一个比例范围，并要求在这个比例范围内的地块红线布局有满足建筑后退要求的建筑。这些建筑的面宽总和与临街面地块红线长度的比值即为临街面覆盖率。这些建筑底层不能是停车库，除非在临街一面配备有零售商业。

对于步行重点片区和生活性道路，底层建筑界面控制线退让红线距离不宜大于 10m，建筑贴线率不宜小于 70%。沿街建筑底层宜作为商业、文化、娱乐等用途使用，并采用小尺度、通透和开敞的设计形式，以提升街道活力。商业界面的街道，应通过控制退让间距和界面的连续性，形成良好的街道空间尺度，并结合地方建筑特色设置连廊、骑楼、雨棚等空间，设置必要的座椅等街道家具，提升街道活力。红线宽度 25 米以下，底层为商业界面的街道，底层的建筑退让距离宜控制在 3~5 米的范围内，使商业街界面控制在 30~35 米尺度内。通过控制沿街建筑的贴线率，来控制城市中心地区退让距离的上限，使沿街建筑物的外缘与相邻道路和公共空间的控制线对齐，形成连续整齐的街墙。

（二）公共服务配套

1. 停车泊位配建

可持续新城应采用停车分区原则，针对不同公交服务水平，分别配置不同的停车配建指标，提供的公交服务水平越高，停车配比相对越少，以达到控制停车位供应总量的目标，引导小汽车的合理使用，实现可持续新城低碳绿色出行的规划理念。宜设置地下停车场，地面停车场面积比例不宜大于10%。临接公共广场、公园等公共空间设置地面停车场的，宜在临公共空间一侧首层设置商业服务设施。

以北京市为例，采用分区原则，实现配建停车泊位的差异化供给。按旧城、一类、二类、三类控制，低碳重点区按旧城地区标准控制（图4-5）。四类地区建筑物停车泊位配建指标（含机动车和非机动车）参见《北京地区建设工程规划设计通则》的相关规定。

2. 公交首末站配建

根据就业人口数和居住人口数按生态指标核算配置公交首末站用地规模，提出布局规划方案，为公交首末站用地和满足公共交通服务水平提供保障。单个公交首末站的用地面积应不低于2000m^2，且万人（岗位）公交首末站配建应满足以下标准：①商务办公和科技研发类型功能区：≥2000 m^2/万个岗位（中心城），≥4000m^2/万个岗位（中心城以外地区）；②制造产总区：≥4000 m^2/万个岗位；③居住生活区：≥2000 m^2/万人（中心城中心地区）；≥3000 m^2/万人（其他地区）。

北京市建筑物配建停车位指标差别化分区方案

指标级别	范围
旧城地区	二环路以内
一类地区	二环路到至三环路之间
二类地区	五环路（含）以内除一类地区以外的其他地区及新城建设区
三类地区	五环路以外除新城建设区的其他地区

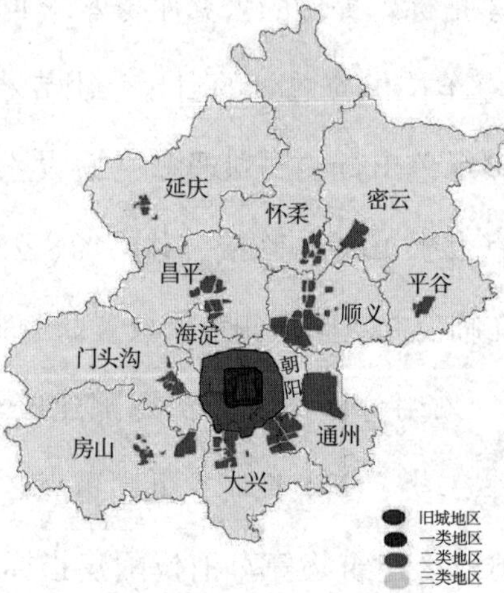

图 4-5　北京市建筑物配建停车位差别化分区示意图

3. 公共服务设施可达性与兼容性

可持续新城应合理规划公共服务设施布点，使规划区域建筑出入口与公共服务设施间实现最短步行距离。社区公共服务设施主要包括幼儿园、小学、社区卫生服务站、文化活动站、小型社区商业、邮政所、银行营业点等。以建筑出入口为圆心、500m 服务半径范围内的公共设施数量应不少于 6 种；或以集中设置的邻里中心为圆心、500m 服务半径覆盖率应达到 100%（图 4-6）。各类公共服务设施的用地规模应满足千人指标要求。

小街区	低层住宅	中高层住宅	高层住宅	低层研发	居住商业混合	中高层商业	高层商业

R	居住						
R2	P	P	P	N	P	N	N
C	商业和公共设施						
C1 行政办公	G	G	G+1	P	P	P	P
C2 商业金融业	G	G	G+1	P	P	P	P
C3 文化娱乐	G+1	G+1	G+1	P	P	P	P
C4 体育	G+1	G+1	G+1	P	P	P	P
C5 医疗卫生	G+1	G+1	G+1	P	P	P	P
C6 教育科研设计	G+1	G+1	G+1	P	P	P	P
C9 其他公共设施	G	G	G	P	P	P	P
M	工业						
	N	N	N	N	N	N	N
W	仓储						
	N	N	N	N	N	N	N
S	道路广场						
S2 广场	P	P	P	P	P	P	P
S3 社会停车场库 *= 仅限地下停车场	P*	P*	P*	P	P	P	P
U	市政设施						
U3 邮电设施	G	G	G	G	G	G	G
U9 其他市政公用设施	N	N	N	G	G	G	G
G	绿地						
G1 公共绿地	P	P	P	P	P	P	P
G2 生产防护绿地	N	N	N	N	N	N	N

图 4–6　地块公共服务设施兼容性规定示意

资料来源：卡尔索普、杨保军、张泉等:《TOD 在中国——面向低碳城市的土地使用与交通规划设计》，中国建筑工业出版社，2014 年。

对各类公共服务设施的布局进行精细化引导，加强临街空间的可达性和活力，增加人行道的活跃度、安全度、便捷度和生命力。公共服务设施与居住小区应设置便利的步行及车行交通联系，并设置必要的无障碍设施。中小学、幼儿园等教育设施，综合医院等医疗卫生设施以及部分市政设施虽然是居住区配套的必要设施，但是考虑到此类设施并不与居民日常的公共生活发生直接关系，并不要求此类设施与邻里中心合并设置，但需保证邻里中心与上述设施便捷顺畅的步行及车行交通联系。

对于各类公共服务设施，宜按照允许使用、不允许使用、仅地面层允许使用和有条件使用等进行地块兼容性规定，引导设施精细化合理布局。

4. 生态景观及通风廊道

可持续新城应优化提升各类绿地、湿地为主的生态景观用地的空间分布形态和植被配置，强化碳汇效力。社区公园应在居住功能 400 米服务半径内，区域性的公园在 1 公里的范围内。社区公园应分散布置，与其他生态景观用地形成相互联络的网状结构，并选择合理的植被配置组合方式。

为步行和自行车营造良好的微气候和景观，提升舒适性。应加强城市道路两侧的行道树建设，规划区内步行道和自行车道的遮荫率应大于 80%（图 4–7）。

图 4-7　步行道与自行车道遮荫

为利于城市通风和微气候改善，应根据集中建设区盛行风的方向和强度，结合道路、绿地和开敞空间的设置，预留通风廊道，与盛行风方向平行排列或最多成 30 度，且通风廊道宽度不小于 30m。在街区控规层面，应确定通风廊道的走向、宽度和控制边界，要求同一微风通道穿越不同地块必须保指直线，以保证畅通；微风通道内部允许布置建筑，宜布置绿地和广场（图 4-8）。

图 4-8　街区通风廊道控制示意

四、案例分析：云南昆明呈贡新区

（一）建设背景与现状问题

呈贡新区位于昆明市中心西南 15 公里处，占地 160 平方公里，是新的行政区和云南多所大学的新校园和核心商业办公区所在地，形成城市副中心。呈贡新区的现状人口约为 30 万，但是在未来 20 年中预计将达到 150 万。混合使用片区包含 62.5 万个工作岗位（图 4–9）。

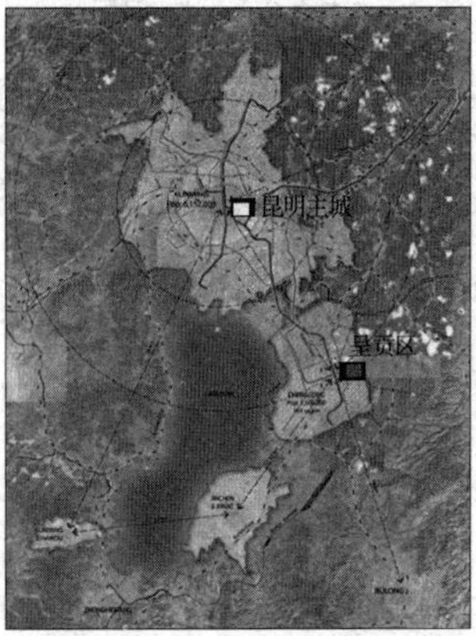

图 4–9　昆明呈贡新城位置

2010 年，昆明市政府与美国能源基金会合作，邀请了著名的城市规划专家、公交引导开发 TOD 理念的创始人、新城市主义的代表人物之一——彼得·卡尔索普（Peter Calthorpe）先生参与指导了呈贡核心区的规划。选定的核心区占地 12.16km^2。地块北起中央公园，南达高校区，西至昆玉高速路，东止昆明南站，是未来呈贡商务、办公、居住等综合功能的中心。规划的人口规模为 20 万人，人口密度为 1.65 万人 /km^2，就业岗位为 28 万个。

基于对这一地区丰富的生态财富的认识，该地区的开发愿景确定为“低碳城市”。健全的公交网络包括若干快速公交（BRT）线路和多条轨道交通线，将会把呈贡和老城区及其他区域融为一体，也为以公交为导向的开发奠定了基础。

呈贡在本次规划之前开发所遵循的是 2006 年版的控制性详细规划。该控规已经指导呈贡完成了部分项目的建设，包括政务中心、洛龙公园、中央公园、公务员小区、部分骨干道路等。但是，规划的实施中也发现控规存在的一些问题。这些问题在目前国内新城规划当中具有普遍性，主要表现为：

①地块尺度过于庞大，道路网密度不足。在地块内存在为数众多的边长为 300~500 米的大地块。道路网的密度不到 5km/km^2。

②道路的尺度偏大，对行人和自行车的通行方便性重视不足。在核心区内规划了一条 80 米宽的道路，数条 60 米宽的道路。这些道路的交叉口非常巨大，行人和自行车过街困难。

③对公共空间的规划不够系统。规划了几个较大的公园，但是对中小型的公共活动空间、广场、绿地等缺乏考虑。特别是这些空间相互之间的联系，与商业办公、居住用地的关系等没有明确要求。

④公共交通规划不足。核心区规划了不足 10 公里的快速公交线路和两条地铁线。这些线路对核心区的 500 米半径的覆盖率不到 40%。

⑤地块和街面控制不够科学。地块的控制主要依赖传统的几个控

规指标，建筑的后退距离较大，最大达到了 50 米。交通和用地的关系需要重新梳理。地块的开发强度和交通系统的联系主要基于道路的区位和等级。对公共交通和用地之间的关系没有系统的考虑。用地的混合度没有明确要求，每个地块基本上是单一功能，地块之间没有明确的混合方法和混合程度要求（图 4-10）。

图 4-10　呈贡新区原有的较大尺度的街区和道路

（二）规划设计原则

呈贡核心区规划坚持以人为本、低碳、可持续发展的理念。规划的出发点和归结点都是首先处理好人与城市之间的关系。基于低碳、生态的要求，呈贡新区核心区的概念规划提出了 8 个可持续规划的指导原则，包括：①设计适宜步行的街区；②自行车网络优先；③提高道路网密度；④发展高质量公共交通；⑤混合利用街区；⑥根据公共交通容量确定城市密度；⑦通过快捷通勤建立紧凑的城市区域；⑧通过调节停车和道路使用来增加机动性。

（三）规划设计技术要点

昆明呈贡核心区的概念规划采用了小尺度街区、细密路网、高密度的公共交通、步行可达的公共空间和公共服务等具体的规划措施，主要包括以下核心要点。

1. 设计适宜步行的街道和人行尺度的街区来强化人行交通

设计低等级道路密集的路网来分散机动车、自行车以及人行交通。街区大小控制在 1.5hm。通过双行道的设置分散主干道的交通量，从而缩短人行横道距离，提高车行流畅程度（图 4-11）。

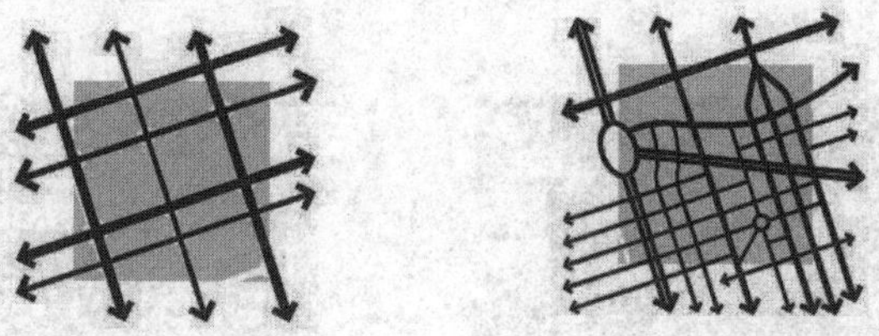

图 4-11　以大尺度主干道为主的路网（左）和优化后的路网（右）

图片来源：卡尔索普事务所，能源基金会（中国）。

2. 将人行安全和便捷的需求纳入到建筑设计中

将商业、零售等土地利用尽可能地和人行道结合，并为人行道提供尽可能多的入口。缩短建筑后退距离，减少隔墙，以增加人行安全，消灭安全死角（图 4-12）。

图 4-12　不鼓励的街面设计（左）和鼓励的街面设计（右）

图片来源：卡尔索普事务所，能源基金会（中国）。

3. 营造便于自行车交通的路网来降低机动车需求

在每一条街道设置独立单车道。限制单车道上的机动车入口。在单车道与人行区域间设置安全护栏（图 4-13）。

图 4-13　用护栏隔离的自行车道（左）和自行车专用路（右）

图片来源：卡尔索普事务所，能源基金会（中国）。

4. 建造以公共交通为导向的街道和社区来增加公共交通使用率

设置仅为公共交通、自行车、行人开放的道路，作为快速公交、轨道系统的线路。尽可能地在每一条主干道上设置公交专属线路。在公交站场周边进行高密度开发（图 4-14）。

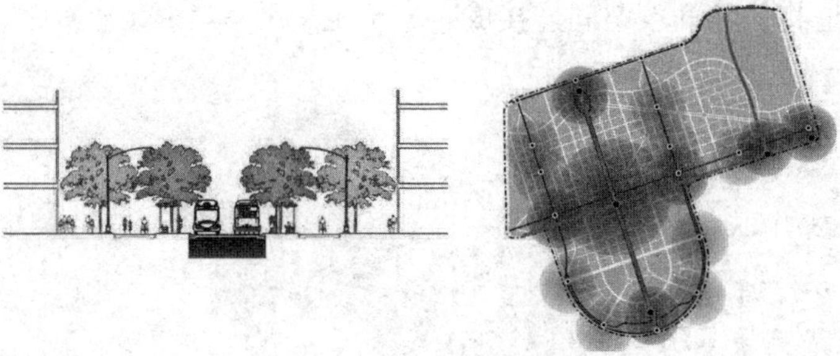

图 4–14　绿色出行专用路

图片来源：卡尔索普事务所，能源基金会（中国）。

5. 提倡混合型土地利用模式来分散公众出行目的地

在步行可达范围内混合设置工作岗位、服务业、零售商业、娱乐休闲以及住房。将人们日常所需的服务适当聚集，使人们能够通过步行即能取得（图 4–15）。

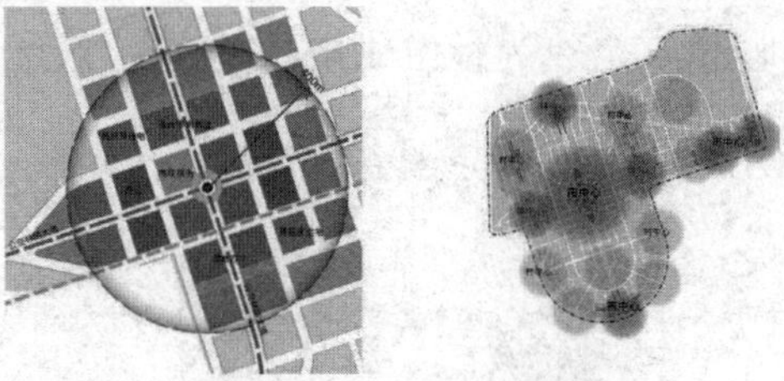

图 4–15　TOD 的用地模式

图片来源：卡尔索普事务所，能源基金会（中国）。

6. 在步行可及范围内设置公共绿地以及公共服务

建设社区中心，每隔大约 800m 设置公园、市政服务以及学校。

尽可能地将公共开放空间连接成一个系统（图 4–16）。

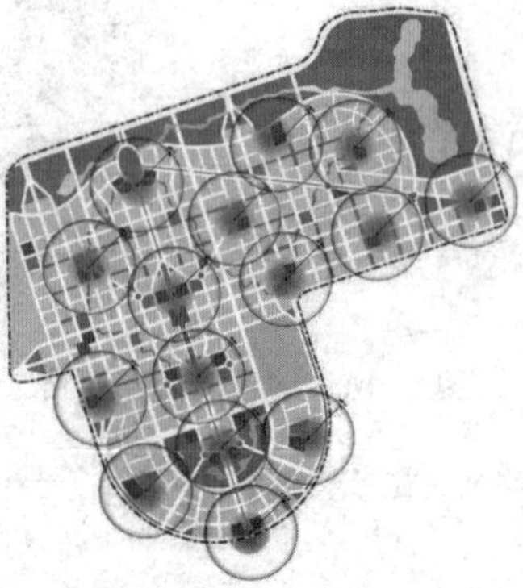

图 4–16　公共空间和公共服务的布设

图片来源：卡尔索普事务所，能源基金会（中国）。

7. 建设节能建筑和社区降低二氧化碳排放

将环保设计以及节能技术应用到每一座新建筑中。建造地区性热电联产系统来吸收建筑余热为社区供电。建造社区级别废水垃圾循环系统。尽可能使用可再生能源（图 4–17）。

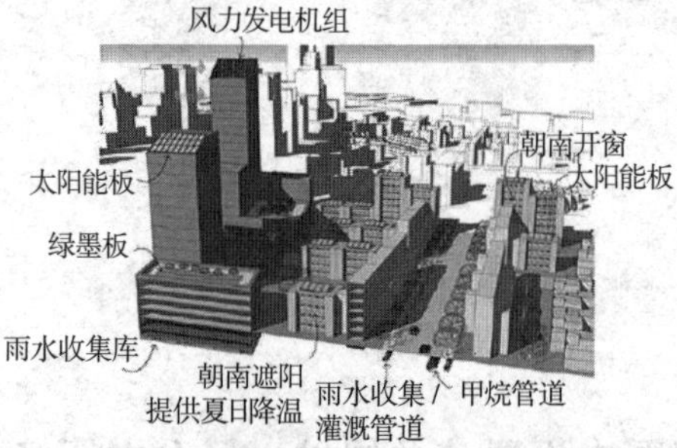

图 4–17　低碳建筑和社区的技术手段

图片来源：卡尔索普事务所，能源基金会（中国）。

这七项技术中除了第七项建筑节能外，其他各项都是针对城市空间布局和基础设施的安排对交通的影响而提出的。综合起来，核心就是摒弃以小汽车为主导的规划，构建一个以人为本的城市。

（四）具体规划设计方案

1. 高强度开发点和就业区

将最高强度的商业和住宅开发布置于公交服务站点周边以便提供最高效的通达行。各类商业街区呈集群状围绕公交站点布置，从而形成就业枢纽。最高的塔楼布设在核心位置以及主干道沿线，形成地区性的地标。

2. 开放空间和公共建筑

开放空间系统需包括各类型的设施以服务于不同人群和需求。小型公园、游乐场设置于社区街坊中，主要服务于当地居民每天不同时刻的休闲需求。大型公园则为民众集会、文艺表演等类似活动提供场所。广场主要设置在人行交通量大的地区，例如公交站点以及高铁站点旁。公共建筑，例如学校和社区中心等都安排在公园和广场周边，与公交站点紧密相连。

3. 公交网络

核心区是整个新城中公交使用率最高的地区。核心区的公交体系必须同时满足远距离和近距离两类通勤需求。轻轨将用于解决远距离通勤，如从昆明主城到呈贡的通勤；而区内的交通则由快速公交系统BRT来承担。在设计中，快速公交系统的网络得到了延展，线路环绕并贯通整个核心区，连接湖畔区等周边区域。同时，快速公交系统也得到了进一步的强化，站点间距则缩短为200m，这一密集的公交服务格网将为公交车线路的设置和换乘提供很高的灵活度。

4. 道路交通系统

交通系统规划的目标是建立一个高效的格网体系以承担高容量的交通流并保持合理的人行尺度。

由于主干道网络需要能够支持呈贡核心区高强度的土地利用带来的强大交通流，因此为了能够满足交通需求的同时还兼顾街道以及地块的人本尺度，针对主干道网络，在设计中采用了“单向二分路”的手法，即由两条单行道组成，中间夹着一个城市街区，两条单行道间距100 ~ 200m。例如彩云路原有路宽80m，从北向南贯穿中心区中央。调整后的彩云路将在保证车行的基础上在其中间段设置一个线型公园和公共活动空间体系。另一种新的类型是“公交林荫道”，即设置公交专用道路，除公共交通以外的其他机动车交通禁止在公交林荫道上通行，在公交专用道两侧设置步行与非机动车交通的空间。

慢行交通网络规划的重点是便捷、安全、舒适、成网络。慢行交通网络将连接各个重要的就业中心、市民文化广场、开放空间以及与新的高铁站正对布置的公交林荫道等。同时还引入一个重要元素：

"绿道"——允许行人、非机动车交通以及公共交通使用的街道。

5. 街区建筑形态

在街区的建筑形态设计方面，概念规划中通过以下措施增强核心区的宜居、活力。

在街道两侧尽可能地增添零售商铺。在每个街区内部都混合搭配不同尺度、外形和高度的建筑。遵从建筑朝南布局以及对于日照的规定。提供街区内部庭院，形成一个半私密的庭院。细致巧妙地混合布置高层和低层建筑可以提高开发强度。

针对街区建筑类型，将其分为多层住宅、高层住宅、住宅塔楼、多层商业、高层商业和商业塔楼等几种类型，并在建筑高度、总容积率、沿街商业容积率范围、建筑密度与绿化、临街面覆盖率、沿街建筑后退、日照间距、塔楼建筑最大楼板面积、主要步行出入口、停车场等 10 个要素上给出了具体的开发准则，以保证低碳规划理念的进一步落实。

参考文献

[1] 彼得·卡尔索普，杨保军，张泉 .TOD 在中国——面向低碳城市的土地使用与交通规划设计指南 [M]. 北京：中国建筑工业出版社，2014.

[2] 国务院发展研究中心课题组．中国新型城镇化：道路、模式和政策 [M]．北京：中国发展出版社，14:148.

[3] 刘志林，秦波．城市形态与低碳城市：研究进展与规划策略 [J]. 国际城市规划 2013，28 ((2)：4-11.

[4] 李迅，曹广忠，徐文珍等．中国低碳生态城市发展战略 [J]．城市发展研究，2010，17 (1)：32-39.

［5］张泉，叶兴平，陈国伟．低碳城市规划——一个新的视野［J］．城市规划，2010，34（2）:13-18.

［6］马林，徐文珍，陈沙，杨少辉．城市交通系统的节能降耗技术政策研究［J］．城市发展研究，2009（8）:18-23.

［7］北京市城市规划设计研究院，宇恒可持续交通研究中心．北京城市低碳规划设计导则研究报告［R］．2014.

［8］卡尔索普事务所，美国能源基金会．2011．呈贡新城低碳城市报告［R］．

［9］林微微，向泽涛．昆明呈贡新城低碳规划建设实践［R］．中国城市低碳发展规划、峰值和案例研究．

第五章 可持续新城产业发展

内容提要

产业是可持续新城发展的立足之本，在新城的规划、建设以及发展过程中如何选择入驻产业、促进产业的可持续发展是急需解决的关键问题。本章将对上述几个关键问题进行深入讨论。第一部分介绍城市产业发展的趋势，分析现代城市产业发展面临的问题和挑战。第二部分围绕可持续发展理念给出了可持续新城对产业发展的要求，确定新城产业入驻的标准以及产业选择具体流程。第三部分从产业结构升级、“两化融合”、“两业融合”、产业低碳化及园区循环化五个角度对可持续新城产业未来发展导向进行详细分析。第四部分通过国内外产城融合发展实践的案例分析，总结得出对我国可持续新城产业发展的启示。

产业是城市可持续发展的重要基础。建设可持续新城，必须推动形成适合新城特点和实际的可持续产业体系。

一、产业发展与城镇化

产业发展和城镇化存在着密切的关系，城镇化创造需求，工业化创造供给，城镇化是推进产业发展的重要力量，带动了产业结构的演变和升级，产业结构的优化和升级往往是城镇化进程深入发展的结果。

城市作为产业发展的重要载体，是社会进步和经济发展的一种空间结果。城镇化是由于工业化引起的、伴随着工业化发展过程而产生的一种在空间地域人口由农村向城市的转移过程。产业发展和优化升级，主要体现在两个方面：一方面是指单一产业由产生、发展到被新的产业代替的动态过程；另一方面是指产业结构的变化、调整和更替。就单一产业而言，从产生到被新的产业所代替，需要经历形成、成长、成熟和衰退四个发展阶段，即产业生命周期。随着社会生产力的发展，产业在国民经济中的地位会发生变化且存在阶段性和周期性特征。

纵观发达国家的经济发展史，产业发展与城镇化主要经历了三个不同阶段[1]：一是前工业化时期，城市主要是因政治、宗教、军事、贸易等因素决定的消费型城市，城市高度依赖农村，城市集聚规模主要决定于农村农产品剩余的多少。二是工业化时期，城市成为生产中心，工业成为经济发展的支柱，工业的生产规模决定了城市规模与结构。三是后工业化时期，许多城市成为服务中心，第三产业成为城市发展的主导产业，市区人口和企业大量向郊区迁移，产生郊区化和逆城镇化现象。世界上第一个进入后工业化时期的国家是美国，中国大部分城市处于工业化时期的后半段或中段，部分东部地区的大城市处于后工业化时期的前半段和中段。

（一）城市产业发展趋势

在经济全球化、信息化、市场化背景下，为了增强产业竞争力，培育新的增长点，促进产业可持续发展，现代城市产业发展逐步呈现簇群化、融合化以及生态化的趋势。

1. 产业发展的集聚趋势

所谓产业集聚，也就是产业生产要素实物资本和人力资本在空间或地域上的汇聚，在形式上表现为一定地域范围内产业所拥有的企业数、产业的增加值和产业的从业人数渐进地增加[2]。产业集聚趋势与经济全球化密切相关，全球生产要素的自由流动，导致生产向具有要素

① 李清娟：《产业发展与城市化》，复旦大学出版社 2003 年版。

② 李金华："中国产业结构的演变轨迹、σ－收敛性与空间集聚格局"，《财贸研究》，2006 年第 2 期。

比较优势的地区集聚，并且可以满足上下游生产配套和规模化要求。

目前的产业聚集主要有以下几种形式：①由产业纵向关联而形成的产业簇群，即一个产业的上、中、下游企业集聚起来形成的簇群，通常还会产生为每一个生产环节提供服务的外围联系，如供电、供水、运输、社会服务和产业服务等；②由产业横向关联而形成的产业簇群，这类簇群通常以区域内某一主导产业为核心，通过企业间的横向联系，外部形成多层次的产业群体；③由区位优势如廉价劳动力集中地、信息和技术发达地、原料或燃料集中地、产品的主要市场地、交通运输枢纽地等而形成的产业簇群。

2. 产业发展相互渗透

随着经济全球化、高新技术的迅速发展，产业融合已经成为提高产业生产率和竞争力的一种重要发展模式和产业组织形式，通过不同产业或同一产业内的不同行业之间的相互渗透、相互交叉，可以促进产业创新，提高产业竞争力，推动区域经济一体化。在现代城市建立和发展过程中，产业融合是城市得以健康持续发展的必然要求和趋势。

产业融合主要表现为产业间的渗透发展，产业界限趋于模糊，新兴产业不断产生。产业融合的主要方式有三种：①高新技术的渗透融合，即高新技术及其相关产业，向其他产业渗透、融合并形成新的产业；②产业间的延伸融合，即通过产业间的功能互补和延伸实现产业间的融合，这类融合通过赋予原有产业新的附加功能和更强的竞争力，形成融合型的产业新体系，这种融合更多地表现为服务业向第一产业和第二产业的延伸和渗透；③产业内部的重组融合。工业、农业、服务业内部相关联的产业通过融合提高竞争力，适应市场新需求，如农业为适应新发展而重新整合，通过生物链把产业内部的种植业、养殖业与畜牧业融合起来，形成生态农业的新业态，既适应了市场需求，又提高了农业生产率。

3. 产业的可持续发展趋势

随着可持续发展战略在世界范围内的普遍实施，产业的生态化、绿色化、低碳化逐渐成潮流，从宏观层次国家产业发展战略的选择、管理立法，中观层次产业园区的建设、布局，到微观层面企业的生产技术改造、管理实践，低碳化、绿色化、生态化的概念，已成为贯穿其中的主线之一。

产业生态化具有以下显著特征：首先是循环性。按照自然生态学原理，把传统的由“资源—产品—废物”构成的物质单向流动的生产过程，重构组织成一个“资源—产品—再生资源—再生产品”的反馈式流程和“低开采、高利用、低排放”的循环利用模式，使经济系统和谐地纳入到自然生态系统的物质循环过程中。其次是群落性。生态产业具有类似于生物群落的群落特征，它是一种由多个彼此相关联的企业共同组成的产业共生系统，群落内的企业互相合作，特别是相互利用废料，使群落内的资源得到最优化利用。再次是增值性。一些成功的产业生态共生系统，是一个自发过程，是在商业基础上逐渐形成的，系统内所有企业都从中得到好处，取得增值效应，使发展经济与防治污染、保护环境有机地结合起来，实现了两者的双赢，这种共生系统所产生的高质环境和经济效率是其得到推崇的根本原因[①]。

（二）城市产业可持续发展面临的问题

随着工业化和城市化的相互促进和发展，资本和资源高度聚集，极大地促进了城市的经济发展，然而，以工业为主导的城市产业在发展过程也遇到了各种各样的问题，主要表现为以下几点。

1. 产业发展造成的环境污染困扰城市

城市化和工业化密不可分，在全球城市化进程中，工业发展来带了巨大的生态和环境问题。工业发展消耗了巨额的自然资源，排放了大量的废气、废水和废渣。空气污染、水污染和有害废物的产生，使得城市面临着严重的环境和健康风险，如 1930 年发生在比利时马斯河谷的烟雾事件、1943 年洛杉矶发生的光化学烟雾事件、1952 年发生在伦敦的烟雾事件。此类公共环境危害事件严重损害了居民的生命健康，与城市的可持续发展理念相悖，因此，环境问题以及如何有效处理其与经济发展的关系是城市产业发展中不可忽视的问题和必须积极面对的挑战。与西方国家工业化发展进程相似，中国城市产业的可持续发展也面临严重的环境问题。长期以“高投入、高消耗、高污染、低质量、低效益、低产出”和先污染后治理的增长模式造成了资源浪

① 厉无畏、王慧敏：“产业发展的趋势研判与理性思考”，《中国工业经济》，2002 年第 4 期。

费、环境恶化等问题。

2. 产业结构不合理问题日益突出

在工业化发展之初，许多国家城市的产业发展较为粗放。大部分城市产业结构中的第二产业处于主体地位，由于环境污染问题日益突出，很多城市逐步放弃发展工业，形成以服务业为主导的产业结构，但由于服务业在价值创造中的特点，逐步脱离工业的城市产业，产业结构严重依赖房地产开发和商业，对许多城市来说，产业发展的可持续性问题日益突出。特别是在主导产业进入成熟期和衰退期以后，如果不能形成其他支柱产业，则可能使城市陷入发展困境。

3. 产业与城市发展分离

城市发展的动因是产业集聚。然而，经过长期的发展，基于单一功能集中于城市外围的建设模式出现了很多问题，如职住不平衡、生产服务和生活服务设施缺乏、“空城”、“睡城”以及所带来的交通拥堵、潮汐式交通等问题，最终造成城市功能的紊乱。

综上所述，环境问题、产业结构不平衡以及产城分离等是城市产业可持续发展面临的重要问题，如何在城市产业发展的过程中正确处理经济发展与环境的关系，保证城市产业结构的合理和可持续，实现产城融合是未来城市产业可持续发展面临的重要挑战。

二、可持续新城产业管理

（一）可持续新城对产业发展的要求

结合可持续发展的含义以及现代城市产业发展面临的问题和挑战。新城产业实现可持续发展需满足以下几点要求。

1. 尊重自然，充分考虑新城资源禀赋

一个新城区的产业发展要考虑到地理分工和与周围区域的产业协调问题，避免出现区域产业同构化现象。同时，新区的主导产业选择的前提条件是该区域的自然禀赋，这是新区选择主导产业的现实基础，也是能够形成区域专业化分工的条件所在。坚持把尊重自然、顺应自然、保护自然作为可持续新城发展的本质要求，新城产业结构、生产力布局、重大项目建设需充分考虑新城资源特色和环境综合承载能力，尽可能减少对自然系统的干扰，确保生态系统稳定与完整。

2. 严格准入，确保产业环境友好发展

在新城建设初期，合理的产业准入标准是保证新城产业健康发展的前提。为实现城市的可持续发展，新城主导产业在选择过程中需遵循可持续发展的理念，同时考虑可能进驻产业的经济、社会以及环境健康效益，保证产业的环境友好性。因此，新城在建设初期，实行严格的产业准入标准，坚持环境友好的要求，发展绿色低碳产业，积

极发展服务业，根据新城情况，保持一定的经济增长速度和财政自给能力。

3. 及时调整，加强产业退出管理

在新城建设发展的不同阶段，新城产业结构需要做相应的调整和变化。原有的一些较为落后、没有竞争力的企业或者是已不符合新城当前发展最新政策需求的企业，需要一个完备的产业退出机制。现有的关于产业退出管理的相关政策极少，尤其是在新城新区。因此，为了更加及时和顺利的进行产业退出管理，通过产业结构调整，实现新城新区产业整体的可持续发展，需要加强新城产业退出管理机制，帮助一些竞争力较弱或者不符合新城发展需求的企业顺利退出。

4. 产城融合，产业与功能分区匹配

现有新城建设和发展的经验显示，产城融合是实现城市可持续发展的必要条件。产城融合要求产业功能与城市其他功能在空间上相互融合，“以产促城、以城兴产、产城融合”，城镇化和产业化相匹配，不能一快一慢，脱节分离。其中功能复合、配套完善和布局合理是产城融合的核心特征。功能复合打破产业区、生活区、生产生活服务区等空间上相互隔离的状态，在一定地域内实现居住、生产、交通、服务等功能的融合，能完善生活与服务设施的配套，提升产业区的整体环境，加快传统产业的转型升级。

首先，新区产业的发展应与城市功能完善同步，成为功能完整的

城市新区。其次，城市新区产业的甄选和布局应与整个城市未来的发展定位相吻合，符合城市发展规划的性质，或代表未来一个时期的优势产业。最后，城市新区与老城区的有机融合，新城产业在发展的同时应兼顾老城区原有产业的发展，实现新老城区的共生发展。产城融合是新城建设发展过程中必须坚持的重要理念。新城在产业选择过程中要充分考虑新城功能分区，结合功能分区的特点和需求，做到产业与新城分区的功能匹配，通过产业与居住功能用地的合理比例和市场的选择，实现职住平衡[①]。

5. 以人为本，充分考虑新区居民意愿

居民是城市的主体，产业能否最终进入新城，需要充分考虑居民意愿。因此，在新城产业准入过程中，除了政府和相关部门有决策权以外，可以考虑将城市生活主体（居民）纳入决策体系，通过建立投票机制，使居民参与城市决策。只有获得大多数居民认可的产业方可进入，这种方法下选择的产业能够真正做到符合新城居民实际需求，满足新城居民实际需求，为人民创造安全健康的居住生活环境。

（二）产业准入标准

从可持续发展的角度来看，高效、节能、低排放的产业是新城可持续发展的基础[②]。在可持续新城建设的过程中，坚持以低碳理念审批

① 刘畅、李新阳、杭小强："城市新区产城融合发展模式与实施路径"，《城市规划学刊》，2012 年第 1 期。

② 朱翠萍："低碳城市规划指标体系构建及实例分析"，浙江大学，2013 年。

建设项目，在城市发展规划中，提高各类企业的排放标准，控制钢铁、有色、建材、化工、电力和轻工等行业的准入条件，限制高耗能、高排放以及产能过剩的产业项目进入，制定新城产业准入负面清单。从决策源头上保证新城总体规划符合可持续发展原则，推动新城向可持续城市的方向发展。准入标准从以下几方面来确定。

1. 符合功能定位

不同新城由于自然禀赋和历史条件的不同，新城建立的使命和功能定位不尽相同。有的新城的主体功能是城市的工业中心、高端服务中心，有的则是所在城市的行政服务、商业文化中心，基于不同功能定位的新城对不同类型产业的需求不同。因此，新城产业的入驻首先需要匹配新城的功能定位，服务于新城的整体发展。同时，产业布局要符合新城功能分区要求。

2. 具有比较优势

产业竞争力是实现产业发展的必要条件，更是可持续新城产业发展的重要条件，是否具有比较优势是入驻产业是否具有市场竞争力的重要影响因素。新城入驻产业的比较优势主要从两个角度判断。一是选择比较优势产业，新城根据自身的资源禀赋和历史基础，选择相对新城来说具有比较优势的产业，如对于一个旅游资源丰富的新城，选择文化旅游产业相对于工业或农业具有比较优势。二是对于同一产业，选择具有比较优势的企业，企业的比较优势可体现在生产工艺、营销理念和运营模式等方面。

3. 绿色低碳循环

经济增长不是产业发展的唯一追求，可持续新城产业的发展需遵循低碳、循环、绿色的理念。低碳理念要求产业通过技术创新、新能源开发等手段尽可能降低化石能源消耗，以减少温室气体的排放。提高低碳能源的使用比例是实现低碳发展的重要途径。低碳能源是指二氧化碳等温室气体排放量低或者零排放的能源，主要包括风能、核能、太阳能、地热能和生物质能等清洁能源。由于低碳能源本身的优势，在可持续新城建设中，低碳能源使用占比较高的企业优先进入。循环利用是一种将废品变为可再利用材料的过程，是一种既能减少垃圾又能节约资源的方法。因此，在新城产业选择的过程中，可以优先考虑具体循环利用工艺，从长期角度有利于新城产业发展。绿色发展是经济、社会、环境协调发展的一种发展方式，是实现可持续发展的必然路径，因此，新城入驻产业不仅要低碳环保可循环，还需同时兼顾经济发展。

4. 工艺技术先进

工艺技术是工业产品的加工制造方法，主要包含在从原料投入到产品包装整个过程中，包括产品的原料配方、工艺路线、工艺流程、工艺指标、操作要点以及工艺控制等技术。不同的产品有不同的工艺技术，同一产品也可能有多种工艺技术，工艺技术的高低直接影响产品的市场竞争力。首先，先进的工艺技术意味着较高的产品质量，高的产品质量保证了产品的顾客满意度以及忠诚度进而保证市场占有率。此外，对于一些能源密集型企业，先进的工艺技术，如燃煤发电里的超临界技术、超超临界技术等，可以提高能源利用效率，降低了生产过程中的气体排放，符合现在市场绿色低碳环保的发展理念，在同类产品中具有较强的竞争力。因此，在新城产业入驻的标准中，先进的工艺技术是工业企业入驻的重要标准，具有先进工艺技术的企业享有优先入驻的权利。

5. 满足社区需求

新城的活动主体是人，可持续新城产业的可持续发展需以服务于人为标准。因此，新城产业，特别是社区内商业服务类企业的入驻不仅要考虑城市主体功能，体现城市经济发展的需求，还需要符合社区居民的生活需求。首先，符合社区需求的产业有助于促进产城融合，避免产业和城市发展分离现象的出现。其次，不符合社区居民生活需求或者不利于居民生活和健康的企业，缺乏良好品牌商誉和顾客评价，最终很难实现可持续发展。发达国家社区商业的选择，均要进行社区居民意愿调查，与社区居民无关的产业或多数居民反对的商家，则不允许在社区开业。因此，越是高档社区，越应该是安静社区，大商场、大超市等所谓商业配套越不可能存在。

在实际准入标准的制定中，不同区域的新城可根据以上几个方面，结合新城的自然禀赋、发展使命等条件和现实制定符合自身发展的具体标准，确定产业准入负面清单，并在新城发展的不同阶段适时调整。

（三）产业选择流程

1. 结合新城发展的功能定位，确定重点发展产业

新城主导产业的选择要继承原有的产业基础，由新城要素禀赋，所在城市基础产业水平的经济空间外部性以及其他外生因素共同决定。主导产业的选择应考虑以下因素。

（1）主导产业的选择应符合产业转换的一般规律

产业转换一般由劳动密集型—资本密集型—技术密集型不断升级，主导产业替代时序一般由轻纺工业—重化工业—机电工业—知识产业逐级转换。可持续新城产业选择要遵循高起点、具有比较优势和竞争力的要求，通过产业结构的逐步优化调整，打造具有可持续发展能力的主导产业集群。

（2）中间产品的生产是产业生产和消费的重要环节

作为现代生产体系的空间载体，城市产业间必然以投资、就业和相互需求为纽带，形成横向与纵向的关联网络。新城主导产业的选择应考虑产业配套能力和市场空间，形成产业集群，实现集聚发展。

（3）主导产业的选择应体现城市的功能特点

这是由城市经济活动的空间属性决定的。城市的基本活动体现为城市通过输出型产业包括最终产品和中间产品两种形态的供给和对外

服务来实现其对外部空间的职能影响。一般而言，城市的专业化分工程度愈高，其产生辐射影响的空间范围愈大。

2. 确定产业评估要素，建立产业评价体系

根据产业准入标准、准入原则以及新区产业发展目标，分析确定产业评估要素。为了符合低碳发展、绿色发展的理念，可持续新城产业评估过程中除了考虑经济要素、社会要素，还要考虑环境要素。其中经济要素主要包括产业效益贡献力、产业自主创新力、产业国际竞争力；社会因素主要包括解决就业的能力；环境要素主要包括能耗水平、温室气体排放水平以及各种污染物排放水平等。结合各个要素，建立产业评价体系，用来指导进入产业的选择。

3. 采取竞争的方式，选择最优企业

在产业选择上，应采用竞争的方式，了解所有有意向企业的人力资源、技术、经济、财务指标、经营理念、管理特色和企业优势，进而比较所有企业的综合实力，综合评价较高的企业优先进入新城发展。

三、新城产业发展导向

产业入驻之后，产业如何发展将是可持续新城建设面临的重要问题。结合新城建设的理念以及现代城市对产业发展的要求，优化产业结构、“两化融合”、“两业融合”、能源低碳化、园区循环化将是未来新城产业发展的五个主要导向。

（一）优化产业结构

尽管不同新城的功能定位不同，主导产业也不尽相同，而调整产业结构，促进经济效益和生态效益的统一，仍是可持续新城产业发展过程中的努力方向。新城产业结构的优化可从合理化、高度化和低碳化三个方面分别努力。

1. 提高产业结构的合理化

城市建设过程中会吸引大量的产业入驻新城并运营发展，在产业入驻和发展的过程中，城市管理者需考虑相似或上下游产业之间的相互联系，把各产业连接起来，形成资源共享和副产品的互换共生体系，保证产业系统的健康可持续发展，并积极借鉴一些国际上运用已经十分成熟的技术和经验，根据我国现有的发展水平有选择的采用，通过合理利用现有资源，适应市场的需求，调整产业间的比例，促进产业结构的合理化，实现新城经济的快速增长。

2. 促进产业结构的高度化

产业结构的高度化是保证新城产业拥有市场竞争力的主要因素。对于部分以传统产业为主导产业的新城，要实现从制造初级产品的产业向制造中间产品和最终产品的产业转移，从劳动密集型产业向技术和资金密集型产业转移。对于大部分以高新技术或旅游服务业为主导的新城产业，可不断引进高新技术，促使产业的高技术化，通过概念设计和细节服务对原有旅游服务业高端化，实现产业高附加值化，确保新城产业发展具有持续竞争力。

3. 实现产业结构低碳化

低碳发展是可持续发展的必要条件，低碳经济是一种新的发展模式，产业结构低碳化是实现经济发展的有效手段之一。可持续新城产业发展的过程中，碳排放是衡量新城产业可持续性的重要因素。在保证 GDP 的同时，新城产业仍需要通过提高能源效率、能源转型、提高服务业的比重等方式逐渐降低新城产业的整体碳排放强度，实现产业的可持续发展。

（二）工业化与信息化深度融合

发达国家是在工业化之后实现信息化，而中国是在工业化的进程中同时出现信息化。如何实现工业化和信息化的融合发展是新城产业发展，特别是以工业为主导产业的新城，需要解决的问题。新城工业化和信息化融合策略，包括以下几个方面。

1. 基础政策保障

在新城建设前期，如产业发展的规划阶段、产业入驻的选择阶段就应该将信息化纳入到产业发展的要求中去。在引进相关工业产业或者高新技术产业的同时，相应引进信息产业，同时优先引进已经具有相对完备的信息管理系统的产业，为新城工业化和信息化的深度融合提供良好的发展基础。同时，还要制定相应的保障措施，资金配套，培养人才等工作，为新城产业的“两化”融合提供政策保障。

2. 产业环节的融合

在产业发展的过程中，需对产业的各个环节加强信息化建设，进一步实现工业化和信息化融合发展。首先，研发设计环节的信息化，即在自主研发设计环节中，应加快信息化建设，既优化研发流程，又提高产品的技术含量和市场竞争力，为工业企业发展创造有利条件。其次，生产环节信息化，如引进先进的设备对生产环节中的调度信息、产品质量信息、订单流通信息等加以信息化管理。再次，经营管理信息化，打造更为合理的一体化管理平台。最后，在实现工业化和信息化融合过程中，应为工业企业实现信息化而奠定坚实的基础条件，如建立信息系统、搭建信息化平台、培养人才和组建一支高素质工业研发团队等，确保工业企业实现可持续发展[①]。

3. 不同尺度的融合

要深入实现“两化”融合，需要产业不同主体对“两化”融合的全面推进。首先，在企业层面上，要在企业生产经营各个环节不断推进信息化，提升产品信息技术含量和附加值，提升产品创新能力。其次，在行业层面上，可根据行业的发展阶段、行业特点、生产工艺以

① 杨海成：“工业化与信息化融合促进工业经济转型升级”，《西安邮电学院学报》，2011 年第 6 期。

及产业文化细分行业，有针对性地推进两化融合，并抓住行业间的共性问题，加强行业间的沟通和协调，推进产业链和产业集群的互动发展。此外，在区域层面，推进新城的“两化”融合，不可将新城与老城区或主体城区产业分隔发展，应耦合老城区或主体城区产业，实现区域两化融合发展。

（三）制造业和服务业融合

2016 年 11 月，国家发展改革委发布了《服务经济创新发展大纲（2016–2025）》（征求意见稿），指出“充分发挥制造业对服务经济发展的基础作用，有序推动服务与制造双向融合，促进有条件的制造业由生产型向生产服务型转变、服务企业向制造环节延伸”。可以看出，制造业和服务业“两业融合”已经上升到国家战略高度，是未来产业发展的必然趋势。可持续新城产业发展需从以下几个方面推动制造业和服务业融合。

1. 推进制造业向服务化转型

首先，鼓励优势突出的制造业企业实行服务外包，将生产环节中的非核心业务外置化、独立化和专业化，以降低成本、优化产业链、提升企业核心竞争力。制造业服务外包无环境污染、有显著的技术溢出效应，能够有效提升我国制造业的创新能力并明显缓解节能减排的压力，对加速推进制造业转型升级有着重要意义。其次，推进有条件的制造业企业实现服务化转型，企业由以提供有形产品为主，转向以提供“产品—服务包”为主，通过产品、服务、支持、知识、自我服务的包装整合来增加企业核心业务的价值。实现服务化转型的途径主要有：投入服务化、产出服务化、投入产出服务化和完全去制造化四种。不同行业的制造业企业可根据自身行业特点、经济实力选择合适的服务化转型途径。

2. 促进空间聚集发展

首先，生产性服务业和制造业都具有显著的空间聚集特征，制造业聚集会衍生出对生产性服务业的规模化需求，生产性服务业集聚对制造业升级具有明显的提升作用[①]。因此，政府要通过规划布局和政策支持，大力促进生产性服务业和制造业集中发展，如出台促进生产性服务业集聚的优惠政策，加大对生产性服务业专业园区的支持力度，鼓励综合性园区建立特色服务业功能区，吸引关联生产性服务业围绕制造业配套发展，促进制造业和服务业的集中发展。其次，建立制造业和生产性服务业融合发展的互动平台，收集生产性服务业的服务信息、制造业的技术和管理模式、市场供求变化、政府发布的相关政策、合作协调信息等，在共享互利的原则上，进行产业信息的互动交流收集、分析和整合，有效降低企业经营风险和交易的成本，避免资源浪费，实现信息资源的最优配置，从而增强产业发展的核心能力。此外，搭建有利于产业融合发展的中介服务平台，为生产性服务业和制造业之间的快速交流提供通道，并支持后续的合作与反馈过程。平台

① 王小波：“生产性服务业与制造业融合发展研究”，湘潭大学，2016年。

与产业间不是简单的服务与被服务的关系，能有效促进产业间的良性互动，提高产业的生产效率。

3. 确保外部环境支持

在促进制造业和生产性服务业融合的过程中，需要一个良好的外部环境。改善“两业融合”外部环境的主要方法有通过放松政府规制，放宽市场准入，减少行政审批环节，降低生产性服务业发展中的制度性交易成本。加大对外开放力度，吸引国外高端生产性服务要素，改善本土生产性服务业素质，提高制造业全要素生产率。此外，建立多层次专业人才培养和人才资源的储备体系、人才流动体系和激励机制，是生产性服务业与制造业互动发展的智力保证和关键环节。

（四）产业低碳化发展

产业低碳化是实现产业可持续发展的重要途径，新城产业低碳化可从政策法规、技术创新以及能源低碳化三个角度实现。

1. 完善政策法规，保障低碳发展

建立健全的环境立法是将低碳发展落到实处的重要保证。在新城产业低碳发展中，政府需要制定相关法规政策：一是制定低碳产业发展规划，从宏观上把握低碳产业发展的方向，实现各个阶段的发展战略目标；二是制定低碳行业监督政策，规范产业低碳发展，创造产业内的良好竞争环境。具体需要做到以下几点：①立法体现低碳理念，

建立碳排放者付费的原则；②在法规中体现倾向于低碳经济发展的指导原则；③将低碳经济的实践经验提升为基本制度予以规范；④强化执行监督，加大执法力度，确保低碳经济法规的贯彻执行；⑤充分调动投资者、消费者及政府各个主体部门的积极性，保证低碳产业发展。

2. 加大科研力度，提高低碳技术水平

科学技术是低碳发展的重要支撑，在低碳发展的过程中，要重点组织和开发具有推广意义的资源节约和替代技术、能量梯级利用技术、“零排放”技术、有毒有害原材料替代技术、回收处理技术、绿色再造技术等，努力突破制约低碳发展的技术瓶颈。积极参与国际交流与合作，借鉴国外成功经验，开展管理咨询、技术推广和宣传培训等服务活动。低碳技术涉及冶金、化工、石化等传统部门，也涉及可再生能源及新能源、煤的清洁高效利用、二氧化碳捕获与封存（CCS）等众多新领域。

3. 优化能源结构，实现能源低碳化

能源作为产业发展的重要要素之一，能源低碳化是实现产业低碳化的关键，主要可以从两个方面实现。一是增加清洁能源和可再生能源的开发利用。中国的可再生能源资源丰富，如水能、风能、太阳能和生物质能。这些可再生能源的碳排放系数为零或几近于零，因此，积极推进可再生能源的开发利用，建立现代的绿色能源产业、综合节能高效的运输体系，对产业的低碳发展有重要意义。除了可再生能

源，核能也是一种重要的低碳能源。核电在生产过程中不会造成空气污染，也不会产生加重地球温室效应的二氧化碳。二是加强传统化石能源的高效利用。尽管发展低碳能源是能源低碳化最现实的途径，但在现有经济技术条件下，新兴可再生能源的大规模开发利用还需要一定时间，化石能源仍将是未来较长时期内的主要能源。化石能源低碳化利用技术主要有两大类，一类是洁净煤技术（CCT），一类是二氧化碳的捕集和储存技术（CCS）。洁净煤技术和二氧化碳捕集储存技术在实际生活中经常联合应用，可以在减少二氧化碳排放的同时，提高能量转换效率。

（五）产业园区循环化

产业园区是科学、技术、人力、财力、物力集中的区域，是能源资源消耗和污染物产生排放的集中区，新城产业园区的循环化是实现新城可持续发展的必然要求。要实现产业园区循环化，需要从以下几点努力。

1. 大力发展静脉产业，完备产业链条

静脉产业，即资源再生利用产业，是以保障环境安全为前提，以节约资源、保护环境为目的，运用先进的技术，将生产和消费过程中产生的废物转化为可重新利用的资源和产品，实现各类废物的再利用和资源化的产业，从而促进资源的循环利用。作为解决废弃物快速增长的一个良好途径，静脉产业将成为 21 世纪具有相当潜力的产业之

一，在成为新的经济增长点的同时还可以解决中国现阶段的就业问题。政府可以通过减免税金、税收补贴可返还的抵押金制、资源回收奖励制度、废弃物处理收费制度、征收原材料税、有限购买等方式来支持静脉产业的发展。此外，整合静脉产业以及主体产业，促使园区产业之间的互补共生，使得园区产业基础设施共享并使得生产资料高效运转，最终实现资源—环境—经济综合效益最大化。

2. 建立园区共性设施平台，提高循环利用效率

建立基础设施共享平台，进一步加强园区供排水、道路、电力、通信等硬件基础设施建设，强化协调服务，改善投资环境，提高投资吸引力。行政性公共服务方面，园区进一步完善服务方式，建立绿色服务通道，提高行政服务效率；进一步简化审批程序，缩短审批时间，降低商务成本。同时，园区可通过建立信息公开共享平台，在信息平台上发布企业的生产技术、资源能源流向、废弃物产生种类及数量等信息。通过建立信息数据库等形式，达到信息及时传递，方便入园企业认知政府及园区政策及管理手段、园区工业网络设计、物质流集成设计、各主要行业关键先进技术等信息；方便在园企业查询副产品及废弃物最佳的流动渠道和最佳利用技术，寻求废弃物与原材料的配对关系，提高循环利用效率。

3. 完善园区监管系统，保障园区循环发展

建立能源综合管理体系、水循环利用管理体系、土地资源高效利

用管理体系、完善的污染防治监管体系；园区环境管理部门需利用就近性优势，配合政府环保部门定期对各部门的治污情况进行严格检查考核，负责园区企业临时监测任务，对没有在规定时间内完成规划要求任务的企业，要给予批评及必要的惩罚措施，另外，园区内的各类企业均需就企业循环化改造的实施情况，对相关指标进行阶段性总结和评估，并对下一阶段的规划任务进行修订和完善。严格的环境监督管理体系可有效促进企业的外部成本内部化，进而促使企业寻求通过技术流程的改造和企业间合作等方式进行废弃物的综合利用领域的探索，并引导投资更多转向技术创新的领域，促进园区的可持续发展。

四、案例分析：美国尔湾市和中国苏州工业园

（一）美国尔湾市产业可持续发展

尔湾市位于加利福尼亚州西南部，占地 88 平方公里，拥有人口 21 万，是美国最大的规划城市社区之一。尔湾市一直在美国最宜居的“热门城市”排行榜中名列前十，且多次位列榜首，吸引了大量的居民和商业机构，成为开发区向城市转变的典型案例。

1. 尔湾市发展历程

美国尔湾市从最初的开发区发展成为加州重要的经济城市，先后经历了四个发展阶段（见图 5-1）。第一阶段是农牧场经营阶段

（1860~1959），此后，尔湾市先后经历了"大学社区"的发展阶段（1960~1970）、工业区与社区共同发展阶段（1970~1977），逐渐演变为一个多功能的新城市，规划设计过程中引入了园林开发理念，解决了商业区和社区融合发展的问题。20 世纪 80 年代末期，在城市规划布局上，综合考虑城市发展与人居环境的关系、经济增长与环境保护的关系，使尔湾市逐渐走向"产城融合"的成熟阶段（1977~2000）。进入 21 世纪后，良好的生态、和谐的人居环境、便捷的交通方式、优质的教育服务，吸引了大量人才和知名企业进入，大量的高技术产业集群应运而生，形成了以高科技产业为主导，多元化的产业结构，增强了尔湾市经济的抗风险能力，为城市健康发展提供了稳定的经济环境，最终尔湾市成功走上了"产城融合"之路。

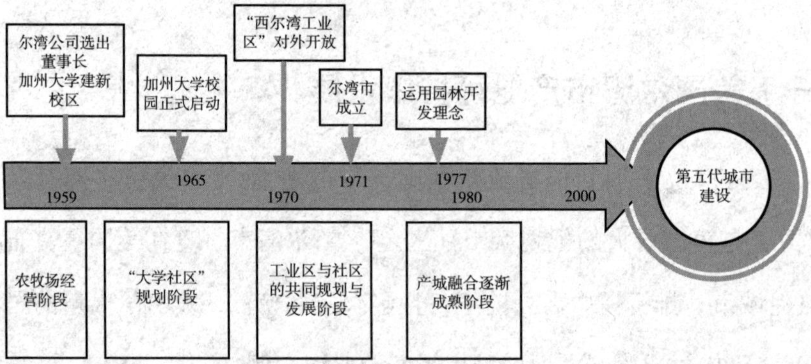

图 5-1　尔湾市"产城融合"发展阶段

资料来源：毛静："我国城镇化进程中'产城融合'互动机制研究"，《当代经济》，2016 年第 10 期。

2. 尔湾市产业发展经验

（1）市场主导、政府辅助的经济运行体制

1971 年建市以前，没有专门的行政管理机构，尔湾市是在市场经济环境中依靠私人企业投资发展起来的，没有政府指令，没有行政干预。建市后，市场在资源配置中仍起着决定性作用，政府发挥的是辅助和支持作用，主要对城市功能进行规划设计、市政基础设施建设、人居环境改善、主导产业选择等方面做一些宏观上的统筹规划和政策上的支持。市场化运行机制引导尔湾市的经济朝着利益最大化、可持续发展的方向前进。

（2）坚持以合理的城市规划设计为指导

尔湾市在“大学社区”规划阶段，聘请了著名的美国建筑师威廉·佩德拉，意在将功能单一的尔湾校区改造成为多功能的“大学社区”。1977 年，尔湾公司又邀请了专业的规划设计事务所对尔湾市进行了整体上的规划设计：采用了园林开发理念，赋予各地区不同的尺度特征，并强调其开放空间的保护。在 20 世纪 80 年代末，尔湾市开始融入环保理念，以保护自然生态环境为前提，进行城市开发布局建设。合理的城市规划确保了尔湾市产业布局的合理性，保证了“产城融合”发展方向上的正确性。

（3）大力发展高科技产业，构建多元化产业结构

自 1971 年建市以来，尔湾市大力发展高科技产业。由于高科技产业具有智能性、创新性、环保性、战略性等优势，不但自身的发展速

度快，而且对其他产业的渗透能力强，可以改造传统产业和基础产业，提升产业结构，实现劳动力由第一产业向第二或第三产业转移。完善的基础配套设施加快了尔湾市的产业发展速度，产业结构的演进促进了城市建设，促进了尔湾市“产城融合”。

（4）加强生态保护，维护良好的居住环境

尔湾市在规划设计之初，保留了湿地、自然水系和原始植被，构筑以多级水系和绿色网络为骨架的复合生态系统。城市的规划建设，始终坚持可持续发展理念，保护自然环境。优美的居住环境、良好的商业氛围、便捷的交通方式、理想的治安状况、优质的教育体系、对就业者的扶持政策等，满足了尔湾市居民全方位、多层次、高品质的生活需求，成为全美最具吸引力的城市之一，也是成功推行“产城融合”发展的典范。

（二）中国苏州工业园区产业可持续发展

苏州工业园区隶属于江苏省苏州市，是1994年中国和新加坡合作共建的国家级工业园区，位于苏州市区东部。园区占地278平方公里。2015年，苏州工业园区实现地区生产总值2070亿元，居住人口41.3万，成为国内高速、高质发展的典范。

1. 苏州工业园发展历程

自1994年项目启动建设以来，苏州工业园区经历了两个阶段。

第一阶段：1994~2004 年，“以产兴城”阶段。园区的发展和国内其他经济开发区初始阶段的建设相似，园区建设的重心同样是产业发展，产业的大发展带来了外来人口的大量聚集，带来了生产生活配套需求的增加，园区生活功能逐步形成。至 2004 年底，园区二、三产业增加值占 GDP 的比重达到 99.4%，农业增加值占 GDP 比重不到 1%；人均生产总值按常住人口计算接近 2.4 万美元。

第二阶段：2005 年至今，“产转城升与产城共荣”阶段。随着前期引进项目的建设完工和投产，园区土地要素、劳动力要素等生产性资源价格逐渐提升，苏州工业园区发展进入第二阶段。这一阶段发展的主题是“产转城升与产城共荣”，促进产业转型升级与区镇一体化发展，发展的主基调是品质提升的城市现代化。与第一阶段产业发展的“带动式”“联动式”和“滚动式”开发特征不同，第二阶段园区的发展一定程度上是难度高得多的区镇一体化，以及产业发展与城市功能相匹配问题。一定意义上，前一个阶段可以视为产城融合的初级版本，注重工业化进程的启动；后面这个阶段则是产城融合发展的升级版，需要的是城市功能的塑造提升，品牌的升级着眼于动态和可持续增长[①]。

---

① 何磊、陈春良：“苏州工业园区产城融合发展的历程，经验及启示”，《税务与经济》，2015 年第 2 期。

2. 苏州工业园产业发展的经验

（1）坚持以产城融合为引领

与其他产业优先发展的理念不同，苏州工业园区发展早期，就摒弃了单一发展工业的模式，明确提出了建设“具有国际竞争力的高科技”。正是现代化产城融合发展理念，决定了苏州工业园区的产业发展并不是单纯为产业而产业，不是为产业发展而舍弃环境保护，不是为产业发展而不顾城市发展格局，而是始终在城市建设和产业发展相互协调的框架内考虑产业发展的次序、布局和方向，并相应地在产业发展的不同阶段，适时调整城市功能与定位，实现产业发展与城市建设二者的良性互动。在规划上，产业发展与城市发展的协调融合，关键在于各功能区布局的科学性以及规划的完善性，做好产业规划与城市规划、土地规划和园区规划等多种规划相衔接，做到规划有据，严格实施。

（2）形成产业集群

在初始产业基础确立方面，苏州工业园紧紧地抓住了全球跨国公司产业转移的重要契机，有效地贯彻了产业链、上下游配套和招商选商的发展理念。从中新合作区直接延伸到区外的三个镇，通过规划引领配套协同发展，按照跨国公司的项目规模等级，设定相应的进入核心区的投资门槛，没有达到投资密度标准的配套企业进入周围乡镇。从 2000 年第一批引进项目投产以来，苏州工业园区累计引进跨国企业 88 家，设立了 148 个项目，投资 10 亿美元以上的 7 个，在电子信息制造和精密机械制造方面，形成了在国内外有一定竞争力和影响力的产业集群。

（3）产业结构转型升级

在产业发展的动态更新方面，2004 年以来，随着生产要素成本提高，园区在国内经济开发区中率先启动了产业结构的转型升级，适时出台了服务业倍增计划、金融业三年翻番等新兴产业发展规划，确立了“3 + 5”的总体产业结构布局，引导并鼓励电子信息制造、机械制造、现代服务业“三驾马车”持续做大做强、做精做优，向产业链两端发展。与此同时，大力发展纳米技术、生物医药、软件创意、融合通信、生态环保等五大新兴产业，积极培育新兴产业，提升产业层次。截至 2012 年，这些高新技术产业和新兴产业占园区总产值的比重已经分别达到 68% 和 54%，成功地实现了园区产业结构体系的更新优化。

（4）产业结构与园区功能提升相匹配

在产业结构持续更新的动力源方面，与园区城市功能和品质提升相匹配，积极依托独墅湖科教创新区所累积的创新创业人力资本高地优势，通过扎根计划引导孵化企业落地等计划，不断优化既有产业门类与发展层次，为既有产业的技术升级换代、商业模式创新和新兴产业发展提供了重要的动力之源[①]。

① 何磊、陈春良：“苏州工业园区产城融合发展的历程，经验及启示”，《税务与经济》，2015 年第 2 期。

（三）对可持续新城产业发展的启示

根据国内外经验，在可持续新城建设过程中，产业选择和发展具有以下共同特点：

一是在产业发展理念方面，始终坚持低碳发展、绿色发展，通过制定严格的产业准入标准，从源头上保证产业发展的可持续性。

二是在产业规划方面，始终坚持以“产城融合”为引领，在产业规划设计过程中促进新城产业、生活、服务、生态的组织融合，实现新城职住平衡。

三是在产业发展方面，大力发展高新技术产业，提高服务业的比重，构建多元化的产业结构，促进产业结构升级和成功转型。

四是在产业支撑方面，要创造良好的环境，加大高科技人才培养，提供宽松的市场环境以及促进产业创新的政策，支持产业健康可持续发展。

参考文献

[1] 艾芷萱 . 工业化与信息化融合及工业经济转型的研究论述 . 时代金融，2016（26）：263.

[2] 童洁，张旭梅，但斌 . 制造业与生产性服务业融合发展的模式与策略研究 . 软科学，2010 24（2），75-78.

[3] 何磊，陈春良 . 苏州工业园区产城融合发展的历程，经验及启示 . 税务与经济，2015（2）:001.

[4] 胡树华，兰飞 . 产业评价的“三力”模型分析 . 上海商学院学报，2009 10（2）:73-74.

[5] 胡彪，张丽琴，康在龙 . 循环经济产业园区实现快速发展的产业战略研究［J］. 生态经济，2013（02）:122-124

[6] 孔斌 . 中国现代城市设计发展历程研究（1980-2015）（5）［D］. 东南大学 .2016.

[7] 厉无畏，王慧敏 . 产业发展的趋势研判与理性思考 . 中国工业经济，2002（4）:5-11.

[8] 李金辉，刘军 . 低碳产业与低碳经济发展路径研究［J］. 经济问题，2011（3）:37-40.

[9] 刘新宇 . 论产业结构低碳化及国际城市比较 [J]. 生产力研究，2010 (4)：199-202 页。

[10] 卢晓彤 . 中国低碳产业发展路径研究 [D]. 湖北：华中科技大学，2011.

[11] 马晓利 . 基于产业低碳化发展的产业政策战略环境评价研究 [D]. 南京：南开大学，2012.

[12] 马艳，严金强，李真 . 产业结构与低碳经济的理论与实证分析 [J]. 华南师范大学学报：社会科学版，2010 (5) :119-123.

[13] 我国城镇化进程中“产城融合”互动机制研究 . 当代经济，2016 (10) :126-128.

[14] 刘险峰 . 能源低碳化发展的路径分析 . 环境保护与循环经济，2010 (2)：14-16.

[15] 陶良虎著，《低碳产业》[M]. 北京：人民出版社，2015.

[16] 汪明峰、宁越敏、胡萍、卢姗，生态产业园区的循环经济发展框架——以宁波化工区为例 [J]. 地理科学，2008 (05) :624-630.

[17] 杨海成 . 工业化与信息化融合促进工业经济转型升级 . 西安邮电学院学报，2011 15 (6)，1-4.

[18] 姚旻，蔡绍洪 . 低碳经济背景下的产业结构调整研究 [J]. 理论探讨，2012 (6)：94-97.

[19] 吕东旭 . 基于低碳理念的新城规划策略研究 [D]. 湖北：华中科技大学，2012.

第六章 可持续社区

内容提要

可持续社区建设包括社区规划引导、绿色建筑、可持续交通、可持续能源、水资源保护、固体废弃物处理、可持续生活设施、生态环境保护、社区运营管理和可持续文化生活的营建，本章对可持续社区建设提出了建设思路、技术路径与实施原则，并对我国可持续社区建设的典型案例进行了介绍。

社区是可持续新城规划建设的重要内容，社区的可持续发展水平对新城可持续发展具有重要的标志性意义。可持续社区要从规划、建设、运营、管理、居民生活全过程进行统筹谋划，以实现社区可持续发展。

一、可持续社区概述

（一）可持续社区的源起

“社区”概念最早源于拉丁语，指具有互助的关系，由德国社会学家费迪南·滕尼斯首次提出，用于社会学领域研究，认为社区是具有共同价值观的社会共同体①。中文“社区”一词，由国内社会学家费孝通先生于 1930 年代翻译“community”而来，与区域相联系，强调社会群体生活建立在一定地理区域之内。美国学者 G.A. 希莱里于 1955 年对已有 94 个社区定义对比发现，69 个定义都包含了地域、社会交往、

① Teng Y，Li X.Preliminary research on sustainable development assessment index system for urban eco-communities[J].Environmental Science and Management，2007，32（3）:185-188.

共同的纽带三个方面，将其列为构成社区必不可少的三大因素。因此，社区概念即为生活在同一地理区域内、具有共同利益和意识的社会群体。本项研究中"社区"是指城市居民委员会辖区或农村村民委员会辖区，包括辖区内的居民小区、社会单位、配套设施等①。

"可持续社区"是指在人口、资源、环境等方面综合平衡发展的某一人文地理区位，基本特征是自然性和整体性。"可持续发展"概念出现在20世纪80年代，由世界环境与发展委员会于1987年提出，包括经济、城市、工业、科技等各方面的发展都提到了可持续，当然也包括社区的发展，社区可持续性的理念最早即来源于此。较传统社区而言，可持续社区涉及的领域更广，关注的层面更深，不仅重视当代可持续发展，而且强调在社会、环境、经济三方面同步发展，体现出社会公平、环境健康和经济繁荣的社区理念。鉴于可持续性概念的可测量性，城市社区可持续性概念被广泛应用于城市社区的建设实践。

1912年，美国戴蒙德（Drummond）提出了以"邻里单位"作为城市社会和政治结构单元的概念，拉开了西方城市社区规划的序幕②。1929年，美国佩里（Perry）系统阐述了"邻里单位"社区规划设计思想。20世纪80~90年代，卡尔·索尔普（Peter Calthorope）、卡茨（Peter Katz）、杜安伊（Andres Duany）、普拉特·兹伊贝克（Elizabeth Plater-Zyberk）等美国学者推动的"新城市主义"（New Urbanism）运

① 国家发展和改革委员会：《国家发展改革委关于开展低碳社区试点工作的通知》（发改气候［2014］489号）。

② Johnson D L. Origin of the Neighborhood Unit［J］. Planning Perspectives，2002，17（03）：227-245.

动提出了“传统邻里开发”（Traditional Neighborhood Development，简称 TND）模式和“公共交通导向的邻里开发”（Transit-Oriented Development，简称 TOD）模式，成为以社区为单位的城市规划的典范。随着可持续发展理念深入社会各个层面，可持续社区概念应运而生，2000 年，英国巴顿对可持续社区进行了系统阐述，并于 2003 年详细论述了可持续邻里公共服务设施的配置理论与方法。

本项研究中的“可持续社区”是指在新城建设过程中，通过构建环境友好的房屋建筑、基础设施、生活方式和管理模式，降低能源资源消耗，实现可持续发展的城乡社区。本章结合可持续新城的总体发展思路，重点研究在可持续新城中的可持续社区的规划、建设、运营和文化生活方式等内容。

（二）可持续社区的内涵

1. 可持续社区的生态内涵

（1）社区生态可持续性

可持续性是生态系统永续完整的过程。围绕着可持续发展的主题，社区应是一个开放的生态系统，它不断地与外界进行着能量流、物质流与信息流的交换。基于上述认识，可持续发展社区应该同时考虑资源的保留、环境的保护以及对它们的合理利用，并强化对资源和环境作持续再投入使其再生的观念，改善资源利用、环境保护，从而既为当代创造出适当的居住生活条件，也为后代保留和创造其构筑良好生存环境的基础。

（2）社区设计的可持续性

社区是生态系统整体的组成部分，由于其物理存在占据生态系统的一个空间位置，必然改变了原有物质、能量的构成。社区建设完成后，随之而来的其他人类活动和发展，则更加招致对环境的压力。在社区的建设和日常活动中，消耗大量的物质和能量，如同生物体一样，维持社区系统的运作需要稳定的输入，同时会产生相应的输出，而输入的来源和输出的重点都是周围的生态系统环境，即社区系统是一个开放系统，是地球生物圈中能量和物质材料流动的一个环节。可持续的社区设计要寻找周围生态系统与社区之间合适的关系，尽可能地保护本地资源，限制和制约可能的不利生态影响。

2. 可持续社区的社会学内涵

（1）文化认同与社区特性

社区的文化认同包括两个维度，一是其他人对该社区的文化共性的认识和标识性的总体把握，不同的社区由于居住于其中的居民素质、生活水平、文化水平、居民构成、社区内部和周边环境、社区设施等差别很大，因此会有不同的标识性特征，即社区特性。人们对社区特性的把握，构成对该社区的文化认同。二是生活在社区里的公众对本社区的共同文化感知和理解。由于生活条件、社区环境、地理位置等方面的相似性影响以及社区成员之间的相互影响，社区的公众在行为方式、价值取向、认知模式、生活方式等方面会形成某些共性，这些共性也具有标识作用，反映了生活在社区里的人们对本社区的共同认识和理解，也是一种文化认同。

（2）社区归属感

社区归属感是指社区内的居民对本社区地域和人群集合体的认同、喜爱和依恋等心理感觉。在稳定的社区中居民居住时间长，熟悉的居民多，社区归属感也比较强；社区良好的物质环境规划和设计使居民的居住满意度增强，有利于居民形成社区归属感；通过社区公共空间的设计促进居民的社会交往，能增进社区中居民之间的联系，增强参与感，最终有利于居民形成社区归属感；社区管理和社区生活的组织能够直接促进居民的社区归属感。

（3）社区交往

任何居住邻里或社区在满足基本的居住、工作功能前提下，还必须满足活动和交往的功能。古老城市的设计和尺度把人和各种活动聚集到街道和广场中，并鼓励步行交通和室外活动，使得古代的城市富于魅力并有助于社会的交往。因此，遵照居民室外活动特征，进行室外交往空间设计，让居民在轻松、自然、方便的空间环境中随意交往，从而可以提高居住环境质量，改善邻里关系。

（4）公平与共享社区

社区的全体居民应该享有对社区财富的公平共享，包括共享设施、共享服务、共享景观、公平参与。在社区设计上应该在设施选择上注意类型、项目、标准和消费费用的大众化，在设施布局上注意均衡性与选择性，在服务方式与管理机制上注意整体性与到位程度，以直接面向社区的居住对象。

（三）可持续社区建设的国际经验

1. 注重参与的可持续社区规划

可持续发展强调规划的过程，注重在规划过程中启迪民智、改进政府管理职能，培育地方自组织能力。国外可持续社会区规划一般首先成立规划小组，与地方各利益团体建立合作伙伴关系（partnership），共同形成社区发展战略，进行微观优先项目选择，并根据项目的执行过程和绩效的反馈信息不断改进、补充战略规划，这样从战略到战术，从宏观到微观，滚动循环、不断完善[①]（图 6–1）。

2. 注重功能混合使用的设计

国外可持续社区在设计过程中通常较为关注邻里规模，人群交往规模控制在 300 人左右，例如丹麦的葛尔盖巴根社区，其住宅通常是由 8~20 套住宅组成，各个街区的各种社会经济因素都呈现出彼此关联、混合交织的形态，形成一种有机的整体性。工商业主要是为本地区提供服务，虽然在经营面积、服务范围和就业人口数等方面规模都

① 金涛、张小林：“国际可持续社区规划模式评述”，《国外城市规划》，2004 年第 3 期。

比较小，但由于数量庞大，可以为当地居民和外来人口提供大量的就业机会。

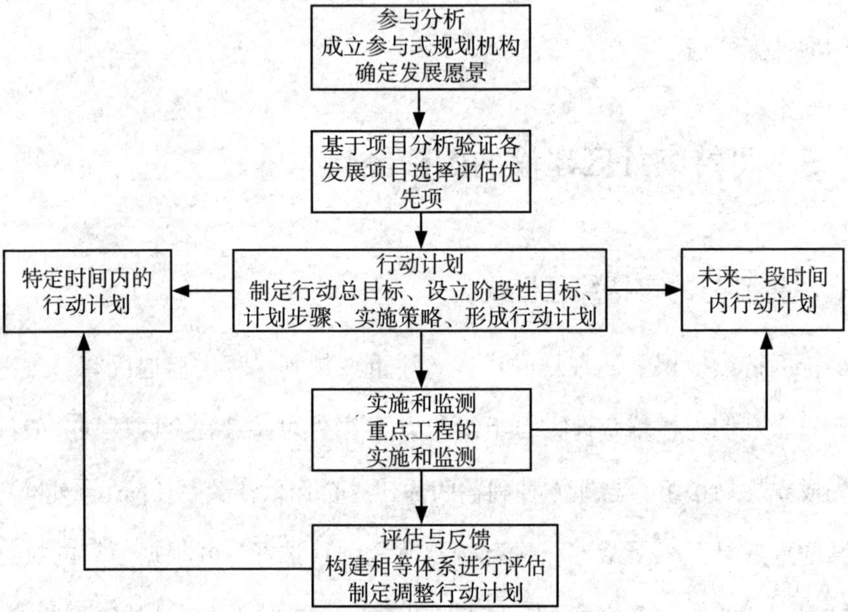

图 6–1　可持续社区发展规划编制流程

3. 注重资源系统的可循环

可持续社区提倡使用 3R 材料（可重复使用、循环使用、再生使用），利用废弃物如粉煤灰、炉渣等。鼓励社区内节约用水，一是推广使用节水器具，同时加强管理，解决用水器具的跑冒滴漏问题。二是推广废水资源的中水系统，减少淡水用量。三是雨水的收集利用，例如，加拿大多伦多的“可持续住宅”依靠雨水达到自给自足，收集的雨水经过过滤、洁净、然后被储存为饮用及洗涤水，接着再经过再造系统成为洗澡、洗衣及厕所用水。

4. 注重人与环境的和谐共生

可持续社区与环境的关系主要表现在改造利用自然环境以及降低污染自然环境的程度两方面。一方面，在选址择地上应避开自然生态良好的保护地区，避免无计划地大面积占用良田耕地，最大可能地节约土地资源，最小限度地改变已有的自然生态环境，在建设过程中尽可能地保护自然生态环境要素①。另一方面，完善住区的排水系统，提高排水管道服务面积，加强建设污水处理设施；通过燃料结构和采暖方式的改变和技术改革，控制废气污染；通过生活垃圾袋装化管理和无害化处理，推行生活垃圾减量化和资源化，提高垃圾的综合利用率，加强城市环卫设施的建设，减轻对环境的压力。

（四）国际可持续社区评价标准体系

1. 英国 BREEAM Communities 可持续社区评价体系

BREEAM Communities 是 BREEAM 评价体系 15 个子系统之一，是一个基于已存 BREEAM 方法的第三方独立评估标准，是专门评价社区开发的指标体系，包括社会、环境、经济可持续性目标以及影响建筑环境规划发展目标的规划政策需求，于 2009 年正式颁布。

BREEAM Communities 的目标是减少开发项目对环境的总体影响，

① 马健："可持续社区的设计理念和方法研究"，天津大学硕士研究生毕业论文，2003 年。

使发展目标符合当地社区的环境、社会以及经济利益，为社区发展规划提供可靠的、整体性的环境、经济以及社会可持续标准，鼓励建筑环境的可持续发展，促进可持续社区的开发，并确保可持续社区在建筑环境中的体现。BREEAM Communities 的目的是促进可持续发展计划的市场认知，保证可持续发展计划的最佳实践，通过制定标准以提供创新性解决方案，即通过项目的开发以及实际建造模式促进发展计划达到可持续目的，在此基础上，提升开发商、居民、设计师以及施工人员对低环境影响建筑优势的认知。

BREEAM Communities 评价得分按实际情况和既定可持续目标以及规划政策需求之间的对照进行评判，包括 8 个方面：气候和能源、资源、交通、生态、商业、社区、场所塑造和建筑，在评估的子项中，评估体系会给出国家政策的最低要求，为突出某些子项的重要性，指标体系还会提出强制性要求（表 6-1）。

表 6-1　BREEAM Communities 评价体系目标项

评价内容	目　标
气候和能源	降低开发项目对气候变化的影响，同时确保项目能够适应当前和未来的气候变化
资源	项目涉及需要考虑在项目建造、运行和拆除中有效利用谁、材料和废弃物，选择全寿命周期对环境影响小的材料
交通	关于居民怎样达到相关基础设施及其他目的地，给居民提供除私人汽车之外的其他选择，鼓励步行和自行车等健康的出行方式
生态	保护基地生态环境，努力提高开发项目内部及周围生态环境品质
商业	为当地商业发展提供机会，同时为开发项目的居民及周边人员提供工作岗位

续表

评价内容	目　标
社区	开发项目能够与周围环境相结合，成为活力的新社区，避免形成“封闭”社区
场所塑造	注重项目的可识别性，确保人们能够轻易分辨周围道路，同时尊重当地历史和文脉
建筑	提高单体建筑的环境标准，使单体建筑设计能够对整体项目开发的可持续性做出贡献

资料来源：李巍、叶青、赵强：“英国 BREEAM Communities 可持续社区评价体系研究”，《动感（生态城市与绿色建筑）》，2014 年第 2 期。

2. 美国 LEED-ND 体系

LEED（Leadership in Energy and Environmental Design）由美国绿色建筑协会建立并于 2003 年开始推行，是当前国际上商业化最为成功的绿色建筑评估体系。并于 2009 年正式发布邻里开发体系 LEED-ND（LEED for Neighborhood Development），代表了美国的可持续发展理念，是由美国绿色建筑委员会（Green Building Council）、美国新城市主义协会（Congress for the New Urbanism）以及保护自然资源委员会（Natural Resources Defense Council）联合推出的一套面向社区规划的可持续发展评估体系。其中整合了精明增长、新城市主义和绿色建筑等三大绿色社区发展原则，成为美国首部面向邻里社区规划的国家标准。

LEED-ND 体系是专门针对社区方面的评估体系，采用新城市主义的主张，并坚持紧凑原则、适宜步行原则、多样性原则、珍视环境原则和可支付原则。总共分为 4 个大项进行评估：①精明选址和社区联通性；②社区布局和设计；③绿色建筑技术；④创新的设计和措施。

（1）精明选址和社区联通性

包括精明选址、临近市政给排水基础设施、濒危物种和生物群落、湿地和水体保护、耕地保护和回避洪水区域 6 项必须条件指标。同时涵盖褐地再开发、高投资重点褐地再开发、理想选址、减少机动车依赖、自行车网络、学校邻近度、陡峭斜坡保护、针对动植物栖息地或湿地保护的场地设计、动植物栖息地或湿地恢复以及动植物栖息地或湿地保护管理的内容。

（2）社区布局和设计

社区布局和设计要求以开放社区和紧凑式开发为必要条件，同时考虑功能多样性、住宅类型多样性、廉租住房、价格可接受的商品住宅，缩减停车范围、适宜步行的街道、街道网络、公交换乘设施、交通需求管理，邻近区域可达性、公共空间可达性、活动场地可达性、社区的社会可达性、社区公众参与和本地食品生产等指标。

（3）绿色建筑技术

社区应注重认证绿色建筑、建筑能源的使用效率、节约用水，建筑再利用、再利用历史建筑，通过场地设计减少场地干扰、在建筑施工过程中最小化场地干扰，通过补救措施使污染地带污染物减少，强化暴雨水管理，减少热岛效应，利用太阳能和现场可再生能源，采用区域供热或制冷，进行基础设施节能、废水管理，基础设施中循环利用成分以及建筑废弃物等全面的废弃物管理，同时减少照明污染。

（4）创新的设计和措施

LEED-ND 体系中的创新设计和措施着重在于建设创新且具有示范性的项目，同时有经认可的 LEED 专业人员进行工作的参与。

二、可持续社区建设的原则及指标体系

（一）可持续社区在可持续新城建设中应遵循的原则

1. 总体性原则

可持续社区建设应符合可持续新城建设的总体规划、定位与原则，在选择可持续社区时应遵循以下思路：①纳入新城总体规划，符合土地利用规划，有明确四至范围；②社区开发建设责任主体明确；③属于地方城镇建设的重点区域，对带动当地可持续发展具有示范引领作用；④优先考虑开展保障性住房开发、城市棚户区改造、城中村改造等项目的社区。

2. 前瞻性原则

可持续社区作为可持续新城的多个细胞单元的组成部分，可以在更小的区域范围内实现可持续新理念、新技术、新体系的落地，尤其是可持续运营、可持续生活方式等内容的实施，并可考虑将目前较为先进的可持续理念、零碳排放技术等内容在其中综合运用。

3. 适宜性原则

社区的可持续可从“出行方式低碳化、能源利用可持续、建筑设计可持续、碳汇资源加强”四个路径为出发点，建立适宜于社区可持续理念的规划设计策略。基于合理的可持续发展路径从新城社区角度落实到“可持续街区”“可持续组团”“可持续建筑”三个层面进行可持续社区的规划编制。多层次针对可持续社区的区域特征制定可持续规划策略，在规划建设实施过程中充分考虑利用碳排放相关的定量分析评估，对规划设计方案的不足提出优化改进措施。

（二）可持续社区建设指标体系

可持续社区建设应根据新城建设的实际，设立建设指标体系，指导社区规划和开发。在 2015 年国家发展改革委发布的《低碳社区试点建设指南》中，提出了城市新建社区的可持续发展的指标体系，可以作为可持续新城社区建设的重要参照（表 6–2）。该指标体系设置强调从规划建设环节提出高标准的准入要求，基于前瞻性和可操作性，设定了一级指标和二级指标，覆盖了社区规划、建设、运营管理的全过程。其中，约束性指标是试点建设必须要达到的目标参考值要求的指标，引导性指标是试点建设可根据自身情况确定目标参考值的指标。因此，建议在可持续新城中的社区建设可遵照以下指标体系，确定自身各项指标的目标值，并适当增加有区域特色的指标。

表 6-2　新建社区建设指标体系

一级指标	二级指标	指标性质		目标参考值
空间布局	建设用地综合容积率	约束性		1.2–3
	公共服务用地比例		引导性	≥ 20%
	产业用地与居住用地比率		引导性	1/3–1/4
绿色建筑	社区绿色建筑达标率		引导性	≥ 70%
	新建保障性住房绿色建筑一星级达标率	约束性		100%
	新建商品房绿色建筑二星级达标率	约束性		100%
	新建建筑产业化建筑面积占比		引导性	≥ 2%
	新建精装修住宅建筑面积占比		引导性	≥ 30%
交通系统	路网密度	约束性		≥ 3 公里 / 平方公里
	公交分担率	约束性		≥ 60%
	自行车租赁站点	约束性		≥ 1 个
	电动车公共充电站	约束性		≥ 1 个
	道路循环材料利用率		引导性	≥ 10%
	社区公共服务新能源汽车占比		引导性	≥ 30%
能源系统	社区可再生能源替代率	约束性		≥ 2%
	能源分户计量率	约束性		≥ 80%
	家庭燃气普及率	约束性		100%
	北方采暖地区集中供热率	约束性		100%
	可再生能源路灯占比		引导性	≥ 80%
	建筑屋顶太阳能光电、光热利用覆盖率		引导性	≥ 50%
水资源利用	节水器具普及率	约束性		≥ 90%
	非传统水源利用率		引导性	≥ 30%
	实现雨污分流区域占比		引导性	≥ 90%
	污水社区化分类处理率		引导性	≥ 10%
	社区雨水收集利用设施容量		引导性	≥ 3000m³/平方公里

续表

一级指标	二级指标	指标性质		目标参考值
固体废弃物处理	生活垃圾分类收集率	约束性		100%
	生活垃圾资源化率	约束性		≥ 50%
	生活垃圾社区化处理率		引导性	≥ 10%
	餐厨垃圾资源化率		引导性	≥ 10%
	建筑垃圾资源化率		引导性	≥ 30%
环境绿化美化	社区绿地率		引导性	≥ 8%
	本地植物比例	约束性		≥ 40%
运营管理	物业管理低碳准入标准	约束性		有
	碳排放统计调查制度	约束性		有
	碳排放管理体系	约束性		有
	碳排放信息管理系统		引导性	有
	引入的第三方专业机构和企业数量		引导性	≥ 3 个
低碳生活	基本公共服务社区实现率	约束性		100%
	社区公共食堂和配餐服务中心	约束性		有
	社区旧物交换及回收利用设施	约束性		有
	社区生活信息智能化服务平台	约束性		有
	低碳文化宣传设施	约束性		有
	低碳设施使用制度与宣传展示标识		引导性	有
	节电器具普及率		引导性	80%
	低碳生活指南	约束性		有

资料来源：国家发展和改革委员会:《低碳社区试点建设指南》(发改办气候［2015］362 号)。

三、可持续社区建设的重点领域

（一）可持续建筑

可持续建筑包括绿色建筑、超低能耗建筑和近零能耗建筑。

1. 绿色建筑

建设绿色建筑是可持续社区建设中的基本要求，是可持续社区建设的重要内容。《绿色建筑评价标准》（GB/T 50378-2014）中规定：绿色建筑是在全寿命期内，最大限度地节约资源（节能、节地、节水、节材）、保护环境、减少污染，为人们提供健康、适用和高效的使用空间，与自然和谐共生的建筑。建设中各参与单位应协同合作，把握地域性、高效性、协同性、健康化、经济性等绿色建筑实施原则。建设实施中应重点考虑室外环境的综合优化、围护结构节能、高效能源系统、高效节水系统、可再生能源综合利用、建筑材料节约利用、室内环境优化等方面。其中，适宜的绿色建筑技术如表 6-3 所示。

表 6–3 适宜的绿色建筑技术

项目	技术名目	关键技术
节地与室外环境	室外场地设计	建设可遮阴避雨连廊，透水地面比率≥ 50%，绿地率≥ 30%。场地及屋面采用浅色饰面铺垫
	环艺设计	绿化物种选择适宜当地气候和土壤条件的乡土植物，且采用包含乔、灌木的复层绿化，屋顶绿化面积占可屋面面积比例≥ 50%
	低碳出行	在建筑入口 200 米内为 5% 人员提供自行车存放设施，为 0.5% 人员提供淋浴设施。设置低排放和合用车辆优先停车位比例≥ 5%
	地下空间开发利用	地下空间建筑面积之比大于等于 15%
节能与能源利用	建筑节能率要求	建筑设计总能耗要低于国家或地方批准或备案节能标准规定值的 80%；同时，项目总能耗要达到美国 ASHRAE 90.1–2007 规定计算方法的 40% 节能目标
	空调系统	全空气系统采用可调新风比（可实现全新风运行）、变流量水系统、排风热回收等措施
	配电照明系统	照明功率密度值达到现行国家标准《建筑照明设计标准》GB50034 规定的目标值要求，并采用智能照明控制系统
	可再生能源	采用太阳能光伏发电系统，发电量应达到建筑全年总用电量的 10%。采用太阳能卫生热水系统，且太阳能产生的热水量应不低于建筑生活热水消耗量的 10%
	能源系统调试	对项目能源系统进行调试，设计时即指定有资质的调试人员或机构，制定调试任务书和调试计划，落实在施工图设计和施工过程中
节水与水资源利用	节水设备系统	选用感应水龙头、无水小便斗、节水马桶等节水器具，节水率达到美国 EPAct 1992 法案规定的 35%
	非传统水源利用	合理规划地表与屋面雨水径流途径，降低地表径流，合理利用雨水收集利用技术，雨水处理水质满足除去其中 80% 总固体悬浮物 利用中水或者雨水等非传统水源冲厕，减少冲厕用自来水至少 50%。此外，非传统水源用于绿化、景观、冷却循环水补水、道路冲洗、洗车等，保证非传统水源利用率不低于 40%
	节水灌溉	绿化灌溉采用微灌、渗灌节水灌溉方式。绿化景观 100% 采用非传统水源

续表

项目	技术名目	关键技术
节材与材料资源利用	可再循环材料运用	采用可再循环材料，且总重量及总价值的比例均不低于10%
	土建装修一体化	土建与装修一体化设计施工
	本地化建材	距项目500km以内工厂生产的建筑材料重量不少于60%
	高性能建材	建筑结构合理采用高性能混凝土或高强度钢，竖向承重结构中，C50以上的混凝土不少于竖向承重结构混凝土总用量的70%，或者HRB400级以上（含HRB400）钢筋不少于受力钢筋总质量的70%
	速生材料与认证木材	使用价值比例2.5%的速生材料，包括竹子、棉质保温材料、秸秆纤维、麦秸板、硬纸板、软木等；工程所使用的木材材料或产品中有50%经过森林管理协会（FSC）的认证
	废弃物建材	使用以废弃物为原料生产的建筑材料，其用量占同类建筑材料的比例不低于30%
	环境影响小的结构体系	建筑结构采用资源消耗和环境影响小的建筑结构体系，如钢结构体系等
室内环境质量	室内环境控制	采用集中空调的建筑，房间内的温度、湿度、风速等参数符合现行国家标准《公共建筑节能设计标准》中的设计计算要求 至少50%的建筑用户提供单独的舒适度控制，可调节合适的个体要求 办公建筑室内背景噪声符合现行国家标准《民用建筑隔声设计规范》中室内允许噪声标准中的二级要求
	室内空气质量监控	室内人员变化较大的公共空间如餐厅、大厅设置室内空气质量监控系统，根据室内CO_2浓度调节新风量 地下车库设置CO浓度的监控措施，并实现与进排风设备的联动
	可调外遮阳	采用可调节外遮阳，改善室内光环境
	可开启外窗	建筑外窗可开启面积不小于外窗总面积的30% 建筑幕墙具有可开启部分或设有通风换气装置。
	自然采光和视野	建筑75%以上的主要功能空间室内采光系数满足现行国家标准《建筑采光设计标准》GB/T50033的要求 采取措施改善室内空间采光效果，保障75%的室内空间采光系数大于2% 利用采光井、光导管等自然采光技术改善地下空间自然采光 90%的常用区域具有可以直视的视野窗

续表

项目	技术名目	关键技术
	自然通风	平面布局、建筑朝向、建筑开窗位置、朝向和大小及相对关系有利于自然通风 合理采用太阳能烟囱、拔风井等措施促进建筑内的自然通 采用定量模拟分析手段优化自然通风设计
	室内空气品质	吸烟控制按照 LEED 有关要求执行 胶粘剂、密封材料和底胶、涂料和涂层、地毯、复合木材和植物纤维制品等室内装修材料按照我国及 LEED 有关标准选取
运营管理	垃圾分类收集处理	设置分类收集的垃圾站和垃圾收集点，并单独设置废电池、纸张、玻璃、塑料和金属的回收点
	能耗分项计量	对建筑内的冷热源、空调末端、照明、电梯、热水器、插座等各用能单元能耗进行分项计量。设置对空调、通风系统和设备及环境参数的定期自动检测和记录系统，对通风、空调、照明等设备进行有效监测，对关键数据进行实时采集并记录

2. 超低能耗建筑

被动式超低能耗绿色建筑是指适应气候特征和自然条件，通过保温隔热性能和气密性能更高的围护结构，采用高效新风热回收技术，最大程度地降低建筑供暖供冷需求，并充分利用可再生能源，以更少的能源消耗提供舒适室内环境并能满足绿色建筑基本要求的建筑。

超低能耗建筑主要技术特征为：①保温隔热性能更高的非透明围护结构；②保温隔热性能和气密性能更高的外窗；③无热桥的设计与施工；④建筑整体的高气密性；⑤高效新风热回收系统；⑥充分利用可再生能源；⑦至少达到《绿色建筑评价标准》要求。

居住建筑在设计过程中可遵照住建部制定的《被动式超低能耗绿色建筑技术导则（试行）（居住建筑）》执行。

3. 近零能耗建筑[①]

“零能耗建筑”一词，最早可以追溯到1976年。丹麦技术大学Torben V. Esbensen等通过理论计算和实验测试研究了丹麦地区一栋单层独户居住建筑太阳能冬季供暖综合利用过程，首次提出“零能耗建筑（住宅）”。通过对此建筑的外保温围护结构的精细处理，从而实现此建筑冬季供暖能耗从20000 kWh / a降低至2300 kWh / a。同时采用主动式太阳能集热器和储热水箱对此建筑进行冬季供暖和供生活热水。虽然Torben V. Esbensen等首次提出了“零能耗建筑”，但实质仅仅考虑了不使用传统的常规的能源对建筑进行冬季供暖。实现“零能耗建筑”往往要求精细的围护、精心的设计、高性能的设备，然而这又导致了建筑成本大幅度提升。鉴于此，目前国内更加广泛认可实施“近零能耗建筑”（nearly zero energy buildings）。

通过分析国际典型案例并结合我国的实践，“近零能耗建筑”技术主要包括高性能保温结构、光伏系统、太阳能热水系统以及热泵可再生能源应用系统等。技术路线通常为预测建筑负荷及相关能耗—被动式建筑设计降低负荷—高性能建筑能源及空调系统设计—可再生能源建筑一体化设计—零能耗监控、调试、运行策略—零能耗建筑的评价及认证。国内典型的工程包括北京中国建筑科学研究院近零能耗建筑示范工程、天津中新生态城公屋展示中心、上海世博会汉堡之家、石家庄河北省建筑科技研发中心办公楼、哈尔滨辰能溪树庭院、乌鲁木

---

① 徐伟、刘志坚、陈曦、张时聪：“关于我国‘近零能耗建筑’发展的思考”，《建筑科学》，2016年第32卷第4期。

齐幸福堡商业综合楼、廊坊威卢克斯办公楼、兰州联合国工业发展组织国际太阳能中心科研教学综合楼、秦皇岛在水一方社区、东莞圣融生态幼儿园等。

（二）可持续社区交通基础设施

交通基础设施是可持续社区的重要组成部分，也是城市可持续交通体系的基础。

1. 社区便捷的交通设施

建立实现“社区 15 分钟生活圈—邻里 10 分钟生活圈—街坊 5 分钟生活圈”的社区交通设施。15 分钟社区生活圈是城市打造社区生活的基本单元，即在 15 分钟步行可达范围内，配备生活所需的基本服务功能与公共活动空间，形成安全、友好、舒适的社会基本生活平台。生活圈一般范围在 3 平方公里左右，常住人口约 5 万 ~10 万人。当人口密度为 2 万 ~2.7 万人 / 平方公里时，更有利于营造兼具环境友好、设施充沛、活力多元等特征的社区生活圈。邻里中心配置小学、社区活动中心、综合运动场地、综合商场、便民市场等设施，形成 10 分钟生活圈。街坊中心配置幼儿园、24 小时便利店、街头绿地、社区服务站、文化活动站、社区卫生服务站、小型健身场所、快递货物集散站等设施，形成 5 分钟生活圈。

2. 网格式道路布局

在社区内推行网格式道路布局，有利于实现社区与周边路网有效衔接，做好社区微路网建设，优化社区出行道路与城市主干道接驳设计。

3. 新能源汽车配套设施

按照国务院办公厅《关于加快新能源汽车推广应用的指导意见》要求，优先支持社区同步规划建设新能源汽车充电桩等配套设施。设立社区新能源汽车租赁服务站点，开展电动汽车接驳服务。社区公交、环卫、邮政等领域和学校、医院等公共机构优先配备新能源汽车，支持社区内购物班车和物流配送采用新能源汽车。

4. 静态交通设施

路内停车可以作为社区停车的补充。路内停车场布置应遵循几个基本原则：在城市快速路和主干道上禁止设置路内停车场；设置路内停车的道路在交通高峰期间饱和度不应大于 0.8；路内停车场的设置应尽可能远离交叉口；路内停车场的设置应因地制宜，灵活设置；路内停车场布局应尽量小而分散；不提倡采用占用人行道空间的停车形式；路内停车采取限时设置的原则。

5. 智慧交通系统[①]

充分运用信息技术等高新技术，提升交通决策、管理和服务的智能化、信息化水平，促进交通资源配置更加有效，公众出行更加安全、高效和便捷，并达到辅助节能减排的作用。智能交通的发展应以提升公共交通信息化为主要方向。

（三）可持续社区能源利用

可持续社区应注重低碳和清洁能源的高效利用。清洁能源包括风能、太阳能、核能、地热能等，以清洁能源替代煤炭、石油等化石能源可以减少二氧化碳排放。在可持续社区建设中重点考虑常规能源高效利用和可再生能源利用等方面。

1. 常规能源高效利用

社区能源系统应优先接驳市政能源供应体系。市政管网未通达社区，应建设集中供热设施，优先采用热泵或燃气供热方式，有条件的地区应积极利用工业余热，适宜地区可考虑采用冷热电三联供。

（1）工业余热或废热利用

工业余热或废热主要包括由工业生产中产生的尾气余废热、冷却余热、废汽废水余废热等，对它进行合理利用，不但可以满足不同用户对能源的需要，同时实现能源梯级综合利用，节约运行费用。

① 范炜："日本智慧交通建设的借鉴"，《浙江经济》，2012 年第 11 期。

（2）冷热电三联供

冷热电三联供是以天然气为主要燃料带动发电设备运行产生的电力，系统发电后排出的余热用于供热、制冷。通过将发电、供热和制冷过程一体化方式提高了系统的一次能源利用率，实现了能源的梯级和综合利用。是否应采用冷热电三联供系统，需充分考虑用户冷、热、电负荷的匹配以及输配系统的能耗。

2. 可再生能源利用

鼓励可再生能源丰富的社区，积极建设太阳能光电、太阳能光热、水源热泵、生物质发电等可再生能源利用设施，采用太阳能路灯、风光互补路灯等新能源设备，在公交车站棚、自行车棚、停车场棚等建设光伏发电系统。构建集分布式电源接入及储能、电能质量与负荷管理等功能于一体的智能微电网系统。

3. 能源计量监测系统

社区应在建筑及市政基础设施的建设过程中，同步设计安装电、热、气等能源计量器具，建设能源利用在线监测系统，实现能源利用的分类、分项、分户计量[①]。

---

① 田备："深化节约型校园建设 突出数字化能源监管"，《高校后勤研究》，2014 年第 3 期。

（四）水资源利用

1. 统筹利用社区水资源

统筹社区内外水资源，优先接驳市政给排水体系，同步规划建设供水、排水和非传统水源利用一体化设施，在降雨量大的地区推广雨污分流，倡导社区污水分类处理和回用，构建社区循环水务系统。给排水管网建设同步安装智能漏损监测设备，实现实施监测、分段控制。

2. 使用节水器具与节流措施

使用符合以下要求的节水器具：《水嘴用水效率限定值及用水效率等级》（GB 25501-2010）、《坐便器用水效率限定值及用水效率等级》（GB 25502-2010）、《小便器用水效率限定值及用水效率等级》（GB 28377-2012）、《淋浴器用水效率限定值及用水效率等级》（GB 28378-2012）、《便器冲洗阀用水效率限定值及用水效率等级》（GB 28379-2010）等规定了节水器具各等级下的流量（或水量）。

3. 非传统水源利用

从单体建筑、小区、社区三个层面统筹建设中水回用系统。采用低影响开发理念，建设雨水收集、利用、控制系统，优先采用透水铺装，合理采用下凹式绿地、雨水花园和景观调蓄水池等方式调蓄滞留和利用雨水，实现与其他自然水系和排水系统的有效衔接。

4. 社区污水就地处理与资源化利用

新城应鼓励探索污水分类社区化处理方式，降低污水大规模管网建设带来的高成本。分散式污水处理和回用在国内外都有许多成功的系统在运行，它们采用各种不同的处理技术和工艺，主流核心工艺包括膜生物反应器工艺、纤维丝过滤工艺、生物接触氧化 + 砂滤 + 活性炭过滤工艺，以及生态人工湿地工艺等。尽管处理水源和工艺各有不同，只要保证严格的管理，出水均能满足回用水质的要求。

（五）固体废弃物处理

固体废物是指在生产、生活和其他活动过程中产生的丧失原有的利用价值或者虽未丧失利用价值但被抛弃或者放弃的固体、半固体和置于容器中的气态物品、物质，以及法律、行政法规规定纳入废物管理的物品、物质，不能排入水体的液态废物和不能排入大气的置于容器中的气态物质。可持续社区固体废弃物处理设施建设建议重点考虑以下几个方面。

1. 创新社区垃圾处理理念

按照“减量化、资源化、就地化”的处理原则，把循环经济理念全面贯彻到可持续社区建设过程中，更加注重分类回收利用，优先采用社区化处理方式，从建筑设计理念、基础设施配套、管理方式创新、居民生活行为等多层面，探索建立节约、高效、低碳、环保的社区垃圾处理系统，使社区成为“静脉产业”与“动脉产业”耦合的微循环平台。根据不同区域社区居民生活消费习惯和垃圾成份特点，探索采用不同技术、工艺和管理手段，形成各具特色的社区化处理模式。

2. 合理布局便捷回收设施

鼓励社区设立旧物交换站，商场、超市等设立以旧换新服务点。支持专业回收企业或资源再生利用企业在社区布置自动回收机等便捷回收装置，在有条件的社区设置专门的垃圾分类、收集、处理岗位，实现社区垃圾高效、专业化分类、回收利用和处理。

3. 科学配置社区垃圾收集系统

科学布局社区内的固体废弃物分类收集和中转系统，减少固体废弃物的长距离运输。预留垃圾分类、中转、预处理场地空间。鼓励建设厨余、园林等废弃物社区化处理设施，促进社区内资源化利用。有效衔接市政固废处理系统，配备标准化的分类收集箱和封闭式运输车等设施。

（六）可持续生活设施

生活服务设施是指在城市规划中设置在居住区内主要为满足本居住区居民日常生活需要的各项公共建筑和设施。属于居住区级的生活服务设施有：诊所、医院、银行办事处、邮电支局、电影院、文化馆、青少年之家、老人文娱场所、综合食品店、菜市场、副食商店、中西药房、书店、百货商店、日用杂品店、饭店、旅馆、照相馆、理发馆、浴室、洗染店、综合修理部、街道办事处、粮油管理所、房屋管理所、公安派出所、婚姻介绍所等。此外，有些居住区内还应有热力点、煤气调压站和高压水泵站等设施。可持续生活设施即倡导“15分钟”生活圈，即指在15分钟步行范围内，配备生活所需的基本服务功能与公共活动空间①。可持续社区生活服务设施建设建议重点考虑以下几项。

1. 多样化的舒适住宅

打造多样化的舒适住宅。注重住房类型多样化、室内环境舒适度与居住水平适宜度，提升社区人文魅力。

2. 更多的就近就业机会

倡导功能混合布局和土地复合利用，培育有利于创新的社区空间，创造包容、有活力的社区。构建合理的用地比例结构，提供适度的就近就业空间和机会，以公共交通站点或公共活动中心为核心，鼓励在200~300米半径范围内集中布局就业空间。

3. 低碳绿色出行

构建以人为本、利于微循环的道路系统，建立便捷连通、舒适宜人的步行网络，构建便捷、无障碍的公交换乘系统，加强公共交通站点的混合开发利用，建设合理布局的停车设施。

---

① 上海市规划和国土资源管理局:《上海市15分钟社区生活圈规划导则（试行）》，2016年。

4. 类型丰富、便捷可达的社区服务

确保居民在便捷可达范围内使用到高品质的地区级设施，向下延伸社区级公共服务设施，构建步行可达、高效复合的设施圈。4~5 个社区生活圈共享服务约 20 万居民的高品质地区级中心，形成功能完善的城市公共服务设施体系；注重配置满足居民问题、医疗等需求的地区级体育场馆、图书馆、博物馆以及地区医院等设施；确保各个社区生活圈中心达到地区中心的公共交通便捷性。

5. 绿色开放、环境宜人的公共空间

构建多类型、多层次的城市公共空间，形成总量适宜、步行可达、系统化、网络化的公共空间布局，创造绿色生态、活力宜人、安全便利的公共空间，塑造富有独特文化魅力的公共环境。

（七）社区生态环境

在社区生态环境营造中，应重点关注社区本地生态的保护，同时，利用一切有利条件提高社区绿化水平。

1. 保护自然景观

社区开发建设过程中，优先保护自然林地、湿地等自然生态景观，保护生物多样性，划定禁止开发的生态功能区。社区景观绿化中，优先选用栽植本地植物，强化乔、灌、草相结合，维护社区生态系统平衡，促进社区景观绿化与自然生态系统有机协调。

2. 推行立体式绿化

充分利用建筑屋顶和墙面、道路两侧、过街天桥等公共空间，开展垂直绿化、屋顶绿化、树围绿化、护坡绿化、高架绿化等立体绿化，最大限度提高社区绿化率[①]。

四、可持续社区运营管理

（一）可持续物业管理

可持续物业管理是指可持续房地产的售后服务，它是解决可持续房地产后期的设备维修、园区绿化维护等难题，对降低用户或居民生产、生活的碳排放量，改善生存环境等起着至关重要的作用[②]。可持续物业管理可以从以下几方面开展。

1. 强化物业服务可持续准入管理

社区所在地政府管理部门、相关建设单位可考虑加强物业服务单位的准入管理，提出可持续物业服务相关标准和可持续运营管理要求，把可持续运营管理作为选聘物业公司的重要依据，把可持续配套设施的运营维护作为移交物业的重要内容。

---

① 陈荣来、胡天新、陈晨、刘先知、刘海："城市立体绿化模式及关键技术的探讨"，《现代园艺》，2014 年第 1 期。

② 王丹："低碳物业　低碳生活——物业管理企业'低碳经济'时代应导入低碳理念优化物业服务"，《物业研究》，2012 年第 11 卷第 4 期。

2. 鼓励引入市场化专业运营服务

鼓励社区通过特许经营等多种方式，在社区开发建设阶段，引入再生资源回收、固体废弃物处理、水资源利用、园林绿化等专业公司参与投资、建设和运营，推行合同能源管理和第三方环境服务等市场机制。

3. 提升可持续物业管理能力

物业服务单位应依据国家和地方物业管理和可持续发展相关要求，制定可持续管理制度，设立可持续管理岗位，建立标准化的可持续管理模式。加强对社区内入驻单位、物业公司的可持续物业管理培训和服务考核工作。发挥社区居民自治组织和其他社会组织的作用，鼓励社区居民、社会单位等参与可持续社区建设和管理。

（二）智慧管理

“智慧社区”建设，是将“智慧城市”的概念引入社区，以社区群众的幸福感为出发点，通过打造智慧社区为社区百姓提供便利，从而加快和谐社区建设，推动区域社会进步。在可持续社区层面重点可做好以下几方面工作。

1. 建立社区综合服务信息系统

结合各地电子政务、智慧城市建设，鼓励社区同步建设完善的信息服务平台，建立多功能综合性社区政务服务系统和社区生活、商业、娱乐信息在线服务系统。

2. 智慧物业管理

针对智慧化社区的特点，集成物业管理的相关系统，例如：停车场管理、闭路监控管理、门禁系统、智能消费、电梯管理、保安巡逻、远程抄表、自动喷淋等相关社区物业的智能化管理，实现社区各独立应用子系统的融合，进行集中运营管理。

3. 智慧养老服务

“智慧养老”实际上就是利用物联网技术，通过各类传感器，使老人的日常生活处于远程监控状态。宗旨是使老人有安全保障，子女可以放心工作，政府方便管理。

4. 智慧家居

智慧家居是以住宅为平台，兼备建筑、网络通信、信息家电、设备自动化，集系统、结构、服务、管理为一体的高效、舒适、安全、便利、环保的居住环境。

五、可持续生活方式

可持续生活既是一种生活方式，同时更是一种可持续发展的环保责任，是协调经济社会发展和保护环境的重要途径。可持续生活要求人们树立全新的生活观和消费观，减少碳排放，促进人与自然和谐发展。在可持续经济模式下，人们的生活可以逐渐远离因能源的不合理利用而带来的负面效应，享受以经济能源和绿色能源为主题的新生活——可持续生活。

（一）可持续文化

在社区建设过程中，项目建设单位应广泛宣传可持续建设内容。在社区建成投运后，面向社区居民和单位发放可持续生活、可持续办公指南，张贴可持续相关标识和说明，引导入驻单位和社区居民科学利用社区内的公共设施，培养可持续消费行为和生活方式。

1. 可持续宣传

在可持续社区建设过程中，项目建设单位可结合全国在可持续方面的宣传活动，通过悬挂标语、制作墙板、印制宣传手册等多种方式，广泛宣传可持续建设内容，让居民树立可持续价值观、可持续意识和可持续态度。

2. 可持续生活

在可持续社区建设过程中，建议编制指导居民生活的可持续指南，具体包括衣物、食物、住房、出行等方面，推动可持续生活方式的建立。从身边的小事做起，珍惜每一度电、每一滴水、每一张纸、每一升油、每一件用品。

3. 可持续办公

可持续办公是节能减排全民行动的重要组成部分，在办公活动中使用节约资源、减少污染物排放、可回收利用的产品。包括选择可持续办公设备、减少文件复印打印、有效利用远程视频会议平台等。

（二）可持续服务

强化社区服务企业的可持续责任，应将建设可持续商业作为准入要求，把可持续理念融入采购、销售和售后服务的全过程，积极推广可持续产品和服务，为社区居民提供绿色消费环境。

1. 提出可持续商业准入要求

在社区引入商场、超市、酒店、餐饮、娱乐等服务企业时，应将建设可持续商业作为准入要求[①]。

2. 鼓励开展绿色消费

绿色消费方式特别关注如何在保证实现环境目标的同时，维护个人基本需要获得满足的基本权利。由于满足基本需要的人权特性和有限性，在面临资源与环境约束的情况下，应该把有限的资源用于满足人们的基本需要，限制奢侈浪费。

① 王先庆、武亮："低碳商业背景下的采购低碳化趋势与供应商选择——基于企业社会责任的一般线性模型"，《财贸经济》，2011年2月。

3. 鼓励购买可持续产品和服务

鼓励社区内居民购买具有相应标识的产品。中国环境标志低碳产品认证图形由外围的C状外环和青山、绿水、太阳组成。标识的中心结构表示人类赖以生存的环境；外围的C状外环是碳元素的化学元素符号，代表低碳产品。整个图像向人们传递了一种通过倡导可持续产品来共同保护人类赖以生存的环境的含义。

（三）绿色装修

制定并发布绿色可持续装修指南，引导装修企业从设计、施工、选材等方面提供可持续装修服务，引导企事业单位和居民科学选择装修单位、选购低碳装修装饰材料和产品。社区应加强对室内装修活动的规范管理。

1. 推荐绿色装修材料

社区可编制绿色可持续装修材料清单，指导社区居民理性选择装修装饰材料，内容可包括：墙面装饰材料的选择、地面材料的选择、顶面材料的选择、软装饰材料的选择、木制品涂装材料的选择[①]。

2. 规范室内装修设计

装修材料应选择可持续环保型材料，可持续环保建材指具有轻质、

① 徐婕媛："论低碳装修设计"，《科学之友》，2011年第3期。

防火、保湿、隔热、隔音、调温、无毒、无害、消毒、防臭、灭菌等性能的建筑材料；关注室内电气、照明、空调、采暖、通风等系统的低碳环保设计；种植绿色植物，增加光合作用，净化室内空气；保持良好通风，及时排出有害气体。

六、案例分析：江苏苏州吴郡社区

吴郡社区位于江苏省苏州吴中太湖新城东部，苏州湾大道以东、环湖西路以西部分，如图 6–2 所示。吴郡社区占地 84.9 万平方米，规划居住人口 2.2 万人，是一个按照绿色低碳可持续理念规划建设的新型社区。

1. 社区规划

吴郡社区在建设规划中，建立了一系列可持续发展目标，旨在打造一个职住平衡、安全慢行、便民宜居的全国性示范可持续社区，并建立了相应的建设指标体系，具体如表 6–4 所示。

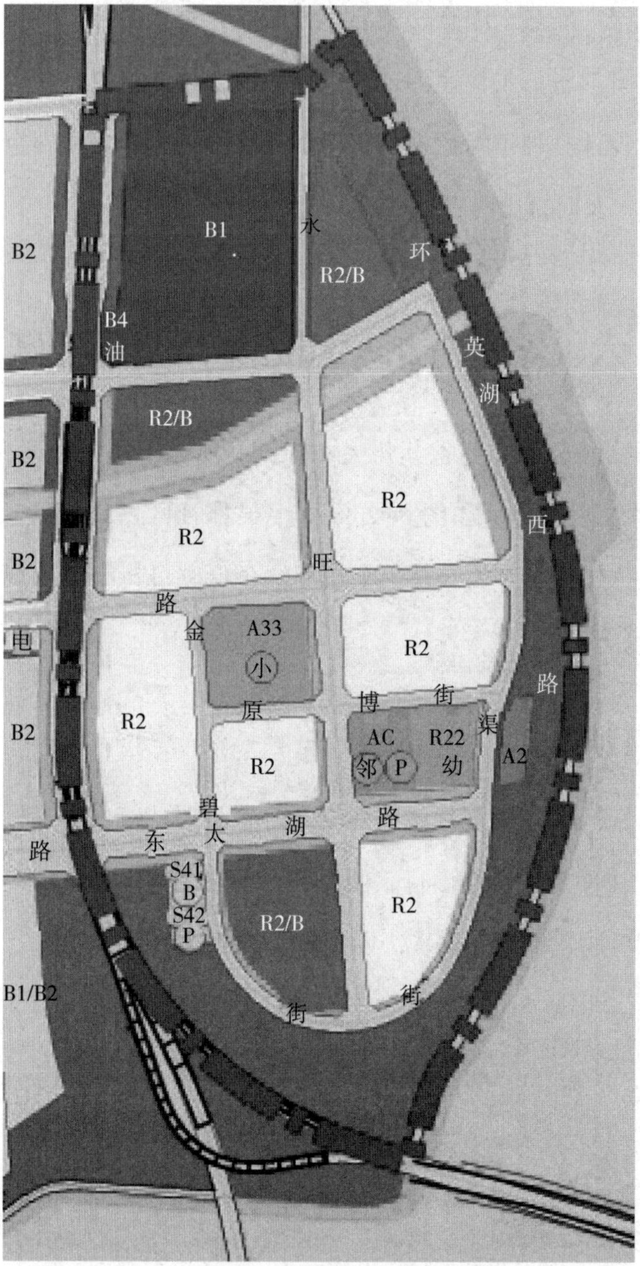
B1
永
B2
环
R2/B
B4
油
英
湖
R2/B
B2
R2
西
B2
R2
旺
路
金
A33
小
电
R2
路
B2
R2
原
博
街
渠
AC
R22
A2
邻
P
幼
R2
碧
路
东
太
湖
路
S41
B
S42
P
R2/B
R2
B1/B2
街
街

图 6-2　吴郡社区规划图

表 6–4　吴郡社区可持续建设指标体系

一级指标	二级指标	指标性质		目标参考值	规划指标	指标来源
空间布局	建设用地综合容积率	约束性		1.2~3	2.755	控规
	公共服务用地比例		引导性	≥ 20%	21.58%	控规
	产业用地与居住用地比率		引导性	1/3~1/4	0.253	控规
绿色建筑	社区绿色建筑达标率		引导性	≥ 70%	100%	苏州吴中太湖新城建筑节能和绿色建筑示范区实施方案（论证版）20140905
	新建保障性住房绿色建筑一星级达标率	约束性		100%	社区无保障性住房	—
	新建商品房绿色建筑二星级达标率	约束性		100%	100%	苏州吴中太湖新城建筑节能和绿色建筑示范区实施方案（论证版）20140905
	新建建筑产业化建筑面积占比		引导性	≥ 2%	2%	—
	新建精装修住宅建筑面积占比		引导性	≥ 30%	30%	苏州吴中太湖新城建筑节能和绿色建筑示范区实施方案（论证版）20140905
交通系统	路网密度	约束性		≥ 3 公里 / 平方公里	6.19	控规
	公交分担率	约束性		≥ 60%	70%	绿色交通专项规划
	自行车租赁站点	约束性		≥ 1 个	4	绿色交通专项规划
	电动车公共充电站	约束性		≥ 1 个	1	绿色交通专项规划
	道路循环材料利用率		引导性	≥ 10%	10%	—

续表

一级指标	二级指标	指标性质		目标参考值	规划指标	指标来源
	社区公共服务新能源汽车占比		引导性	≥ 30%	2030 年达到 80%	绿色交通专项规划
能源系统	社区可再生能源替代率	约束性		≥ 2%	规划地源热泵系统，可达 4%	
	能源分户计量率	约束性		≥ 80%	100%	能源专项规划
	家庭燃气普及率	约束性		100%	100%	能源专项规划
	北方采暖地区集中供热率	约束性		100%	不受限制	
	可再生能源路灯占比		引导性	≥ 80%	90%	
	建筑屋顶太阳能光电、光热利用覆盖率		引导性	≥ 50%	50%	
水资源利用	节水器具普及率	约束性		≥ 90%	100%	水资源专项规划
	非传统水源利用率		引导性	≥ 30%	19%	建议开发商建设中水回用设施 11%
	实现雨污分流区域占比		引导性	≥ 90%	100%	
	污水社区化分类处理率		引导性	≥ 10%	10%	建设污水就地处理和循环利用设施
	社区雨水收集利用设施容量		引导性	≥ $3000m^3$/平方公里	建设 3000m	

续表

一级指标	二级指标	指标性质		目标参考值	规划指标	指标来源
固体废弃物处理	生活垃圾分类收集率	约束性		100%	100%，设置生活垃圾分类收集箱	固体废弃物专项规划
	生活垃圾资源化率	约束性		≥ 50%	50%，引进专业的垃圾分类处理公司	
	生活垃圾社区化处理率		引导性	≥ 10%	10%，引进专业的垃圾分类处理公司	
	餐厨垃圾资源化率		引导性	≥ 10%	10%，引进专业的垃圾分类处理公司	固体废弃物专项规划
	建筑垃圾资源化率		引导性	≥ 30%	30%，引进专业的垃圾分类处理公司	固体废弃物专项规划
环境绿化美化	社区绿地率		引导性	≥ 8%	30%	
	本地植物比例	约束性		≥ 40%	90%	苏州太湖新城启动区首批上市地块规划指标与实施指南（新）20140822
运营管理	物业管理低碳准入标准	约束性		有	有	
	引入的第三方专业机构和企业数量		引导性	≥ 3 个	5	

续表

一级指标	二级指标	指标性质		目标参考值	规划指标	指标来源
低碳生活	基本公共服务社区实现率	约束性		100%	100%，引进专业的低碳物业公司	
	社区公共食堂和配餐服务中心	约束性		有	有	
	社区旧物交换及回收利用设施	约束性		有	有	
	社区生活信息智能化服务平台	约束性		有	有	
	可持续文化宣传设施	约束性		有	有	
	可持续设施使用制度与宣传展示标识		引导性	有	有	
	节电器具普及率		引导性	80%	100%	水资源专项规划
	可持续生活指南	约束性		有	有	

2. 社区建设内容

根据上述目标，结合吴郡社区实际，吴郡社区提出了实现可持续目标的路线图（见图 6–3）。

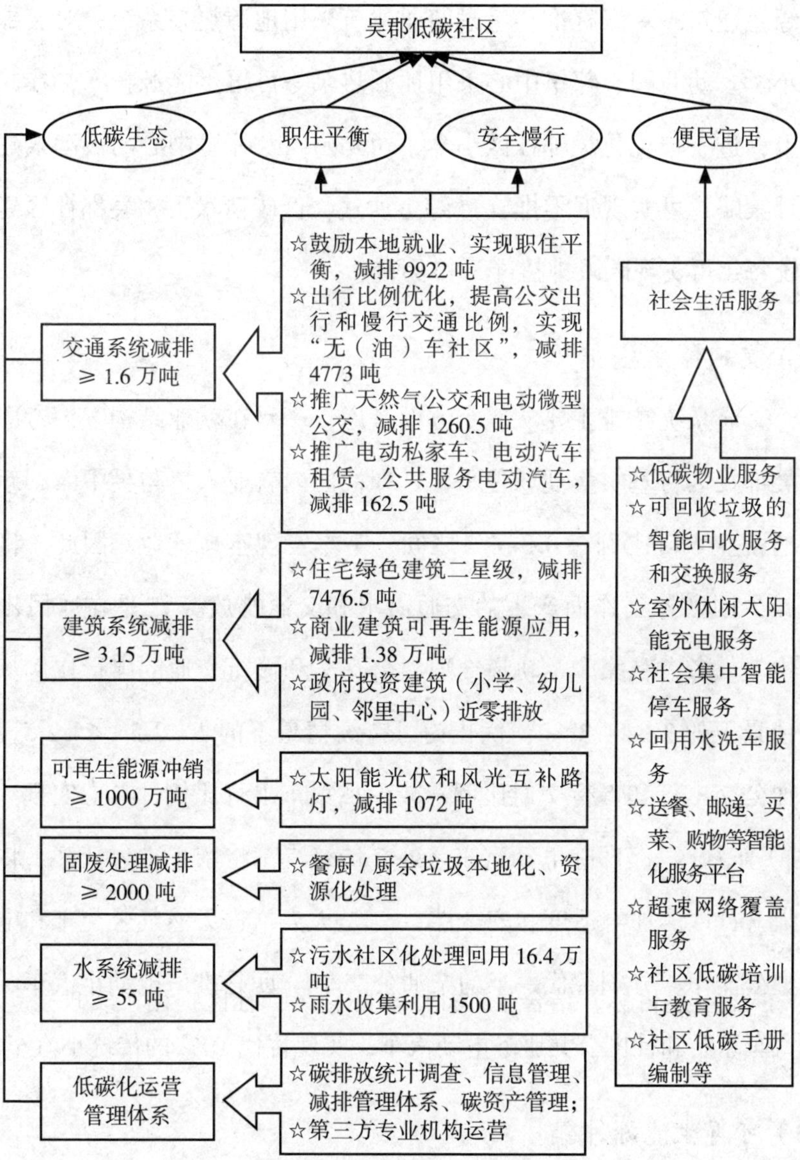

图 6–3　吴郡可持续社区实现路线图

（1）建筑系统

吴郡社区所有建筑均按照二星级以上绿色建筑标准建设。考虑住宅绿色建筑二星级标准；考虑商业建筑采用地源热泵系统；对吴郡社区小学、幼儿园、邻里中心采用地源热泵等可再生能源技术，在此基础上，进一步优化吴郡社区小学、幼儿园以及邻里中心的被动式建筑设计策略，可实现近零排放。综上所述，低碳情景下，吴郡社区建筑系统每年可实现碳减排超过 3.15 万吨。

（2）交通系统减排

交通系统减排主要从四个方面考虑，一是在就业结构上，考虑未来吴郡社区将基本实现职住平衡，即社区内就业人口与吴中太湖新城内的就业人口比例在 0.8~1.2 之间，基本实现本地就业，因此，将大大减少因区外工作而产生的交通需求和交通排放。二是在居民出行结构上，考虑私家车、轨道交通、公交车和慢行交通的出行比例从基准情景下的 3∶2∶3∶2，优化为可持续情景下的 1∶2.5∶4∶2.5，即增加公交出行和慢行交通比例，减少私家车出行比例，考虑实现“无（油）车社区”，即除电动汽车之外，传统汽车将禁止进入社区，将大大提升社区居住舒适度和安全性。三是大力推进天然气公交车和电动微型公交车，分别替代一半的柴油公交车。四是推广电动小汽车、电动汽车租赁和社区公共服务电动汽车，实现替代 10% 的传统小汽车。

（3）可再生能源冲销

在适宜建筑屋顶推广太阳能光伏发电并网系统和风光互补路灯，冲销部分碳排放量。吴郡社区内相关建筑屋顶的太阳能光伏利用面积如表 6–5 所示。

表 6–5　吴郡可持续社区太阳能光伏利用量

太阳能光伏利用范围	利用量
永旺梦乐城	600 m^2
邻里中心	2000 m^2
小学	3600 m^2
幼儿园	900 m^2
公交场站光伏	3000 m^2
公共停车场光伏	3000 m^2
风光互补路灯	74 根灯杆

（4）固体废弃物处理减排

这里的固体废弃物处理重点是指餐厨或家庭厨余垃圾处理。通过餐厨 / 厨余垃圾的社区化、资源化处理，一方面可以减少餐厨 / 厨余垃圾运输过程中所产生的能耗和碳排放，另一方面通过好氧堆肥、厌氧发酵等资源化处理工艺，大大减少在基准情景下因焚烧和填埋所产生的碳排放，所产生的肥料可以就地用于家庭绿植栽种需要。

（5）给水系统及污水处理减排

在不考虑社区化污水处理工艺和大型集中式污水处理工艺的碳减排差异的前提下，给水系统及污水处理减排主要体现在两个方面，一是社区化污水处理及回用 16.4 万吨；二是社区雨水回用 1500 吨。社区化污水处理还能降低污水管网铺设成本、缓解集中式污水处理能力不足等问题，雨水回收利用可以降低雨水径流污染和径流峰值，有利于社区水系统的健康循环。

（6）社区可持续化运营管理体系

在社区逐步建设和建成投运时，对信息系统服务覆盖率、垃圾分类收集率、垃圾资源化利用率等重点运营指标进行监管。推动入驻社区的企事业单位和住宅小区物业单位、供热和供电部门设置可持续管理岗，负责社会单位和住宅小区等可持续单元的日常可持续管理工作。

统筹建立全社区层面的能源资源信息管理系统和社区能源管控中心，实现对社区内重要建筑的能耗进行分项计量，加强对社区内用能单位能源活动过程主要能耗设备的温室气体排放监测，并与太湖新城及吴中区能源数据统计中心联网。安装自动控制设施，对社区内的公共设施进行智慧管控。

鼓励采取市场化方式、引入专业公司进行运营管理，试点推行合同能源管理和第三方环境服务等模式。鼓励第三方专业企业在试点社区开展充电桩、自行车租赁服务；鼓励专业垃圾处理单位对社区废弃物进行有偿回收，按市场化方式运营厨余垃圾；鼓励引导物业单位和社区企业开展社区内蔬菜配送、餐饮配送、洗衣便民配送等生活性服务。

（7）社区生活服务系统优化

从社区居民角度出发，推行可持续物业服务。建立可回收垃圾的智能回收服务体系和居民交换服务平台；在东太湖大堤公共服务设施，如公共卫生间、大堤休息亭、公交站台等处安装太阳能智能充电系统，满足居民室外休闲娱乐的手机、电脑等充电需求；为了建设“无（油）

车社区”，在社区周边建设集中式立体、智能停车场，方便居民停车及取车；回用水在冲洗道路、灌溉绿化的同时，提供自助式洗车服务，降低居民洗车成本，提高回用水利用率；建立送餐、邮递、买菜、购物等智能化一站式服务平台，大大加强居民生活便利程度；建立超速网络基础设施，提升居民信息化可利用程度；加强社区低碳培训与教育服务，编制社区低碳服务手册，提升居民低碳意识。吴郡实施的重点低碳工程如表 6–6 所示。

表 6–6　吴郡低碳社区建设相关重点工程表

工程编号	重点工程名称	建设内容	建设布局
1	近零排放小学工程	优化建筑被动式设计，采用地源热泵、太阳能热利用等技术，实现近零排放	小学
2	近零排放幼儿园工程	优化建筑被动式设计，采用地源热泵、太阳能热利用等技术，实现近零排放	幼儿园
3	近零排放邻里中心工程	优化建筑被动式设计，采用地源热泵、太阳能热利用等技术，实现近零排放	邻里中心
4	建筑太阳能光伏工程	在公共服务类建筑、公交场站、公共停车场等建设太阳能光伏发电并网系统	永旺梦乐城、邻里中心、小学、幼儿园屋顶光伏 公交场站光伏、公共停车场光伏、风光互补路灯
5	新能源公交车工程	推广天然气公交车和电动微型公交车	社区发出公交
6	电动汽车推广工程	推广电动小汽车、电动汽车租赁、公共服务汽车电动化等	社区居民、社区公共用车
7	充电站 / 桩建设工程	配套电动汽车推广，建设充电站或充电桩，并与可再生能源发电相结合	苏震桃加油站、公交场站、社会停车场、各小区停车设施

续表

工程编号	重点工程名称	建设内容	建设布局
8	立体停车楼建设工程	综合考虑实用性和观赏性，建设自行车立体停车系统；推动无车社区建设，在社区周边建设汽车立体、智能停车系统	社会停车场、环湖西路休闲带
9	餐厨/厨余垃圾本地化处理工程	采用好氧堆肥、厌氧发酵等资源化处理方式，实现社区化处理，并将处理产品用于社区绿植栽培	雨水回用设施周边
10	社区化生态水处理回用工程	建设埋地式污水社区化处理回用系统	雨水回用设施周边
11	海绵社区建设工程	建设雨水收集池、雨水湿地等海绵城市基础设施	东抢港河道、芙蕖街、金碧街
12	低碳社区运营管理体系建设工程	包括信息调查、管理体系、信息平台与管控中心、第三方运营管理服务等	邻里中心
13	环湖西路太阳能手机充电站工程	作为便民服务设施之一，在公共服务设施，如公共卫生间、大堤休息亭、公交站台等处安装太阳能智能充电系统，满足居民室外休闲娱乐的手机、电脑等充电需求	环湖西路休闲带
14	回用水自助洗车工程	利用现有雨水收集系统，建设自助式洗车系统	雨水回用设施周边
15	可持续社区生活服务信息化系统工程	为社区可回收垃圾的回收、交换，餐饮、邮递、买菜、购物、电商、洗衣、养老等建立信息化一站式服务平台及场所	邻里中心

3. 社区建设效益

经初步估算，吴郡可持续社区建设将在基准建设成本基础上新增约 1.5 亿 ~2 亿元成本。按每年碳减排 5 万吨、碳资产价格 80 元/吨计算，预计吴郡社区建成后每年产生的碳减排收益将达到 400 万元；因节水和减少管网敷设所带来的潜在收益将达到年均 100 万元左右。另外，由吴郡社区各专项领域低碳建设带来的各级财政资金专项补助也将弥补一定的建设投资。最后，吴郡低碳示范社区还将可能带来一定的间接效益。综合来看，吴郡低碳社区建设的投资回收期将在 10~15 年之间。

参考文献

[1] Teng Y, Li X.Preliminary research on sustainable development assessment index system for urban eco-communities [J].Environmental Science and Management, 2007, 32(3):185-188.

[2] 国家发展和改革委员会.《国家发展改革委关于开展低碳社区试点工作的通知》(发改气候[2014]489号)

[3] Johnson D L. Origin of the Neighborhood Unit [J]. Planning Perspectives, 2002, 17(03):227-245.

[4] 金涛，张小林.国际可持续社区规划模式评述.国外城市规划，2004Vol19(3):47-50.

[5] 马健.可持续社区的设计理念和方法研究.天津大学硕士研究生毕业论文，2003.07:47.

[6] 文兵，张波.德国弗莱堡市瓦邦区的生态实践，首届绿色建筑设计国际研讨会.

[7] 白玮，尹莹，蔡志昶.瑞典可持续社区建设对中国的启示.国外规划研究，2013Vol37(19):61-66.

[8] 吕斌.可持续社区的规划理念与实践.国外城市规划，1999(3):2-5.

[9] 李巍，叶青，赵强.英国BREEAM Communities 可持续社区评价体系研究.动感(生态城市与绿色建筑)，2014(02):90-96.

[10] 国家发展和改革委员会.《低碳社区试点建设指南》(发改办气候[2015]362号).

[11] 徐伟，刘志坚，陈曦，张时聪.关于我国"金零能耗建筑"发展的思考.建筑科学，2016 32(4):1-5.

[12] 范炜.日本指挥交通建设的借鉴.浙江经济，2012(11):48-49.

[13] 田备.深化节约型校园建设 突出数字化能源监管.高校后勤研究，2014(3):94-96.

[14] 王申.我国城市社区垃圾分类治理：内涵、问题及思考.北京工业职业技术学院学报，2014 13(1):112-115.

[15] 上海市规划和国土资源管理局.上海市15分钟社区生活圈规划导则(试行)，2016.08.

[16] 陈荣来，胡天新，陈晨，刘先知，刘海.城市立体绿化模式及关键技术的探讨，2014(1):163-164.

[17] 王丹.低碳物业　低碳生活——物业管理企业"低碳经济"时代应导入低碳理念优化物业服务.物业研究.2012 11(4):94-95.

[18] 王先庆，武亮.低碳商业背景下的采购低碳化趋势与供应商选择——基于企业社会责任的一般线性模型.财贸经济，2011-02:74-79.

[19] 徐婕媛.论低碳装修设计.科学之友，2011(3):155-156.

第七章
可持续交通

内容提要

城市交通不仅是客流、物流的效率问题，也是改善人居环境质量、实现城市可持续发展的重要战略问题。合理的城市规划可以影响整个新城交通活动的水平、减少机动车出行次数或缩短出行距离。合理的交通规划、完善的交通管理和新能源在交通部门的应用也是实现交通部门可持续发展的重要途径。

在城市可持续发展的议程中，交通已成为最核心的议题。由于城市工业企业逐渐迁离城市中心，汽车的尾气排放已经成为城市污染最重要的来源。减少汽车燃油燃烧产生的尾气排放，是解决城市污染的重中之重。拥堵的城市交通，不仅污染环境，也造成了城市经济效率的大幅降低，发展可持续交通，是建设可持续新城的必然选择。

一、可持续交通概述

（一）可持续交通的内涵

可持续交通的概念是将“可持续发展”的理念应用于交通领域，解决或防范因交通出行所产生的资源环境问题。2004年的欧洲交通部长会议曾提出“可持续交通”的概念，指的是“通达、安全、环境友好和负担得起”的交通系统，着重要求在交通出行中考虑人类与环境系统的和谐以及人类代际的公平。

根据世界银行对可持续交通的定义，可持续交通包括三方面内容：

①经济和财务方面的可持续发展性：交通系统必须维持低成本，

且能对不断变化的需求迅速做出反应。即交通资源能得到有效利用，同时交通系统的运行能保持良好的财经状况，使交通财产持续而完好地保持下去，确保运输财产有效而公平的代际转移。

②环境方面的可持续发展性：交通系统可能会给周边环境带来很大影响，因此在系统设计时必须考虑环境的因素，更好地利用现有的成本较低的技术是必要的。但是这还不够，还需采取更多的战略行动，例如更好地利用土地，严格控制土地需求；对造成空气污染和交通堵塞的加以收费，以调节公共交通与私人交通的价格。

③社会方面的可持续发展性，即平等性。制定交通规划时必须考虑为弱势群体提供较便捷的到达就业、教育和医疗地点的方式。乘客满意度也必须是建立可持续发展公共交通系统的主要考虑因素之一。

（二）可持续交通发展目标

近年来，可持续交通体系的建设和管理成为可持续新城规划关注的重点。在可持续新城建设中，应以公交为导向的发展模式（TOD）为主导，构建出一套多元高效的综合交通体系。在交通指标的选择上，应以绿色出行比例为主要发展目标，主要统计乘坐公共汽车、地铁等公共交通工具，以及步行、自行车交通的出行比例。国内现有的一些低碳新城实践中，绿色出行比例一般都定在 65% 以上，其中某些面积小于 10 平方公里的中小型生态新城将绿色出行目标定为了 80%。如青岛中德生态园绿色生态示范城区与天津滨海新区南部生态新城，因规划面积与承载人口较少，同时又是在未开发地区进行系统完善的低碳规划设计，最后使得绿色出行指标可以有较大幅度的提升。

可持续新城交通发展的主要目标可按以下参考值设定：构建以可持续交通方式为主导的城市交通供需结构，实现 2 公里以内步行为主、2~5 公里以内自行车为主、5 公里以上公共交通为主的出行结构，达到绿色出行占全部出行方式 80% 以上的目标。同时，可持续新城的交通体系还应满足下列指标（表 7–1）。

表 7–1　可持续新城交通发展指标

指标	取值
道路网密度	城市核心区 >=12km/km^2; 副中心区 >=10km/km^2; 一般功能区 >=8km/km^2
机动车道数	生活性道路 <=4 条 其他道路 <=6 条
公交站点 500 米半径用地覆盖率	100%
公交专用道	中心区平均间距 <=600m 其它地区平均间距 <=800m
慢行道路密度	步行：I 类区，14km~20km/km^2 II 类区，10km~14km/km^2 III 类区，6km~10km/km^2
	自行车：I 类区，12km~18km/km^2 II 类区，8km~12km/km^2 III 类区，5km~8km/km^2
步行道路平均间距	步行：100~300m
	自行车：110~400m
路侧带单侧宽度	一级步道：4.0~7.0m 二级步道：2.5~5.5m 三级步道：2.0~3.5m
	一级自行车道：3.5~6.0m 一级自行车道：3.0~5.0m 一级自行车道：2.5~3.5m

续表

指标	取值
差异化停车位配建	严格控制区：下限值 适度控制区：<= 上限值的 80% 适度发展区：<= 上限值
配建地面停车场比例	<=10%

为实现上述指标，可持续新城的交通应以以下五个方面为目标导向。

1. 创建密集的、完整的道路网络

一种常见的误解是：宽大的马路是高效的，有利于优化交通流。实际上，被宽大的马路限定的封闭的大型街区加剧了交通拥堵状况。案例研究表明，细而密的路网有利于优化交通流，它提供了更直接的线路选择，且提高了步行过街的安全性。道路设计应该是以人为本，而不是以车为本。窄小的街道包含步行、自行车设施，由于缩短了交叉口信号灯延误，可以大大缓解交通拥堵以及减小汽油的消耗。

2. 发展高质量、多层次、一体化的公共交通

香港、纽约、新加坡以及一些富有的城市都有着世界上最密集的公共交通网络。可持续新城应当确定自己的公共交通发展模式，要么大力发展地铁，要么转向更经济易实施的 BRT 公交捷运系统。在可达性良好的位置通过提供高频率的、快捷便利的服务保障公共交通的成功。

3. 优先发展步行、自行车交通网络

20 世纪 80 年代，中国人主要以自行车为交通工具。现在在中国

很多城市，骑自行车已经不再是安全舒适的选择了。但近些年来，世界范围内的一些知名城市都致力于将自行车交通再次引入城市生活，因为它代表一种简单、经济、低碳的出行方式，在各种目的地——包括公交车站之间穿行。为了缓解交通拥堵，可持续新城必须通过提供良好的环境鼓励自行车交通，比如提供自行车道、安全的自行车停车设施。

4. 规范和适度限制小汽车使用

可持续交通不可能建立在小汽车的无约束使用基础之上。避免拥堵就要求将车辆的使用水平限制在道路可承载能力范围以内。早高峰时的通勤小汽车出行通常是不必要的，不应当予以鼓励。限制开车出行的方法有很多，例如在伦敦、汉堡和苏黎世，在公交易到达的较大的目的地是限制停车的。新加坡和斯德哥尔摩则是实施道路使用收费制度，可持续新城应该考虑通过规范和适度限制小汽车使用来缓解交通拥堵问题。

5. 鼓励新能源汽车代替传统的燃油汽车

新能源汽车在运行过程中可以做到零污染，完全不排放污染大气的有害气体。即使按所耗电量换算为发电厂的排放，造成的污染也少于传统汽车。电动汽车的百公里耗电量为 15kW/h~20kW/h，算上发电厂和电动机的损耗之后，百公里的能耗约为 7 公斤标准煤。传统汽车按百公里耗油量 10L 计，能耗约为 10 公斤标准煤。并且在城市的拥堵环境里，电动汽车的节能优势会进一步放大。可持续新城应鼓励居民以新能源汽车代替传统的燃油汽车。

二、可持续交通规划

交通规划是建立和完善交通体系的重要手段。先进合理的交通规划是可持续新城交通发展的基础，是解决交通问题的根本途径。可持续交通规划涉及公共交通、步行、自行车交通、小汽车交通、静态交通（停车）等方面。

（一）道路网络

1. 创新道路分级体系

单独从机动车流量考虑的主次支道路分级体系使得城市以车为本，不适用于步行和自行车友好的城市街道设计。可持续新城道路的分类应避免仅从机动交通角度出发，应兼顾各种使用功能和属性，构建多样化的街道体系。对于城市道路，宜区分通行型道路（交通性道路）和服务型道路（生活性道路）。文国玮在《城市交通与道路系统规划》（新版）中对于服务型道路和交通型道路的内涵进行了讨论。前者以满足交通运输为主要功能，车速快，车辆多，车行道宽，道路两旁要求尽量避免布置吸引大量人流的公共建筑。后者以满足城市生活性交通要求为主要功能，为城市居民购物、社交、游憩等活动服务，以步行和自行车交通为主、机动交通（特别是货运车辆）较少，道路两旁多布置为生活服务的、人流较多的公共建筑及居住建筑，要求有较好的公共交通服务条件，如设有公交专用道。集散型道路兼具服务型功能和通行型功能。

2. 优化道路断面设计

可持续新城道路断面设计应注意以下几点：

①生活性道路的横断面总宽度应保持宜人尺度，道路红线宽度一般不宜大于 50 米。小尺度的道路断面可以有效改善行人的使用状况。在机动车交通量和步行自行车交通量均较大的地区可以通过设置多条过境道路，或者单向二分路的方法来营造小尺度的路网。

②对于规划双向六车道或更多车道的城市主干路，在穿越城市生活区时可采用单向二分路形式。单向二分路具有如下优点：改善交通，减少延滞；提高步行和自行车出行频率；提高公交使用率；增强各类交通出行的安全性；建设更加节能环保的系统，减少能源消耗和温室气体排放；增加地块可建设面积（图 7–1）。

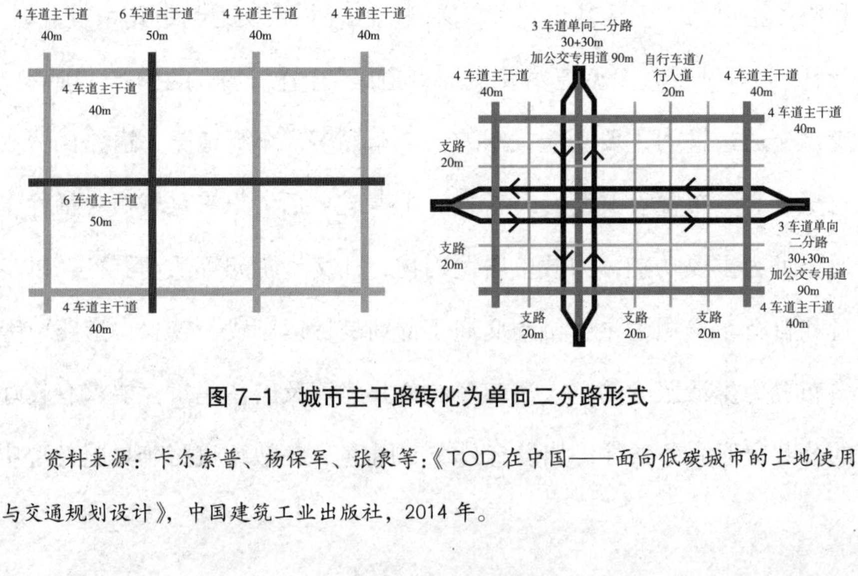

图 7–1　城市主干路转化为单向二分路形式

资料来源：卡尔索普、杨保军、张泉等：《TOD 在中国——面向低碳城市的土地使用与交通规划设计》，中国建筑工业出版社，2014 年。

③城市主干路和次干路应采用三幅路或四幅路，并以机非分隔带隔离自行车道。

3. 提高道路网密度

路网密度与街区大小也是衡量城市绿色交通的主要指标之一。高密度的路网为降低道路尺度、方便过街提供前提。将大量穿越性交通分布在平行的、较小的道路上，有利于优化交通流组织，提高地面公共交通纵深服务，从而引导绿色出行，减缓交通拥堵，减少交通系统的碳排放量。

从已经实施的规划案例来看，平均路网密度均在 $6km/km^2$ 左右，街区边长一般小于 200m。这种小街区的规划理念使得路网交通容量大幅增加，同时提高了道路的可达性和通达性。

可持续新城应依据城市道路所在区位、沿线用地性质以及交通活跃程度分区域、差异化控制路网密度。市政道路的路网密度应符合表 7-2 的规定。

表 7-2　道路密度控制要求

区域	城市核心区	副中心区	生活性一般功能区
道路密度（km/km^2）	≥ 12	≥ 10	≥ 8
平均道路间距（m）	≤ 170	≤ 200	≤ 250

资料来源：《北京城市低碳规划设计导则专题研究报告》。

（二）公共交通

城市公共交通是指城市范围内定线运营的公共汽车以及轨道交通、轮渡、索道等交通方式，其特点是高效率、低排放，公共交通的人均碳排放量远远低于小汽车交通。不仅如此，公共交通系统的运能也远远高于其他交通方式，研究表明，公交车、自行车、私人小汽车人均占用的行车面积分别为 1.9 平方米、4.8 平方米、24.2 平方米。因此，大力发展公共交通是可持续新城交通规划的重点。

可持续新城以公交优先为政策与规划导向，提倡短距离出行以非机动交通为主，中远距离内部出行和绝大部分的外部出行以公共交通为主，同时，通过多层次、多样化的公交体系，减少私家车在交通出行中的比重。

1. 提高公交覆盖率

公交站点的覆盖率是决定公交系统可达性的重要方面，高覆盖率增加了居民乘坐公交系统的便利性，也提高了公交吸引力。通过对现有国内低碳城市规划案例的梳理（见表 7–3），低碳城市的城区公交站点 500m 半径覆盖率普遍要达到 90% 以上，而远期则达到 100% 的全覆盖，满足城区所有居民的公交出行需求。可持续新城的公共交通站点 500 米半径覆盖率应达到 100%。保证所有居民在新城的任意位置，都能在 500 米之内到达公共交通站点。

表 7-3　典型城市公交站点覆盖率

武汉四新生态新城	肇庆新区中央绿轴生态城	南桥新城绿色生态城区	河北大厂回族自治县潮白新城绿色生态示范城区	北京市丰台区长辛店生态城	宁波杭州湾新区中心湖地区绿色生态示范城区
公交站点500米可达率达100%	公交覆盖人口比例达到65%以上	公交站点300米半径覆盖率2015年≥95%、2020年达到100%	城区公交站点500米半径覆盖率达到90%	公交站点500m半径覆盖率为100%	100%居民步行500m可达公共交通站点或轨道交通站点、公共绿地、公共服务设施及教育设施

资料来源：《北京城市低碳规划设计导则专题研究报告》。

2. 建设公交专用道

公交专用道是专用路权的一种，一般在公交线路较多的道路划分设置，仅供公共汽车通行。公交专用道的规模是公交系统效率的保证，也是提高公交出行比例的重要方面。

从以人为本的原则来看，城市道路资源对每个人的分配应该是公平的，一种车辆运载的人越多，就该享受更多的道路资源。公共交通在空间占用、污染排放和能源消耗等边际成本和社会综合成本方面，都是最节省的。公交专用道提高了道路资源利用率，同时，公交专用道保证了公交车的优先路权，可提高公交运行车速，提升公交车服务水平。给公共交通更多的路权可以鼓励人们使用公共交通并以此限制小汽车出行，缓解城市道路交通拥挤的状况。

新城公交专用道的设置应满足以下两点：

①公交专用道长度占城市道路总长度（含规划道路和现状道路）

的比例应达到 25% 以上。

②城市中心区快速公交或公交专用道平均间距不宜低于 600 米，城市副中心区、生活性一般功能区公交专用道平均间距不宜低于 800 米。

（三）步行与自行车系统

步行与自行车交通具有零能耗、零污染、低成本、人均占用道路面积低的优点，能灵活地提供门对门的服务，并且相对独立，准时性较高。同时，步行与自行车交通可以解决公共交通“最后一公里”的问题，是公共交通的补充与延伸，是低碳交通系统不可或缺的重要组成部分。步行和自行车交通网络建设可以有效提高步行和自行车的使用率，从而减少对机动车出行的依赖。新城发展步行与自行车系统应从以下几点入手：

①可持续新城应编制步行与自行车系统专项规划。

②城市中心城区步行道网络密度和自行车道网络密度均应大于 $15km/km^2$。

③对于步行、自行车交通出行需求较大的道路，鼓励设置步行和自行车专用道，重点片区的自行车专用道路的密度不低于 $2km/km^2$。

④城市轨道交通等骨干公共交通站点周边 500 米范围内，应划定为步行与自行车优先或重点发展区域。

⑤鼓励因地制宜发展空中连廊、骑楼等独立步道系统。

⑥公共交通枢纽、轨道车站应配置与需求相适应的自行车停车设

施和场地，普通公交站、公共设施周边宜配置与需求相适应的自行车停车设施和场地；自行车停车设施距目的地建 / 构筑物出入口的距离不宜大于 30m。

（四）机动车停车配建

过多的停车供给，会间接引导、刺激小汽车出行方式，带来诱增交通量，从而导致路网交通负荷和停车压力增大。要想在新城中发展可持续交通，应从规划阶段严控停车位的供给，设置合理的机动车停车配建指标，以降低市民对小汽车出行的依赖。

机动车停车指标配建规划应采用停车分区原则，针对不同公交服务水平，分别配置不同的停车配建指标，提供的公交服务水平越高，停车配比相对越少，以达到控制停车位供应总量的目标，引导小汽车的合理使用，实现可持续新城低碳绿色出行的规划理念。

①建筑配建的停车设施，应在基本配建指标的基础上进行分区域、差异化控制：公共交通供给能力强的地段、人流密集的城市核心区、历史文化保护区等地段宜在基本配建指标的基础上适度折减，并采用上限控制；在城市的其他中心区域，可采用基本配建指标但作为上限控制；在城市的一般区域，可采用基本配建指标并作为下限控制。

②宜设置地下停车场，地面停车场面积比例不宜大于 10%。临街公共广场、公园等公共空间设置地面停车场的，宜在临公共空间一侧首层设置商业服务设施。

③鼓励发展立体停车设施。

三、可持续交通管理

即便对新城进行了科学合理的规划，实现了高路网密度、小街区、相对平衡的职住分布，规划了大容量的公共交通系统，但如果放任小汽车进入家庭并且对小汽车的使用不加以限制，那么这个城市的交通最终还将面对严重的拥堵问题。一个城市的交通要想健康地发展，其车辆的使用水平应控制在道路可承载能力范围以内。在提供优质的公交服务、鼓励人们使用公共交通的同时，还应当采取必要的小汽车限制措施，以降低市民对小汽车出行的依赖。国内外诸多城市都已经采用了减少停车位、提高中心地区停车费用、拥堵收费、汽车限行或限购等交通需求管理的政策措施来缓解交通拥堵问题。

可持续新城的建设中应综合利用经济、法律、科技和必要的行政手段，强化交通需求管理，抑制机动车的过快增长和过度使用，避免交通拥堵。可从以下几方面入手。

（一）控制私家车不合理使用

建议在新城范围内划分机动车使用控制分区。根据不同区域的公交可达性和服务水平、土地利用性质和开发强度及道路网容量等因素，划分为若干类机动车使用控制区域，如严格控制区、适度控制区等。其中，严格控制区的公交可达性最高，距离地铁站点或快速公交站点最近，且土地利用强度及混合程度高，道路网容量饱和度高。可据此确定拥堵收费水平。

可持续新城通过经济性措施来限制机动车在特定区域的使用。通过对出入区域的机动车辆征收额外的排放费等交通需求管理策略减少私人机动交通的影响，在缓解城市拥堵的同时，还可以将所收的费用用于改进公共交通网络。建议在机动车使用严格控制区内实施拥堵收费政策。按照不同路段、时段、车辆种类制定不同的收费标准。

（二）加强停车收费管理

停车收费管理是一种基于市场机制的交通需求管理手段。通过调整停车位收费标准，可以引导和改变人们在重点地区内的出行方式，从而提升优化交通状况。具体可采用下列措施：

①在新城范围内取消免费停车位。

②根据机动车使用控制分区制定差异化的停车收费标准，提高严格控制区内停车收费标准。

③提高路内停车收费标准，与路外停车收费拉开差价；在城市中心区占路停车的收费水平应显著高于建筑物配套的地面停车场或地下停车库，以鼓励人们将车停到路外的停车场，避免小汽车停车对道路资源的占用。

④实行停车累进费率原则，利用价格机制限制长时间停车，提高车位周转率。

（三）控制私家车保有量过快增长

可持续新城从规划建设初期就应该制定私家车保有量增长计划，对私家车保有量进行控制，根据城市的人口、公交发展水平、经济状况等设定每年新增车辆配额。新增车辆配额可以采用摇号或拍卖的形式分配，需结合城市具体情况进行专题研究。

上海自 1994 年正式开始对新增客车额度实行有底价、不公开的拍卖政策，购买者凭借中标获得的额度在车辆管理所为新车上牌，并拥有在上海中心城区使用机动车辆的权利，2015 年 9 月底上海车牌最低成交价为 82100 元。平均成交价为 82172 元，中标率 5.3%。

此措施可以在短期之内减少新车增长从而间接缓解拥堵，在新城发展初期，机动车保有量快速增加的阶段能够起到有效的遏制作用。长期来讲，用行政手段控制小汽车保有量不一定是最理想的可持续的解决方案。相反，它有时可能触犯公民权利或剥夺个人追求舒适私人机动车出行的选择权。因此，这是一个短期适用的政策，当公共交通取得较大发展并成为人们主要的日常出行交通选择、小汽车的使用率显著下降时，该政策可以取消。许多发达国家城市的案例证明，行政手段与经济手段相结合更加具有可持续性。

四、可持续交通工具

城市可持续交通工具主要是指新能源汽车。新能源汽车是指采用新型动力系统，完全或主要依靠新型能源驱动的汽车，主要包括纯电动汽车、插电式混合动力汽车及燃料电池汽车。

新能源汽车能够有效节约燃油能源，减少废气排放，保护环境，是一种可持续的交通工具。发展新能源汽车是降低汽车燃料消耗量、缓解燃油供求矛盾、减少尾气排放、改善大气环境、促进汽车产业技术进步和优化升级的重要举措。

在可持续新城中应鼓励用新能源汽车代替传统汽车。但目前新能源汽车尚处于起步阶段，技术还不是很成熟；另外，由于车辆保有量低，充电、维修等不太方便。为了克服这些缺点，可持续新城应从新能源汽车购置、使用、基础设施建设等各个环节发力，打消使用者的顾虑，促使市民选择新能源汽车，而不是传统的燃油汽车。

（一）鼓励购买新能源汽车

在购置环节，可持续新城可以通过购买优惠和税费减免等经济补贴及政策激励，对消费者选购燃油车或新能源汽车的决策产生一定的影响，促使消费者优先选择新能源汽车。

1. 在公共服务领域率先推广应用

（1）扩大公共服务领域新能源汽车应用规模

在公交车、出租车等城市客运以及环卫、物流、机场通勤、公安巡逻等领域加大新能源汽车推广应用力度，制定机动车更新计划，不断提高新能源汽车运营比重。可持续新城新增或更新公共服务领域车辆应全部采用新能源汽车。

城市管理部门可采取营运指标奖励或颁发特许经营权等方式，来鼓励对新能源车辆的置换。在经营性的道路运输行业中，出租车、包车等经营活动，作为城市综合交通运输体系的组成部分和城市公共交通的补充，可以为社会公众提供个性化运输服务。该类行业大多实行许可管理制度，城市人民政府根据行业发展规划设置营运指标，既有效满足社会公众多样化的出行需求，又能科学管理行业发展。在这样的行业中，可给予一定运营指标的奖励，加快新能源汽车在该行业的示范和推广应用。对于从事汽车驾驶员培训、客货运站场、客运代理、货运代理、汽车租赁商品车发送、仓储服务、营业性停车场等经营活动的企业，特别是出租、货运、旅游包车等行业，通过颁发营运许可证或是一定年限的特定区域的特许经营权来激励企业购买新能源汽车；或者鼓励此类型的企业购买 / 租赁一定数量电动汽车替代本来需要购置的燃油车辆并投入运营，可以免费获得或优先获得原本需要通过拍卖或招标获得的营运许可证或特许经营权。

（2）推进党政机关和公共机构、企事业单位使用新能源汽车

提倡公务用车电动化，新城的公务车更新，新增的新能源汽车配备指标比例不应低于 80%。通过比例设置强制推动新能源汽车在公务车领域的推广，起到宣传和带动作用，有助于落实新能源汽车产业发展规划，全方位加快新能源汽车推广应用。

2. 对消费者购买新能源汽车进行经济补贴

对消费者购买符合要求的纯电动汽车、插电式（含增程式）混合

动力汽车、燃料电池汽车给予补贴。补贴的实现方式包括购置补贴、税费减免、整车置换补贴和集中购置鼓励等。

（1）购置 / 租赁补贴

由财政安排专项资金，在私人购买新能源汽车环节按照车型给予一次性定额补贴。根据成本变化等情况，调整优化新能源乘用车补贴标准，合理降低新能源客车和新能源专用车补贴标准。

（2）购置税费减免

按照相关规定，国家对购买车辆的单位和个人都会按照车型征收购置税、注册税、关税等费用。为加快新能源汽车推广，目前中国对进入国家级推广公告目录的新能源汽车免征车辆购置税。可持续新城可以进一步对在本辖区上牌运行但未进入国家公告目录的进口新能源汽车也提供税费优惠。这项政策在重庆市等地方已有先例。

（3）整车置换补贴

企业、个人将现有传统燃油车辆更换为新能源汽车的，地方财政可给予一次性资金作为燃油车整车置换补贴，可以在车辆置换时直接从车辆售价中扣除。此外，针对出租车和公交车公司等比例置换现有燃油车，也应给予购车补贴以外的置换补贴或指标奖励。

（4）鼓励集中购买和使用

可持续新城应对辖区内企业和个人集中购买和使用新能源汽车给予资金奖励。

3. 对新能源汽车实施不限购政策

一些城市通过摇号和拍卖两种主要方式控制燃油车牌照发放数量，从而对燃油车实行限制购买。在这样的限制条件下，对新能源汽车实行单独的配额管理制度，提供比传统燃料汽车更多的配额和更高的中签率，开辟专用获取渠道引导个人和单位选择新能源汽车。

国内的机动车限购城市一般都具有人口数量大、刚性购车需求强烈的特点，而这些限购城市对新能源汽车实施单独的或优惠政策，为具有刚性购车需求的人群开辟了一条绿色通道，直接拉动了限购城市新能源汽车的销量。目前，国内限购城市新能源乘用车的销量占全国新能源汽车销量的 70.25%，可见，在限购城市实施新能源汽车不限购政策具有极大的激励效应。此激励工具虽然在推广应用阶段具有良好的效果，但从城市交通拥堵方面考虑不具有可持续性，还需根据新能源汽车的发展阶段进行调整。

（二）为新能源汽车使用提供便利

在使用环节，可持续新城可以在充电、出行、停车等方面，为新能源汽车提供便利条件，促使市民选择使用新能源汽车。

1. 对新能源汽车提供充电优惠与便利

随着新能源汽车的普及，充电行为将越来越普遍。充电优惠和便利可以降低新能源车主的使用成本，提高使用新能源汽车的积极性。随着新能源汽车市场保有量的增加，通过不同时段、地点、电价收费政策来引导消费者的充电行为，调节电网负荷，意义更为重大。

（1）对电动汽车充电设施实施电价优惠政策

对电动汽车充换电设施用电实行扶持性电价政策，对经营性集中式充换电设施用电实行价格优惠，执行大工业电价。居民家庭住宅、住宅小区等充电设施用电，执行居民电价，且没有阶梯电价。电动汽车充换电设施用电执行峰谷分时电价政策。

（2）建立社区共享充电机制

由于受到小区停车位供给、配电网络容量等方面限制，目前私人充电桩拥有情况普遍偏低。与此同时，已有的充电桩使用率却只有10%~15%。因此，建立社区共享充电机制，才能更有效地匹配资源与需求，解决充电难的问题。

2. 对新能源汽车提供出行及停车便利

对新能源汽车的出行和停车提供便利，刺激、引导消费者购买和使用新能源汽车。

（1）公共停车场应配备新能源汽车专用停车位

地方政府宜在公共停车场保留一定比例的新能源汽车专用停车位，或在普通停车场中对新能源汽车停车费进行减免，亦或是规定新增公共停车场必须包含一定比例的新能源汽车车位。

（2）新能源汽车可使用特权车道

可给予纯电动汽车一些道路使用的特权、免费或允许特定时段使用特定路段等权利，而燃油车不能或免费享受同样的道路通行权。如在交通高峰时段使用公交车道或免费使用收费车道等。

（3）新能源汽车不限号出行

以深圳为例，实行新能源汽车独立分类注册登记，在机动车行驶证上标注新能源汽车类型，改进道路交通监控系统，通过号牌自动识别系统对新能源汽车予以通行及停车便利。以北京市为例，政府周期性发布《关于实施工作日高峰时段区域限行交通管理措施的通告》，明确规定辖区内各级国家机关、党政机关、企事业单位和私人使用的机动车依据尾号分时段分区域限制上路行驶。2015 年，北京市公安局交通管理局发布的《关于纯电动小客车不受工作日高峰时段区域限行措施限制的通告》规定，纯电动小客车不受工作日高峰时段区域限行措施限制，当年 6 月，北京市纯电动汽车申请摇号的数量激增。

（三）加强新能源汽车基础设施建设

新能源汽车基础设施主要指电动汽车的充电站、充电桩，以及混合动力汽车的加氢站等。新能源汽车基础设施建设是新能源汽车推广的必要条件。只有加快基础设施建设和运营，实现基础设施适度超前建设目标，才能吸引人们使用新能源汽车。加强新能源汽车基础设施建设应重点关注以下几个方面：

①新城应对新能源汽车基础设施立项申请，包括个人用电报装开辟绿色通道或直通窗口，简化程序，在承诺办理期限内完成相关手续。

②地方政府宜对充电站、充电桩建设、运营给予补贴。

③将充电基础设施建设和配套电网建设纳入城市规划，优先满足其用地需求；明确建筑物配建停车场、城市公共停车场预留充电桩建设条件的要求和比例。

④鼓励社会停车场设立新能源汽车专用停车位，并给予补贴。

五、案例分析

（一）伦敦的可持续交通发展

1. 城市概况

伦敦是英国政治、经济、文化、旅游中心和交通枢纽，世界最重要的金融和贸易中心之一，大伦敦地区 GDP 总量占整个英国的 22%，内伦敦是全欧洲最富裕的区域。

大伦敦人口在二战前持续增长，曾于 1939 年达到 860 万人的峰值。二战后，随着一系列新规划的实施和新城建设，伦敦人口与产业开始向外疏解。到 1970 年中期，英国先后建立 33 个新城，其中 11 个分散在伦敦外围 129km 半径范围内。之后伦敦人口持续下降，到 1988 年减少到最低的 670 万人。从 20 世纪 80 年代起，随着经济改革效果的显现及新城建设的停止，人口再次开始增长。截至 2011 年，伦敦共有人口 820 万，在未来 20 年伦敦人口将保持增长态势，预计 2031

年将达到 1010 万，增幅为 190 万[①]。

为应对持续增长的人口和就业给已经承受重压的交通系统带来的压力，并保证伦敦作为世界城市的竞争力，重点发展空间效率高且环境友好的步行和自行车出行系统是伦敦市缓解拥堵、缓解公交过度拥挤和保持环境吸引力的必然选择。

2013 年，伦敦各种按主要出行方式计算的日均出行总次数为 2610 万次，其中小汽车出行总次数最多，为 940 万次，其次是步行出行 630 万次，公交和有轨电车出行共 410 万次，而自行车出行仅有 50 万次。按此计算，2013 年步行和自行车的分担率分别为 24% 与和 2%（图 7–2）。

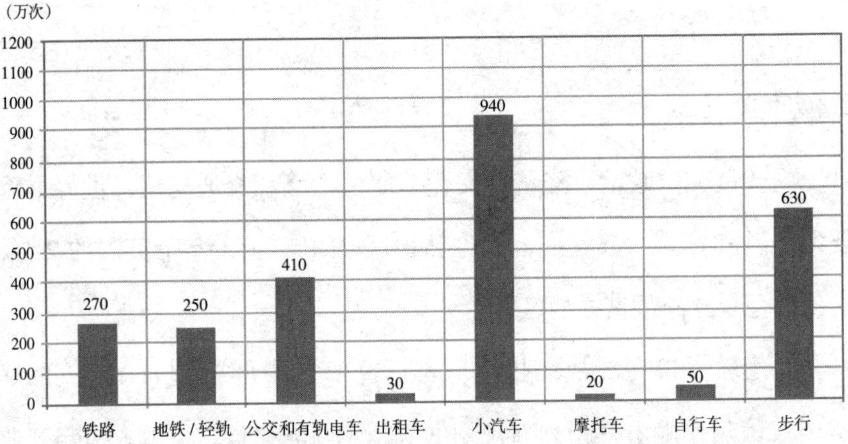

图 7–2　2013 年伦敦按主要出行方式计算的日均出行总次数（万次）

资料来源：Travel in London Report[②].

① Greater London Authority. London Plan: the spatial development strategy for London, consolidated with alterations since 2011. 2015.

② Transport for London. TFL GLA Budget Submission 2014. https://www.tfl.gov.uk/cdn/static/cms/documents/tfl-gla-budget-submission-2014.pdf [2015-4-15] .

如图 7-3 所示，在 2013 年伦敦按出行阶段（trip stage）计算的出行分担率中，小汽车虽然看似占比最高，但将各种类型的公共交通累加后，其分担率达到了 43%，仍是分担率最高的出行方式。

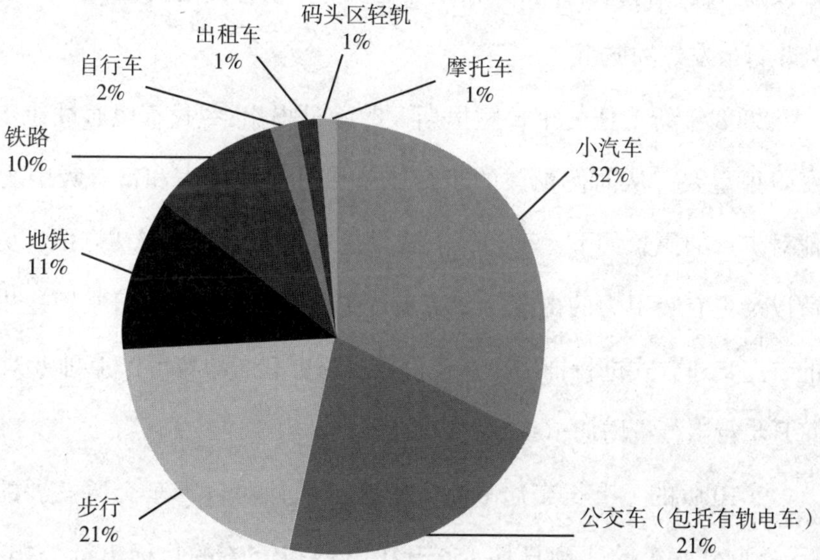

图 7-3　2013 年伦敦市按出行阶段计算的日均出行分担率

资料来源：Mayor’s Transport Strategy 2010.

2. 大力发展步行和自行车交通

在 2010 年版的《市长交通战略》中，伦敦在 2031 年的步行和自行车的出行目标分担率分别为 5% 和 25%，与 2006 年水平相比，步行与自行车的出行分担率分别将提高 1% 和 3%。据伦敦交通局预测，2031 年的总出行次数将由现在的每天 2400 万次增加至 2700 万次，这也意味着要达到以上分担率目标，需要在现有基础上新增 87 万次自行车出行和近 100 万次步行出行。2001 年版的《市长交通战略》提出："通过伦敦交通局以及伦敦各自治市的工作，并与相关机构的合作，市长将致力于创建并推进连贯、安全、便捷和富有吸引力的步行环境，以鼓励人们步行，并丰富其在室外的步行体验，使伦敦在 2015 年前成为步行最友好的城市之一。"

2008 年新上任的市长鲍里斯 · 约翰逊提出："我希望通过让步行变得很重要，从而使伦敦的步行体验尽可能地宜人和富有吸引力"。他对步行的愿景如下：①为行人建设更安全、更易于辨认方位、更舒适以及更有吸引力的街道；②将步行作为健身、休闲及日常短途出行的首选交通方式进行推广；③让伦敦成为更宜居的城市；④到 2031 年每日步行出行量增加 100 万次。

2010 版的《市长交通战略》中提出了针对自行车交通发展的目标：到 2026 年前达到日均 150 万次出行和 15% 的目标出行分担率，较 2000 年水平增长 400%。

2013 年，伦敦市发布了《伦敦市长自行车愿景》，在其中阐述了市长鲍里斯 · 约翰逊对伦敦市自行车发展提出的四大关键目标：①打造一个如地铁网一般的自行车网络。伦敦将有一个径直、连续、大容量的自行车道网络。其中，许多自行车道将平行于地铁、国铁和公交车的主要线路。同时，伦敦还将拥有更多荷兰式完全隔离的自行车道及交叉口，更多专用的部分隔离式自行车道，以及一个由径直连续的背街组成的宁静街道线路网络。②让骑行于街道更安全。今后，伦敦市的街道空间将有骑车人的一席之地，他们将会获得归属感和安全感。对于问题最多的路口，将集中投资进行大幅改造，一系列的强效措施也将提升在大型机动车周围的骑车人的安全。③更多人以自行车出行。到2020年，自行车出行量将翻倍。而伦敦也将使自行车出行变成一种日常的主流方式，使任何人都能轻松骑车出行。④为所有人营造更好的城市。新建的自行车道将在城市中建立更多绿色廊道，这些绿色廊道将种更多树，同时步行空间也将得到拓展，而机动车交通将会压缩。骑车出行将提升社区的安全性，为人气不足的街道注入新的活力，同时也将使伦敦市的更多地区转变成为人占主导的场所，而不是汽车的空间。

为改善步行和自行车的出行环境，伦敦市陆续采取了一系列措施。为了能最大限度地提升资源利用效率，实现提升步行和自行车出行的目的，伦敦交通局在制定步行和自行车发展规划、实施改善措施时采取了一套逻辑模型，以保障其政策和实施项目的效果。在项目初期，伦敦市交通局首先针对伦敦市的步行和骑行潜力进行了分析，并将这些有潜力的区域以空间分布的形式呈现出来。通过这样的分析就可以识别哪些区域是最适合集中资源，鼓励该区域人步行和骑行的地方。与此同时，伦敦交通局还做了另外一项市场细分研究，找出重点推广的目标人群。在结合了重点推广目标群体和出行潜力分布分析之后，伦敦市设计了三大旗舰项目。

（1）可读的伦敦指示系统

伦敦作为欧洲最大的城市，有着璀璨的历史沉淀，这也造就了它密集庞大的街道网络以及散布其间的无数世界级旅游点。而伦敦作为世界城市的地位还在不断增强，每年到访的游客数量以及自身的人口和就业数量还在持续攀升。

伦敦的城市规模以及迷宫般的街道网络让很多人望而却步。在2007年之前，仅伦敦中心区内就有32种指示标识系统，这些系统在设计、品质以及提供的信息上各不相同，而且维护成本也很高。这些独立指示标识的一大特点就是实施主体各自为政，且经常是为了推广某些特定步行路线或目的地。其弊端在于这些标识很少是从用户的需求角度出发进行设置，不仅在鼓励人们选择步行出行方面效果有限，且容易让人迷惑。此外，这些独立的标识系统有时还会过度占用伦敦宝贵的人行道空间，并造成街道景观凌乱。

为促进步行，并改善伦敦步行标识系统的不足，伦敦市于2005年启动了一项关于步行标识系统的研究，并于2006年发表了咨询成果报告《可读的伦敦：导向标识研究》。报告建议在伦敦打造一套名为“可读的伦敦”（Legible London）的步行标识系统来替代现有的30多个独立标识系统，这一新系统将以统一的标准和形式被部署到大伦敦地区33个自治市，旨在为行人提供更有效的指示信息，并通过对信息的组织，帮助人们构建认知地图，增强步行出行信心。

“可读的伦敦”不仅是简单地提供一套统一的、带地图的标识，项目的最大亮点之一，是对伦敦纷繁复杂的场所名称和空间概念进行了梳理和分级，按从大到小的顺序，在片、区和街坊尺度上将伦敦划分为若干个区域，使人更容易理解和记忆各级地名之间的空间和尺度关系，找到自己目的地的位置。此外，该系统还通过突出散落于城市中的地标，使置身于街头的行人能迅速辨认出自己所身处的方位，并通过地标和指示标识的辅助，顺利到达目的地。

“可读的伦敦”标识系统最初于2007年底前在邦德街区域进行了小范围实施试点，共安装了19个“可读的伦敦”标识，移除了同一区域的46个现有标识。实施后经评估效果明显，邦德街区域的步行出行时间节省了16%；85%使用过新标识系统的受访者对其易用性表示满意；91%的受访者希望该系统能在伦敦全面部署。

“可读的伦敦”标识系统此后又进行了更大范围的试点。该标识系统已经被整合到2010年起开始运营的所有公共自行车租赁点上，而后续除了人行道指示标识，还将和公交车站、地铁站等多种公共交通交通站点进行整合，还将推出纸质版和电子版地图等多种形式，使该项目的成果运用到更广泛的场景中，方便伦敦市民和游客的出行。

（2）公共自行车项目

伦敦市的公共自行车系统于2010年7月开通运营，其一期布点位于伦敦市中心，覆盖约45km^{2}的区域，共有400个租赁点，10200个车桩。其布点平均密度约为8.8个/km^2，平均间距300米。值得注意的是，其公共自行车一期布点完全覆盖了伦敦市中心的拥堵收费区，并且比拥堵收费区的范围略大，这样也为拥堵收费区内以及周边的人群提供了另一种替代性交通方式。

目前，伦敦市的公共自行车第三期系统已投入运营，覆盖范围如图7-4所示，可以看出，其布点仍然保持很高密度，且充分体现成片成网的规模效应。自开通以来，伦敦市公共自行车系统收到了不错的效果，其使用量在不断上升。截至 2012 年 12 月共有 1800 万次出行，注册使用者超过 17.5 万。截至 2013 年 12 月共有 11500 辆自行车，以及超过 700 个租赁点。

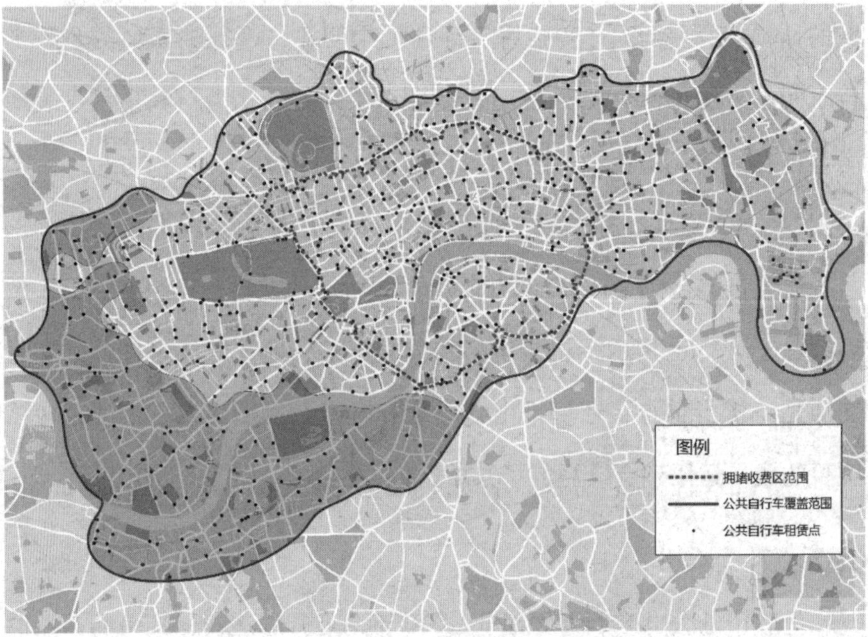

图 7–4　伦敦公共自行车系统目前覆盖范围

资料来源：TFL.

（3）自行车高速路项目

自行车高速路是伦敦市在推广自行车出行方面的另一大旗舰项目。其最大的特点就在于从伦敦市中心规划了 12 条向外放射的自行车专用道，主要服务于由内伦敦和外伦敦到中央活力区的通勤出行。这些专用道大多选在一些交通量较低的道路上，并且尽可能为自行车设置隔离设施，并在沿途配置专用的过街信号和指示标识，保证骑行者能沿着自行车高速路以安全、便捷、舒适的方式直达伦敦市中心（如图 7–5、图 7–6）。

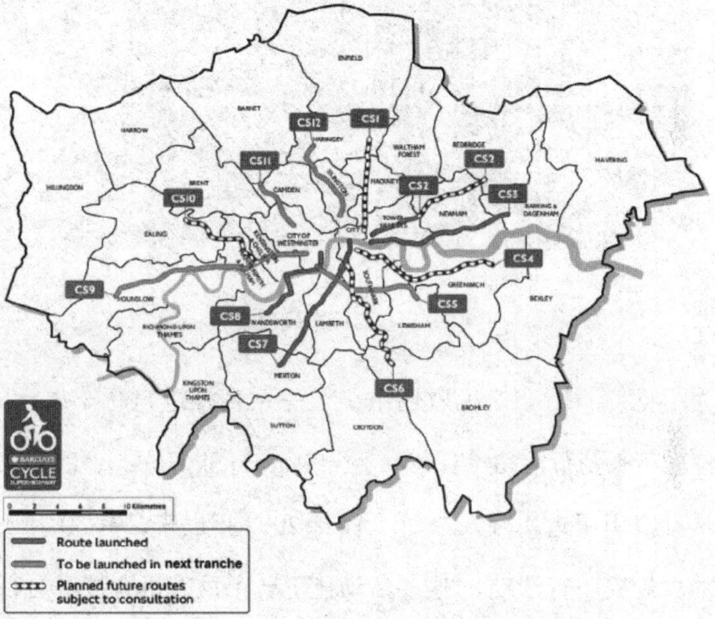

图 7–5　自行车高速路网络

图 7–6 自行车高速路

为了推广自行车，伦敦还组织了一系列推进自行车出行的活动，例如伦敦市长骑行活动（The Mayor of London Sky Ride），2011 年为期 3 天的活动吸引了近 7 万人参加。而自 2008 年以来，有 30 万人参加过类似的大规模骑行活动。这些活动让伦敦市民有机会接触自行车，感受在伦敦街道上骑行。还有一些其他的在线骑行竞赛活动，如伦敦骑行挑战（The London Cycle Challenge）等。

3. 实施拥堵收费政策，抑制小汽车使用

伦敦于 2003 年 2 月 17 日引入了拥堵收费机制，该项措施旨在抑制城市中心的交通拥堵，并用收费所得为伦敦的交通设施投资筹集资金。拥堵收费时段为工作日每天的 7:00 至 18:00，在支付 11.5 英镑的

拥堵费后当日内可无限次出入拥堵收费区。在工作日的非收费时段及周末和节假日对进入拥堵收费区或在拥堵收费区内行驶的车辆不收费。据伦敦交通局预测，2015~2016 财年伦敦拥堵收费区在扣除运营成本后的净收入达 1.72 亿英镑，与 2004~2005 财年的 0.97 亿英镑相比增长 77.3%。伦敦交通局计划将收入所得的 10%，即 1710 万英镑投入步行自行车相关项目。

图 7-7　伦敦市中心拥堵收费区

资料来源：Wikipedia[①].

① http://en.wikipedia.org/wiki/London_congestion_charge#Introduction_.28February_2003.29.

表 7–4　伦敦拥堵收费变化情况

日期	收费金额（£）	增长（%）
2003 年 2 月	5	—
2005 年 7 月	8	60
2011 年 1 月	10	25
2014 年 6 月	11.50	15

资料来源：Wikipedia.

表 7–5　伦敦 2015~2016 财年拥堵收费净收入分配意向表

项目	意向分配资金（百万英镑）	百分比（%）
公交车网络优化	74	43
自治市规划项目	15.5	9
道路桥梁维护与提升	60.2	35
道路安全	5.2	3
步行与自行车项目	17.1	10
拥堵收费净收入	172	100

资料来源：TFL GLA Budget Submission 2014.

（二）哥本哈根可持续交通发展

1. 城市概况

哥本哈根坐落于丹麦西兰岛东部，是北欧最大城市。作为丹麦的首都，哥本哈根也是丹麦政治、经济、文化的中心。哥本哈根城市面积 86.20km^2，城市人口 583348 人，人口密度 6800 人 /km^2（2014 年）。

2010 年的数据显示，哥本哈根有 35 万个就业岗位。主要集中在服务行业，尤其是交通、媒体、贸易、金融几个方面。制造业只有不到 1 万个岗位。公共服务大概有 11 万个就业岗位，包括教育和医疗等。从 2006~2011 年，哥本哈根的经济增长了 2.5%（全丹麦下降了 4%）。工业企业大多数都在市郊，近年内许多工业企业被迁移到其他地区，甚至国外。哥本哈根是很多国际大企业总部所在地，另外，生命科学和可持续产业也比较发达。

哥本哈根城市空间呈“五指”结构，城市扩张沿五条从中心城区到外围的放射形走廊进行，并将走廊之间区域作为城市绿楔限制开发。

在哥本哈根，自行车数量超过城市总人口，2010 年的数据显示，35% 的市民每天依靠自行车通勤，每年减少二氧化碳排放 90000 吨。截至 2014 年，哥本哈根城市自行车通勤分担率已经达到 41%（城区更是高达 55%）。而该城市的目标是使自行车通勤比例达到 50%。

尽管哥本哈根是欧洲人均收入最高的城市之一，但得益于高质量的绿色出行系统，哥市居民小汽车拥有率只有 22.3%，远低于丹麦全国和邻国的平均水平。哥本哈根是国际自行车联盟推选的世界上首个“自行车之城”。2008 年《Monocle》杂志将哥本哈根选为“最适合居住的城市”，并给予“最佳设计城市”的评价。2014 年哥本哈根被世界绿色经济索引第二次评为最绿色的城市，同年还被评为“2014 年欧洲绿色之都”。

2. 建设一体化公交系统

公共交通是哥本哈根一道亮丽的城市风景线，在哥本哈根，每天乘坐公交、地铁或市郊城铁的市民超过 75 万人次。为了让使用公共交通工具的人数增加 20%，哥本哈根一直致力于推行一体化公交系统。一体化是指公交车、火车及地铁实体以及在线系统的一体化，使乘客们在不同的交通方式之间不间断无缝换乘。同时，一体化的公共交通系统中还整合了自行车。在大哥本哈根区域内，各种系统互相配合，互为补充，组成了一张完善的公共交通网络，为该地区提供了卓越的可达性。

哥本哈根的公共交通力争在 2025 年之前实现碳中和，这一转变将有助于减少噪音和空气污染。该市将启动相关实验，对大型公交车使用电力和生物燃料作为驱动燃料进行测试。这项工作将通过与公交公司 MOVIA 的操作测试完成。同时，哥市还将提高地铁和通勤火车能源利用效率。

3. 大力发展自行车交通

1980 年，哥市政府通过了第一个自行车网络规划——该项规划由丹麦骑车者联合会于 1974 年提出。1997 年，政府出台《交通与环境规划》，明确了抑制私家车交通增长、大力发展自行车和公共交通的总体目标。2000 年，政府出台《城市交通改善计划》，对哥市自行车发展目标进行细化，并为同年通过《自行车道优先计划》和《自行车绿道计划》等具体实施项目奠定了基础。2001 年，政府出台《哥本哈根交通安全规划》，提出 2001~2012 年期间将自行车事故死亡率降低 40%。至此，自行车已经逐步融入到哥本哈根城市规划管理工作的各个层面。

2002年，哥本哈根政府发布《自行车政策（2002–2012）》，第一次围绕发展自行车工作制定了一揽子计划，并提出9大“抓手”，包括：建设自行车专用道、设置自行车绿道、改善城市中心区自行车环境、加强自行车与公共交通接驳、改善自行车停车设施、优化交叉口设计、加强自行车道的养护、保持自行车道的清洁、重视宣传教育。2007年，政府在《生态都市》远景纲领中，正式提出要将哥本哈根建成“世界自行车最佳城市”，到2015年力争使本市自行车通勤分担率至少提高到50%。2011年末，哥市政府出台了最新的自行车交通政策——《自行车战略（2011–2025）》，以图文并茂的形式从出行时间、安全感、舒适感、生活方式和城市体验5大方面阐述远景发展目标和行动纲领。2012年夏，《气候规划》再次重申50%自行车通勤分担率的宏伟目标，将发展自行车作为交通领域的减排重点。

哥本哈根在建设自行车专用道方面有着悠久历史，并在技术风格上形成了地方特色。早在1934年，哥本哈根已经拥有约134km长的自行车专用道。过去的半个世纪中，政府一直致力于自行车专用道建设，使自行车道长度平稳增长，至2010年达360公里。哥本哈根市内的绝大部分自行车专用道采用“抬起式”，为哥市独有。之所以称“抬起式”，是由于这种自行车专用道路面始终比机动车道高出7~12cm，并用路缘石隔开，有独立排水系统。自行车专用道通常沿城市道路两边的人行道外侧设置，标准宽度约为2~2.5米。近年来，由于在某些繁忙路段出现了自行车拥堵情况，哥本哈根决定对这些路段的自行车专用道进行拓宽到3~4米。

除常规自行车专用道建设外，哥本哈根还致力于高品质、区域级的自行车道建设。2001 年，政府出台《自行车绿道计划》，规划建设 22 条全长 110km 的自行车绿道网。根据规划，自行车绿道的选线独立于繁忙的城市干道，穿越公园、滨水等开敞空间，并为城市主要的旅游点提供捷径。此外，绿道遇一般道路时设置自行车优先过街标识，需跨越车流较大的城市干道时则修建自行车专用桥避免平面交叉，进而确保绿道上自行车通行的安全、快速、舒适。截至 2010 年，绿道已实施完成 42km，两座自行车专用桥也已建成并投入使用。

2010 年，哥本哈根市政府联合周边 22 个市镇，合作打造哥本哈根都会区 26 条总长 300 公里的自行车高速公路网。自行车高速公路主要以最短路径连接郊区居住区和市中心的办公、学校和公交站点等重要节点，引导住在郊区的市民选择 10km 以上的远途自行车通勤。第一条自行车高速公路已于 2012 年 4 月开通，连接哥本哈根和阿卡普尔科。

哥本哈根不仅推行独立的自行车信号灯，而且对自行车流量较大的交通走廊采取自行车信号联动控制，实现“绿波”效果，从而大大减少骑车在交叉口的延误时间。2004 年，自行车“绿波”首先被应用于城市主干路 Nørrebrogade。在上下班高峰时段，政府按照 20km/h 的自行车设计速度对该路段 13 个信号灯路口采用自行车信号联动。实行“绿波”后，自行车沿 Nørrebrogade 的骑行速度成功由之前的 15.5km/h 提高到 20.3km/h。

自行车停车问题一直是哥本哈根自行车系统建设中的难点。为此，哥本哈根政府针对不同区域制定了差异化的渐进增量政策。例如，对于供需矛盾突出的居住区和办公区，允许并鼓励业主将机动车停车位改为自行车停车场地，平均每减少 1 个机动车停车位就能多停放 10 辆自行车。对于一般街道，允许在人行道转角处增设自行车停车设施。对于寸土寸金的商业街，允许临街店主利用人行道的剩余空间修建自行车停车架。最后，对于新建项目，政府在 2009 年出台城市建设管理规定，要求商业项目按 0.5 个 / 岗位配套自行车停车设施，新建居住项目自行车停车位配建标准为 2.5 个 / $100m^2$。

4. 完善交通需求管理与智能交通系统

对小汽车交通的限制政策也能够促使人们放弃开车而选择自行车出行。哥本哈根对小汽车发展的限制体现在购车和停车两个环节。1970 年代后，哥市政府更多通过税收来限制人们购买小汽车，私人小汽车税款大致是购车费用的 3 倍。同时，为了限制购买大型、高油耗的小汽车，车辆购置税随着车的重量和发动机的排量增加而增加。

在停车环节，哥本哈根停车政策颇有新意，富含政治智慧。为避免在中心城一次性减少较多停车位而在小汽车群体中引发反弹，哥本哈根政府在过去几十年一直采取渐进策略，坚持每年减少 2%~3% 的停车位，积少成多，避免激化社会矛盾。此外，对停车费用实行价格分区，使价格与区域的停车供需关系以及公交服务强度挂钩。一般路侧停车收费是 4 美元一小时，在大众公共交通系统服务较好的地区，停车收费会更高。并且，政府将提高停车费与减少车位统筹考虑，使城市中心区的停车空位率始终保持在 10% 左右，这样一来富人们便无法抱怨停车位太少，从而减少政策实施的阻力。

目前，丹麦每千人拥有小汽车 330 辆，在欧洲排名第 11 位，排名在一些比丹麦贫穷的国家如西班牙的后面。高昂的小汽车拥有和使用成本、支持公共交通优先发展、设计令行人和自行车方便的道路交通设施，共同帮助哥本哈根成为一个宜居的城市。

近年来，科技发展突飞猛进，为交通规划和交通管理提供了新的机遇，能够改善交通流量，减少碳排放。哥本哈根市将创造条件让这些机遇成为现实。通过交通规划与智能交通管理，哥本哈根市将为自行车、公交车和汽车创造更好的出行条件，减少机动车交通产生的碳排放。届时，乘坐公交车的出行时间将缩短 10%，发车频率将提高 20%。而跨平台、整合多种交通模式的出行规划系统也将为市民提供最环保最便利的出行选择。

5. 推广清洁能源汽车

哥本哈根致力于推广电动车、氢电车和使用生物燃料的重型车。在丹麦，96% 的汽车出行距离都不到 50 公里，因此，电动车的市场十分广阔。一旦有了覆盖全国、差别化的基础设施，电动汽车便可以满足非普遍型长距离的出行需求。

在新型燃料方面，哥本哈根市将通过示范项目，发展和推广新型燃料在交通领域的使用。在基础设施方面，该市在未来将建立充电站和加氢站，并探索建立安全可靠的生物燃料生产和供应设施的可能性。

同时，该市还将与工业和其他公共主管部门开展合作，鼓励购买新型电力、氢燃料和生物燃料驱动型汽车。

（三）重庆悦来新城可持续交通发展

1. 新城概况

悦来新城位于重庆市主城区北部，南北分别毗邻礼嘉国际商贸中心和重庆国际博览中心，距解放碑 – 江北城距离约 15 公里，距江北国际机场 12 公里，距规划的悦来两江商务中心区 8 公里，是重庆未来北拓最重要的地区之一。重庆是我国典型的山地城市，其独特的山水格局，造就了其与平原城市诸多不同的自然特征，悦来新城的研究和实践工作，在西部地区和广大山地城市中具有示范和推广意义。

重庆市委、市政府高度重视、积极推进新城规划建设工作，于 2010 年初开展了重庆悦来新城规划的前期研究。2011 年 5 月，重庆市规划局委托美国能源基金会及卡尔索普事务所开展 10 平方公里范围的概念性规划设计。

悦来新城实现“可持续新城”的一个重要方面是实现可持续交通。新城坚持以公交为导向的开发模式理念，通过科学的技术手段规划合理的路网结构、公交线网、慢行系统与停车配比，引导居民增加步行和自行车以及公共交通的使用，降低对小汽车的依赖，促进新城公交与土地利用的互动和可持续交通系统的形成（图 7–8）。

图 7–8　悦来新城区域背景

2. 路网结构

悦来新城打破了传统的超大街区交通组织模式，采用小尺度、密集的路网布局。超大街区通过干道系统组织区域交通，追求的是机动交通效率，无论是长距离交通，还是短距离通行，采用无区别的稀路网、宽马路路网系统进行组织。而小尺度街区则刚好相反，利用密集的路网布局，鼓励非机动交通出行，在小尺度街区范围内抑制机动车（私家车为主）的通行，注重机动交通的分流。悦来新城的道路组织有如下特点。

①注重路网系统与城市干道的衔接，多个出入口分散机动交通压力。

②注重单向通行道路的建设，避免机动交通相互干扰，提高路网通行效率。

③采用小街区、密路网为机动交通提供更多路线选择，特别是为交通拥堵时段提供更优路线。

④注重支路级别的道路建设，支路系统对机动交通实行限速。

⑤注重非机动交通路网的建设，在短距离出行上利用公共交通和非机动交通，减少机动车（私家车）使用。

悦来新城组织机动交通的道路系统分为三个层级，分别为城市对外交通、过境交通和短距离通勤交通。悦来新城特别注重对交通的疏导和内部步行交通环境的建立，内部抑制机动交通的路网系统，将私有机动车出行转换成以公共交通和步行出行，倡导了更可持续的出行方式。悦来新城于家堡金融区内的规划道路宽度普遍较窄，最宽的主干道为 40m，同时注重支路的建设，控制红线宽度为 20m，通过道路等级和宽度的设计限制汽车的使用比例；悦来新城光谷中心城则注重采取交通管理措施，主要考虑单向通行道路在密集路网中的交通引导作用，在有条件的区域实现单向或双向绿波交通，同时依托轨道交通和地面交通体系构建地下步行网络，全面实现适宜步行、功能混合的核心理念。另外，支路可以允许一定程度的人车混行，但必须限制车速，统一规划路边停车模式，也是交通静缓理论的直接体现（图 7–9）。

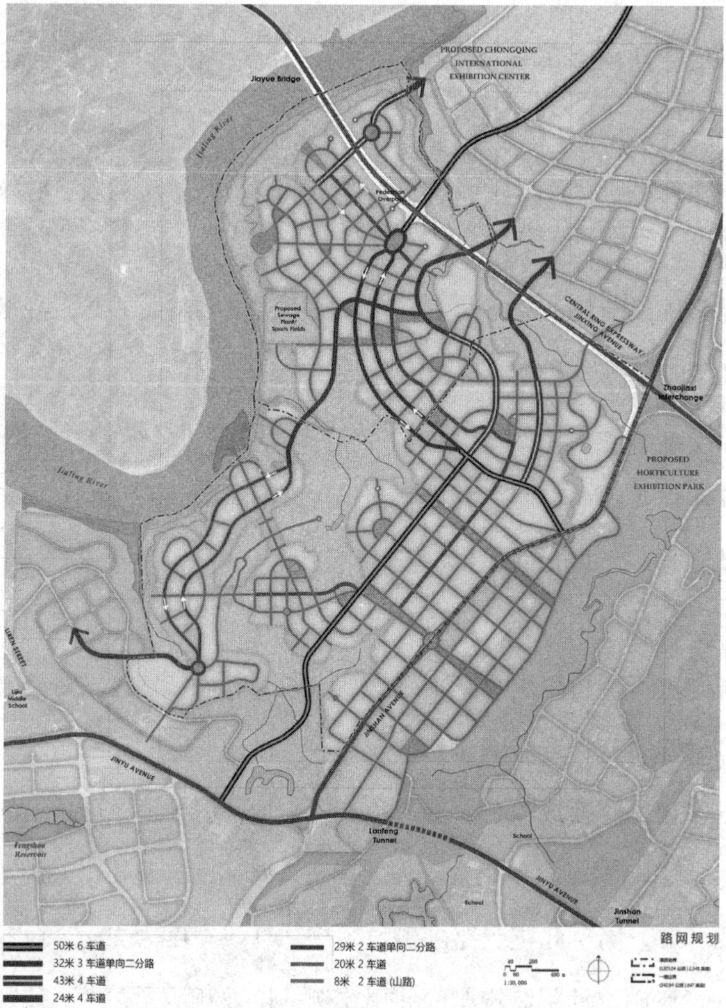

图 7–9　悦来新城路网规划

悦来新城道路系统符合一般的小尺度街区规划模式的形式，这种提倡步行，抑制私家车的做法对新城特别是山地城市的交通结构和交通状况改善有很大的帮助。具体体现在以下四个方面：

①悦来新城对外交通、过境交通和内部交通明确，交通组织便捷。密集路网系统增加与城市干道交叉路口，内部过境干道（50m 主干道，单向二分路）分担了城市干道交通压力，可以起到对外联系和疏散交通作用。②社区内部的短距离出行已经可以完全和干道交通流分离开。③对机动交通整体采取控制引导，疏散进街区，减慢车速。④倡导非机动交通出行方式，不仅减少了机动交通干扰，交通方式也更加生态低碳。

3. 公共交通

悦来新城运用 TOD 理念结合公交站点进行城市功能布局，从城市级和邻里级构建公交导向的区域 TOD。

悦来新城区域层面主要由穿过地块内部的轨道交通 6 号线连接其他城市地区。E-Bus 轨道线路、公交专用道、常规公交、社区公交多层次公共交通系统配合，提高了公交站点覆盖率。高强度的公共交通与高强度的土地开发相结合，两个地铁站周边进行高强度的土地混合开发，作为服务业、零售商业与高密度住宅的集中点，形成服务半径 800 米城市级 TOD 中心。作为区域中心，集中了悦来新城主要商务办公用地。沿主要的 E-Bus 线路和公交专用道，形成交通购物环线走廊，集中了为社区服务的各种公共空间和服务设施，在主要的公交站场周边增加开发密度和临街商业与服务，构建服务半径为 400 米的邻里级 TOD 中心。在步行的有效出行距离内，人们可以方便地到达零售商业设施、公园、学校和公交站点。另外，街道间距适宜人，交叉口转向换乘也较容易（图 7-10）。

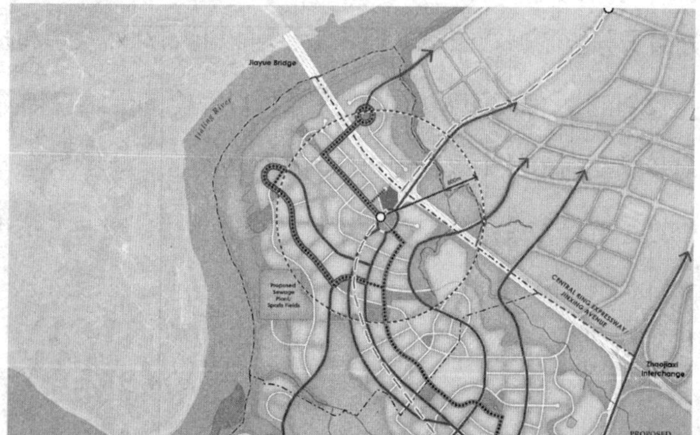

图 7-10　悦来新城公共交通网络规划

悦来新城按照 400~800m 的公交服务半径来布局区域核心。轨道交通、BRT 专用道和社区公交紧密结合，让乘坐公交出行的市民更便利。

4. 步行与自行车交通

从重庆 2008~2010 年的出行方式数据统计中发现，重庆以步行出行方式为主，占比近 50%，但步行环境没有受到足够的关注和重视。小汽车的迅速增长，在出行结构中呈现增长的态势。私家车大量增长的同时步行出行却有所减少。另外，自行车交通出行几乎在重庆交通出行中占不到比例。因此，山地城市更需要实现多中心组团的内部职住平衡，否则大量的组团间通勤（私家车居多）仍将给城市带来巨大的交通量。

在发展步行交通方面，悦来新城通过步道连接商业区、办公聚集区、居住社区和城市开敞空间，步行环境更加友善，5 分钟到达就近公共服务设施，5 分钟到达就近的公园、广场等开敞空间，5 分钟到达就近的公共交通站点。具体措施有以下几点：

①控制街道间距在 200 米以下，形成 100~200 米长短边的街区尺度，并在已有超大街区内开辟公共步行道来创建可直接联系的路径和可穿行街区。

②采用窄马路，缩短行人过街距离。例如，将过境道路宽度控制在 50 米以下，如悦来新城配有 BRT 的主要过境道路为 50 米，控制地区支路最大宽度为 25 米。

③在主要街道两边设置连续且标识清晰的人行道，宽度至少 3 米。

④为了实现街道的生活性价值，鼓励行人在人行道上发生各种休闲、购物、交流的活动，提升城市认知，增加安全保障。将公共建筑和零售商业临街布置、住宅楼设置多处行人入口（图 7-11）。

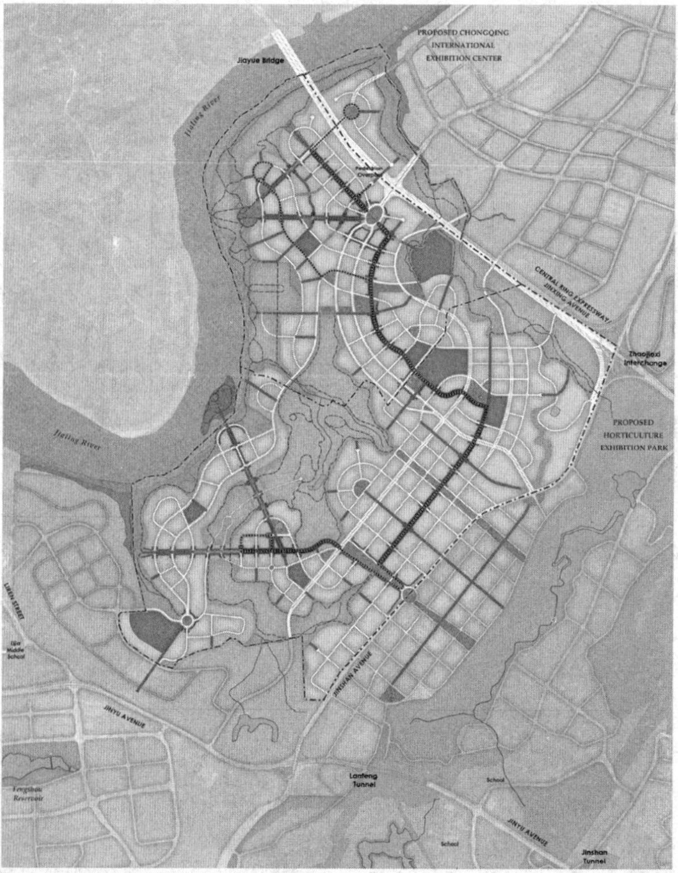

图 7-11　悦来新城步行系统规划

⑤小区围墙与街道之间设置后退或者用通透的栏杆替代。

在发展自行车交通方面，悦来新城内除市政道路上的自行车道以外，还设置专用慢行道系统，只允许行人、自行车与公交系统运行。场地内最为陡峭的区域设置类似于香港中环—半山的电梯系统。在主要的街道，特别是平整地区道路，安排充足的自行车道，自行车道贯穿公共道路与慢行道体系，同时连通自然山地、江畔公园与社区，与其他设施整合创建慢行友好的区域，为居民提供便捷的小汽车替代方案。设计道路时突出自行车的安全和方便；创建慢行专用道网络，鼓励使用非机动车。

5. 停车配建

悦来新城建筑物停车配比原则：

①通过对停车配建总量的控制来抑制小汽车出行，达到公交优先出行的目标。

②将路网承载力反算出的机动车出行总量作为建筑物停车配建总量控制依据。

③停车分区原则，采取差异化停车供给。

悦来新城基于道路交通承载力，通过分析新城各个地块的公交服务水平，提出针对不同公交服务水平下分别配置不同的停车配建指标，以达到控制停车位供应总量的目标，引导新城小汽车的合理使用，实现新城低碳绿色出行的规划理念。

在新城内的 131 个地块中，居住地块共计 79 个，通过公交系统服务水平的综合评分提出居住地块配建停车位指标建议。

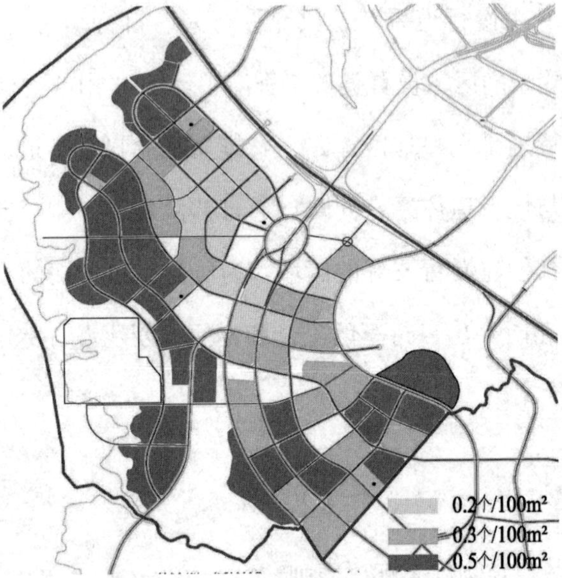

图 7-12　居住地块停车位配比情况图

图 7-13　居住地块停车位配比与站点关系图

表 7-6 居住用地地块配建停车位指标建议表

	配建指标分级		
	0~4 分	5~8 分	9~14 分
居住用地	41 个地块	23 个地块	15 个地块
推荐配建指标	0.5 个 /100m^2	0.3 个 /100m^2	0.2 个 /100m^2

在研究区域内的 131 个地块中，公建地块共计 14 个，其中商业用地地块 4 个，商务用地地块 4 个，研发用地地块 5 个，通过公交系统服务水平的综合评分提出公建地块配建停车位指标建议（表 7–7）。

表 7-7 公建用地地块配建停车位指标建议表

	用地类别	配建指标分级		
		0~4 分	5~8 分	9~14 分
公建	商业	—	—	4 个地块
	商务	—	—	4 个地块
	研发	1 个地块	—	5 个地块
推荐配建指标		0.9 个 /100m^2	0.7 个 /100m^2	0.5 个 /100m^2

对于幼儿园、中小学地块仍然采用建设项目停车位配比指标（表 7–8）。

表 7-8 幼儿园、中小学地块配建停车位指标建议表

用地类别	配建指标
幼儿园	0.7 个 /100m^2
中小学	0.3 个 /100m^2

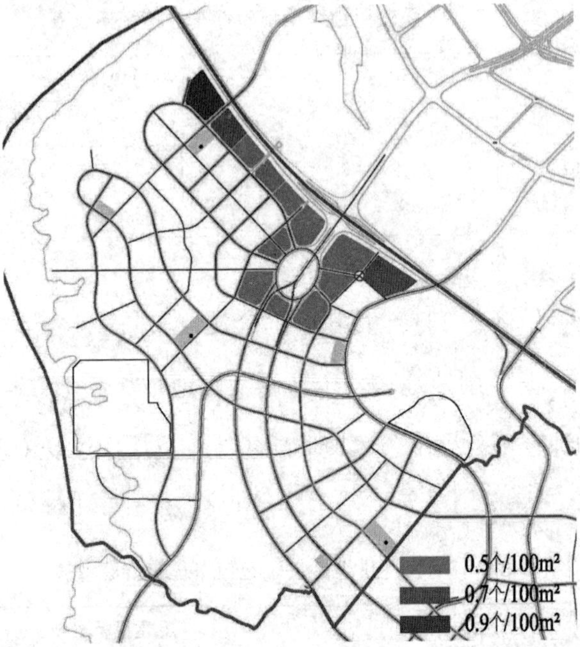

图 7-14 公建地块停车位配比情况图

总结起来，悦来新城的停车配建方案如下：

①单向二分路沿线的地块由于有轨道和大站快车服务覆盖，配置有较高公交服务水平，沿线地块可以充分利用公交系统出行，故停车配建指标较低，同时，保证主要通道上的公交优先出行和小汽车抑制出行目标的顺利实施。

②容积率较低的沿江沿山以及传统风貌保护区，由于地形和道路等级限制，公交服务水平相对适中，较公交服务水平较高区域可适当提高停车配建指标。

③公建地块和居住地块采用不同配建指标，停车控制总数和路网通行能力匹配，保证路网的总体运行效率。

④中小学、幼儿园按照主城区现行的建筑物停车配建指标执行。

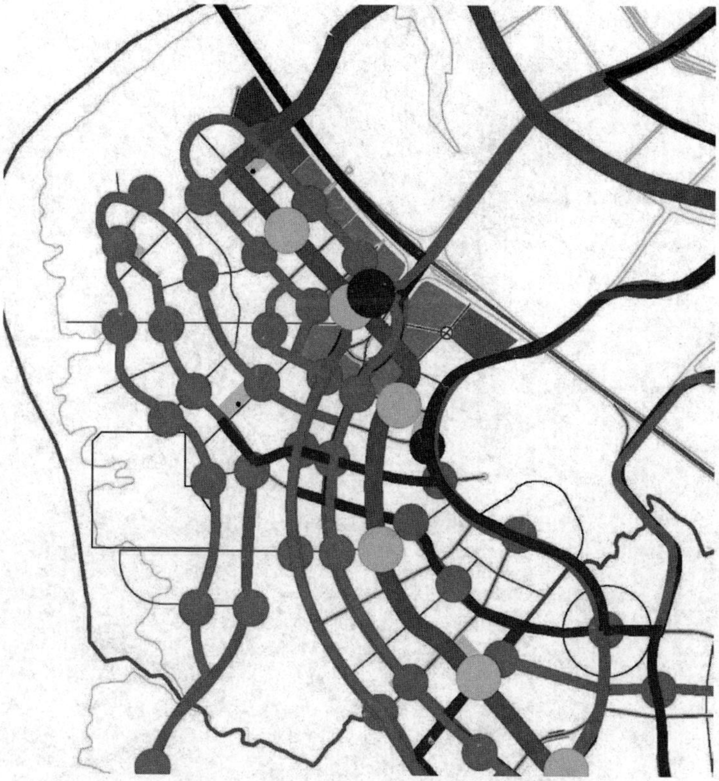

图 7-15　公建地块停车位配比与站点关系图

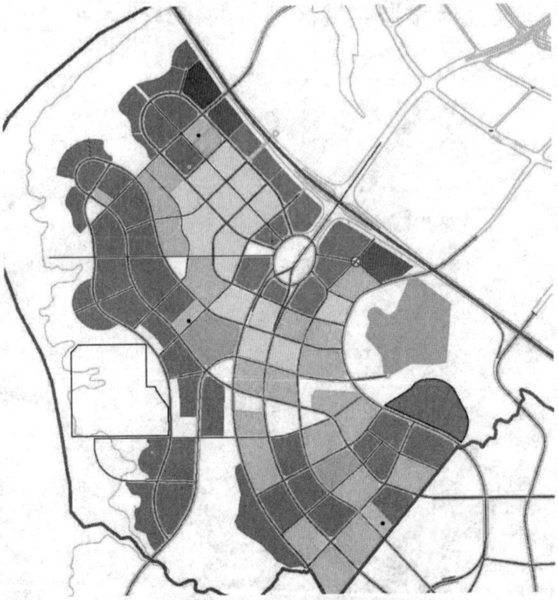

图 7-16　新城停车位配比情况图

图 7-17　新城停车位配比与站点关系图

参考文献

[1] Great London Authority. Mayor’s Transport Report. 2001.

[2] Wikipedia. Local government in London. http://en.wikipedia.org/wiki/Local_government_in_London.[2015-4-3].

[3] Greater London Authority. London Plan: the spatial development strategy for London, consolidated with alterations since 2011. 2015.

[4] Transport for London. TFL GLA Budget Submission 2014. https://www.tfl.gov.uk/cdn/static/cms/documents/tfl-gla-budget-submission-2014.pdf [2015-4-15].

[5] TFL GLA Budget Submission 2014.

[6] 姜洋，陈宇琳，张元龄，谢佳．机动化背景下的城市自行车交通复兴发展策略研究——以哥本哈根为例[J]．现代城市研究，2012(9):6-11.

[7] City of Copenhagen. Copenhagen: Solutions for Sustainable Cities[M]. Copenhagen: City of Copenhagen, 2011.

[8] Copenhagen Roads and Parks Department. Cycle Policy 2002-2012[R]. Copenhagen: Building and Construction Administration, 2002.

[9] Copenhagen Technical and Environmental Administration. Copenhagen Green Accounts 2012[R]. Copenhagen: Technical and Environmental Administration, 2013.

[10] Copenhagen Technical and Environmental Administration. CPH 2025 Climate Plan[R]. Copenhagen: Technical and Environmental Administration, 2012.

[11] Copenhagen Technical and Environmental Administration. Traffic in Copenhagen: Traffic Figures 2007-2011 [R].Copenhagen: Technical and Environmental Administration, 2012.

[12] Copenhagen Technical and Environmental Administration. Good, Better, Best: The City of Copenhagen’s Bicycle Strategy 2011-2025[R]. Copenhagen: Technical and Environmental Administration, 2011.

[13] Copenhagen Technical and Environmental Administration. City of cyclists — Copenhagen Bicycle life[R]. Copenhagen: Technical and Environmental Administration, 2009.

[14] Copenhagen Technical and Environmental Administration. CPH Climate Plan[R]. Copenhagen: Technical and Environmental Administration, 2009.

[15] Ministry of Environment. Fingerplan 2007: Landsplandirektiv for hovedstadsomr? dets planl? gning[R]. Copenhagen: Ministry of Environment, 2007.

[16] Richard Knowles, Transit Oriented Development in Copenhagen, Denmark: from the Finger Plan to Ørestad[J]. Journal of Transport Geography, 2012(22): 251-261.

[17] 高密度城市形态与城市交通——以香港城市发展为例．http://www.abbs.com.cn/newarch/read.php? cate=6&recid=19956.

[18] 走进香港城市轨道交通(3)——TOD模式.http://www.21its.com/Common/SpecialDetail.aspx? ID=2008040113445642651.

[19]《2012 环保工作报告》第四章 .http://www.epd.gov.hk/epd/misc/er/er2012/tc/ch4_01.html.

[20] 香港应对气候变化策略及行动纲领 . http://www.epd.gov.hk/epd/tc_chi/climate_change/consult.html.

[21] 制定低碳交通运输体系的发展策略 . http://www.legco.gov.hk/yr10-11/chinese/legco_rpt/legco_motion06021-c.pdf.

[22] "Highlights in 2011" . http://www.epd.gov.hk/epd/misc/ehk12/en/highlights.html.

[23] 2011 年交通署环保报告 .http://www.td.gov.hk/filemanager/tc/content_1110/er2011c.pdf.

[24] 2013 年施政报告 . http://www.policyaddress.gov.hk/2013/chi/p137.html.

[25] 让香港走向低碳政策建议（Greenpeace）. http://www.greenpeace.org/hk/press/releases/climate-energy/2010/10/climate-brief-2010/.

第八章
可持续基础设施

内容提要

基础设施是保障城市生产、生活正常运转的重要支撑系统，作为可持续新城建设中的一项重要环节。本章将问题与目标导向相结合，依次探讨了能源、水系统、固体废弃物治理、安全设施、文化等基础设施的可持续发展，并关注智能化管理与新城建设的融合。

基础设施是可持续新城规划建设的重要组成部分，是保障城市生产、生活正常运转的重要支撑系统。基础设施的可持续性对新城的可持续发展具有重要的支持和保障作用。

一、可持续基础设施概述

可持续基础设施是指通过科学规划、合理利用土地资源、节能降耗、控制污染排放等手段，在实现基础设施保障功能的同时，降低对生态环境的影响，促进城市可持续发展的城市基础设施系统。作为新城经济社会发展和居民生活所必须的基础工程，可持续基础设施建设对新城的可持续发展发挥着基础性作用。联合国《2030 年可持续发展议程》将建设可持续的基础设施确定为 17 项主要发展目标之一。按照当前的城市管理分类，基础设施领域大致可分为能源设施、供排水设施、环卫设施及安全设施等。

（一）构建可持续基础设施的原则

新城可持续基础设施在规划建设过程中应遵循如下原则：

安全韧性：新城各类基础设施，要保障质量，确保安全，同时，供应量也要有安全保证，适当考虑安全系数，留有余量，并确保设施具有较强的应对突发事件和各种灾害的能力，加强新城的“灾害链”管理水平，发挥城市规划在应对气候变化风险中的积极作用，提高新城生命线系统标准，推进海绵城市建设，增强新城适应气候变化等能力和灾害应急响应能力。

绿色环保：新城基础设施应鼓励采用绿色环保低碳技术，促进资源的节约、循环、再生利用，最大程度上减少对自然环境的负面影响，减少对不可再生资源的索取，尽可能地利用可循环再生的资源替代不可再生资源。

集约整合：加强不同基础设施之间的整合利用，降低土地资源的占用，促进设施向小型化、地下化、综合化、共享化发展，发挥协同效应。

智能高效：在保证供给安全的基础上，通过各种技术和机制提升措施，融合智能化运行管理，提高供给的效率和品质，让公众享受到更为优质高效的服务。

（二）新城基础设施建设存在的问题与挑战

当前，我国各类新城建设过程中都高度重视基础设施建设，新城各类基础设施建设标准及水平显著高于既有城区，在提高基础设施的可持续性方面也进行了诸多的探索，形成了许多重要经验，中国在城市基础设施的建造能力方面达到了世界先进水平，同时，新城可持续基础设施建设也存在一些问题和挑战。

1. 建设方案与技术选择盲目照搬

在一些地方的新城新区建设实践中，部分新城基础设施建设未遵循本地特点，设施建设与技术选择并未与本地的资源、气候、场地条件等相匹配，盲目照搬其他城市的做法，后续出现了一些原本可避免的问题。新城基础设施建设应当按照一城一策原则，因地制宜制定新城基础设施建设的规划和具体方案，指导新城基础设施建设有序开展。

2. 过度追求高新技术

新城的建设水平普遍较高，一些地方在高标准要求下，出现过度追求和广泛使用不成熟新技术的问题；在部分新技术尤其是低碳技术和可再生能源利用技术规模化应用之前，可能带来较高的经济成本，从而使相关建设面临应用上的现实压力。

3. 设施维护与运行管理面临挑战

一些新城基础设施建设采用的新技术或新模式与常规建设方式存在差异，运维能力需要及时跟进技术的需要，才能保证新城基础设施建设效能的发挥。此外，公众对于部分技术使用的接受度较低，一定程度上影响新技术的推广应用。

二、能源基础设施

可持续新城能源系统建设应从供需两侧，包括能源供应、能源输配和能源需求利用在内的各个环节全面考虑可持续建设要求，通过城市能源系统规划、建设、运营和管理的全过程科学管控，提升新城能源系统效率，减少碳排放和污染物排放，建设节约、高效、清洁、低碳、智能、安全的可持续发展型能源设施。

（一）构建清洁低碳的能源供应体系

在新城建设过程中，应着力优化能源供给结构，降低高碳能源消费占比，推进清洁能源供应和能源清洁利用。严格限制煤炭的使用，划定禁煤区。新城火电厂建设应设置较高的节能和环境标准，实现超低排放。加强煤炭清洁利用，严禁使用低效小型燃煤锅炉，严禁煤炭散烧。鼓励增加天然气消费比重，推动天然气、液化天然气（LNG）、页岩气、煤层气（煤矿瓦斯）、生物质燃气等多元化发展，通过技术创新推动天然气和非常规油气资源的开发利用，加快相关基础设施建设。优先发展可再生能源。在条件适宜的建筑用户，大力发展空气源、水源（含污水源）、地源、地热等热泵系统，实现建筑供热制冷。因地制宜大力发展太阳能、风能等可再生能源，推进建筑光伏一体化，在工业厂房、公交车站棚、路灯等建设分布式光伏发电系统，鼓励构建智能微电网系统。在有条件的地区，全力推进垃圾和生物质能源利用，充分利用新城内外部农业秸秆、林业秸秆、餐厨垃圾、畜粪等资源，实现高效能源转换利用和资源化利用。提高新城电气化水平，使电力在终端能源使用中占主导作用，充分利用新城内外部清洁、可再生能源和核电的电力输入。充分回收利用工业余热资源，北方地区的新城新区，应积极利用工业余热资源为新城建筑供热。

（二）电力基础设施

鼓励在新城建设智能电网，降低电网损耗，提高供电可靠率。在新城电网的规划建设、生产技术、调度运行和管理机制等方面考虑低碳目标，减少输配电环节电网设备中的温室气体六氟化硫的泄露和排放，实现电网环节的减排和资源节约。构建新城坚强的电网骨架、并网能力、储能能力和应急能力，实现充分消纳新城外部的风电、光电，并规模化利用新城内部网的可再生能源电力资源，保障新城电力供应安全稳定、多能互补和清洁能源全额消纳。以智能电表与计量管理系统为依托，引入分时电价和双向互动的电能交易机制，引导电力用户实施科学、高效的用电行为[①]；通过灵活电源建设、建筑柔性用电模式和建筑用电的"需求侧响应"等技术措施，降低电力系统高峰负荷，提高新城电网设备利用效率，解决电力负荷侧削峰填谷和供应侧可再生能源消纳问题；建立完善的建筑内部直流供电系统和分布式蓄电池系统，建筑内形成直流微网，可高效、高可靠、高质量保障电力供应。

① 康重庆、周天睿、陈启鑫、夏清："南方电网低碳发展战略思考"，《南方电网技术》，2010 年第 6 期。

（三）燃气设施

综合考虑新城周边燃气资源条件和供应形势，依托国家气源主干通道和气源点，建设新城接入系统，构建多气源、多层级、广覆盖的城乡燃气供应体系，形成多源多向、互联互通的新城燃气输配工程系统，保障安全稳定供应。同时，综合考虑燃气利用的社会效益、环境效益和经济效益以及不同用户的用气特点等各方面因素，坚持科学合理的天然气利用方向和领域，明确天然气利用顺序，优化天然气消费结构。鼓励能源梯级利用。

合理科学预测新城用气量，优化燃气管网基础设施布局。完善天然气储运调峰和智能化设施建设。通过“互联网 +”、大数据技术在燃气管网集成设施建设和运行管理中的应用，建设形成可持续新城的智能燃气管网输配系统，建设 LNG、地下储气库等储气调峰设施系统，平衡季节性峰谷差，提升管网输配效率和供应安全保障能力。优化各压力等级的门站、燃气管网、储气设施、调压设施等城镇燃气输配系统布局，通过不同用气负荷的逐月、逐日、逐时用气不均匀性综合优化，降低冬夏用气峰谷差，提升燃气管网的输配效率。

合理利用天然气分布式能源（热电冷三联供）系统，如果利用得当，可以实现能源的梯级利用，调节燃气、电力的季节性峰谷差，增强城市电力供应的安全可靠性。由于燃气价格比较昂贵，经济性较差，且燃气发电大幅增加了冬季天然气需求量，应充分论证燃气供应安全保障和氮氧化物排放总量增量的问题，且联产制冷模式相对于分产制冷模式是不节能的[①]。因此，天然气分布式能源系统利用作为能源补充方式，需要认真分析系统冷、热、电负荷的匹配性，考虑输配系统能耗，以系统综合能源利用效率为决策依据。

（四）供热设施

综合考虑供热方式的节能效益、环境效益、经济效益和供热安全保障等方面因素，科学选择供热方式。在北方地区的新城新区建设中，优先发展高效、低碳、清洁的供热方式，替代低效、高碳、污染重的供热方式，形成多能互补的清洁供热系统。依据新城规模和新城周边的余热资源条件，积极发展以高效清洁大型热电联产和其他工业余热作为主要热源，天然气作为调峰热源的集中供热模式；着力提高集中供热普及率；在集中热网覆盖不到的区域，发展多元化的高效清洁分散供热方式，如空气源、水源、地源、地热等热泵系统以及生物质、垃圾及太阳能等。全面提升供热基础设施从规划设计、建设施工、材料工艺、运行维护全过程的水平，在高效、清洁供热方式下，降低管网输配电耗，减少管网热损失、不平衡损失以及过量供热，提升供热基础设施的使用寿命和安全保障性能，确保供热安全和经济性的可持续。加强新城智慧热网基础设施建设。利用能源互联网平台，建设智慧热网系统，形成供热服务综合管理信息数据平台及供热安全、供热质量和供热能源消耗与储备的信息监测系统，提高供热系统安全

① 付林、李辉：《天然气热电冷联供技术及应用》，中国建筑工业出版社 2008 年版。

运行监测水平，切实提高供热设施的运行保障能力和安全可靠性。建立供热应急处置机制，制定供热突发事件应急预案，针对冬季供热能源短缺、设备设施故障和极端天气等突发事件，按其影响程度，建立不同级别预警与应急响应机制，提高供热应急处置能力。

（五）能源互联网

协同优化城区电力、燃气、热力等能源基础设施，构筑智慧的能源互联网系统，实现能源供应、输配基础设施和需求的系统整体优化。分布式能源、微电网、智能电网、智慧城市、物联网、电动汽车、用户储能、需求响应和能源互联网等新模式、新产品、新技术，使能源系统呈现多样化、变化大、发展快的新趋势，能源互联网平台就是开放、互联、互通、共享的思维，借鉴互联网理念自下向上构建能源基础设施。能源互联网以大电网为“主干网”，以微网、分布式能源等能量自治单元为“局域网”，通过开放对等的信息—能源一体化架构实现能源（电能）的双向按需传输和动态平衡使用，是一个信息与能源相融合的“广域网”[①]。开发广域电力网络互联技术、多能源融合与储能技术、能源路由器技术、用户侧自动响应技术、电动交通及其与电网的交互技术等能源互联网技术，通过能源和信息交互平台的能源流和信息流的双向流动，实现能源供应、输送、消费一体化协同以及不同类型能源之间的协调优化控制，推动广域内能源资源的高效利用、

① 曹军威、袁仲达、明阳阳、张华赢：“能源互联网大数据分析技术综述”，《南方电网技术》，2015 年。

协调互补和优化配置，实现整个能源利用体系的“横向多能互补”和“纵向源—网—荷—储协调优化”①。

建设智慧能源计量监测系统。新城应在建筑、工业园区及市政基础设施的建设过程中，建设智慧化基础设施系统，同步设计安装电、热、气等能源计量器具，倡导建设能源利用在线智能监测系统，实现能源利用的分类、分项、分户计量和高效运行管理。对能源生产、转换、传输、消费、交易等数据进行收集分析，为系统的安全稳定运行及远程控制提供数据支撑，为充分挖掘各个环节节能潜力提供可能，从而提高整个能源系统的综合效率，提升城市能源基础设施适应能力。

三、供排水基础设施

可持续供排水系统建设涉及城市水源支撑与保障、城市污水收集与处理、城市雨洪管理与资源化利用等。实现水系统健康、高效、可持续的发展，应将城市供水、节水、排水、水环境治理等统筹考虑，以低冲击开发为导向，以改善水质为核心，以“生态、低碳、安全、智慧”为原则，构建水源管理、水资源利用、污水排放、污泥处置、再生水利用、雨洪管理的全过程管理服务体系。同步规划建设供水、排水和非传统水资源利用的一体化设施，安装智能漏损监测设备，实现实时监测、分段控制。

① 曾鸣、张晓春、王丽华：“以能源互联网思维推动能源供给侧改革”，《电力建设》，2016年。

（一）城市水源支撑与保障

良好的水源支撑与保障系统是可持续新城发展建设的关键，应从开发、利用、保护与管理方面，推进可持续新城的水源支撑与保障系统建设。

（1）变革传统的水资源配给方式

坚持“以水定城、以水定地、以水定人、以水定产”的基本原则，实行“最严格水源管理制度”。优化配置供水资源，积极开展非常规水资源的利用，降低城区建设所需的水资源增量。在严格控制用水量的前提下，以流域水资源可利用量为控制因子，通过各种节水措施，降低人均水耗，在不降低居民生活舒适度的前提下，尽可能减少对外部新鲜水资源的需求，改变传统的根据需求单纯扩大供水规模的以需定供的规划方式。

（2）建立分区计量系统，减少城市用水隐形损耗

在新城供水管网建设的过程中，充分应用各种先进的仪器仪表，并同步建立分区计量系统（DMA 分区管理），将供水管网分为若干个相对独立的区域，在每个区域的进水管和出水管上安装流量计，对各分区入流量及出流量进行监测，实现新城供水管网的精准控漏，减少供水的隐形浪费。

（3）同步推进全领域的非常规水资源利用

在新城建设的同时，同步加强非常规水资源利用，培育以经营再

生水业务为主的水务公司，鼓励按市场化方式经营再生水，合理形成再生水回用价格，不断提高污水再生利用率。

合理布局再生水管网、再生水取用设施、雨水调蓄池及蓄水模块，以再生水、雨水等非常规水资源满足城市绿化及浇洒的用水需求。

在工业企业用水方面，鼓励企业优先采用低水耗和零水耗工艺，积极推行分质供水等方式，促进各类企业的清洁生产，实现水资源的"优水优用"；在建设用地层面，推进建筑单位和居民小区非常规水资源利用示范基地建设，将民用建筑物或居住小区内使用后的各种杂排水（生活污水、冷却水及雨水等）经过适当处理，用于便器冲洗、汽车冲洗、小区景观、绿化和浇洒等。

（二）城市污水收集与处理设施

无论是出于对水环境的保护，还是满足人民对物质生活的追求，可持续新城在城市建设之初就要将源头与末端相结合，建设污水收集与处理系统，实现对污水的收集、处理与利用。

（1）推进污水的分质收集与处理

革新传统高耗水、高耗能、末端治理、资源流失的传统污水收集处理模式，鼓励基于污水源分离、分质排水等新型排水理念，利用污水中的有机物进行分类收集、分类处理和循环利用，降低处理难度，节约处理成本，实现污染物的闭路循环。倡导污水社区化分类处理和回用，最大限度地减少污染物排放和碳排放。

（2）配套建设污水收集输送系统

合理规划污水收集输送系统，排水体制实行雨污分流制，在新城范围内切实做到“管网先行、厂网配套”，并加强对管道的日常维护工作，减少污水管道的渗漏量和污染物沉积量，提高污水管网的输送能力。

（3）实现污水的处理与资源利用

积极探索“碳中和”的污水处理技术路线和可持续的新工艺[①]，对污水处理全过程中的温室气体排放进行量化评价，加强对重点能耗、碳排放设施的分析研究[②]，同时围绕能源可持续化发展理念，进一步对污水处理、污泥处理工艺进行升级与改造，优化处理工艺和控制条件，强化出水水质，完善污水处理设施的废气收集和输送系统，对产气量大的构筑物进行加盖处理，减少污染物的产生和温室气体的直接排放。同时，启动再生水管线建设工程，从单体建筑、小区、城区三个层面统筹建设再生水回用系统，实现污水的再生利用。

（4）注重污泥的减量及资源利用

按照“低碳化、稳定化、减量化、资源化”的原则[③]，结合污水处理厂新建、改扩建工程，推进污泥处理处置设施建设。经济基础较好的地区鼓励使用焚烧发电、污泥热解等技术，并可推广污泥微生物蛋白提取、污泥造粉等新兴技术；欠发达地区可以采用土地利用、厌氧

① 王洪臣：“污水处理行业如何实现碳减排”，大众节能环保网。

② 李静：“污水处理系统温室气体排放量化评价及减排研究”，山东建筑大学，2013 年。

③ 张宏哲：“剩余污泥低碳循环处理及资源化利用技术研究”，《环境保护与治理》，2016 年第 7 期。

发酵、好氧发酵技术，并逐步进行技术提升。对于含有有机物较多的污泥，宜采用热解、焚烧、发酵等技术路线；对于重金属含量较高的污泥，应采取污泥稳定化技术制取固体产品进行产品应用[①]。

好氧发酵后的污泥可作为土壤改良剂，提高土壤肥力；经高温烘焙烧结，污泥可被制成建筑材料，投入工程建设；污泥厌氧发酵技术、热解技术可制取能源气体，优化能源结构，同时，热解还可以制取微晶玻璃等材料进行应用。

(5) 配套完善污水收集及管理体系

结合最新的“移动和互联网+”的理念，配套完善污水收集及管理体系，实时动态掌握可持续新城排水管网、泵站、污水处理厂的运行情况，并根据环保部门、行业协会等组织可对各处理单元的碳排放平均值、优化指导值，迅速有效地对污水厂的运行情况进行调节与管控[②]。

（三）城市雨洪管理与资源化利用

践行低影响开发理念，建设雨水收集、利用、控制系统，合理采用透水铺装、下凹式绿地、雨水花园和景观调蓄水池等方式利用雨水，实现与其他自然水系和排水系统的有效衔接。转变只排不用的传统治水理念，借鉴国外先进的经验和方法，革新雨洪管理机制，以专项规

① 陈晓娟、吕小芳：“浅谈城市污泥的处理、处置与资源化利用”，《环境保护与循环经济》，2011年第1期。

② 张秀梅：“污水处理系统碳排放分析及减排对策”，《科技经济导刊》，2016年第18期。

划为引导，以先进的预报、模拟、监测、控制等技术为支撑，增强城市雨洪防灾意识，提高可持续新城的城市综合管理水平。

（1）构建可持续排水系统

根据新城所在地区的水文地质条件，结合规划用地性质、功能布局及近远期发展、综合经济发展水平等，运用可持续发展的治水思路，推广与应用海绵城市建设模式，以“年径流总量控制率”为主要考核指标，并综合考虑径流的水质、水量、景观潜力和生态价值等，采取“渗、滞、蓄、净、用、排”等低影响措施，提高新城对雨洪的存储、渗透能力，有效补充涵养地下水，最大限度地保护原有的水生态敏感区，维持新城开发前的自然水文特征，实现雨水的自然积存、自然渗透、自然净化和可持续水循环，保障新城的城市水安全，让城市“弹性适应”环境变化与自然灾害。

（2）加强城市雨洪资源化综合利用

在保证区域防洪及生态安全的前提下，提倡雨水多功能调蓄，运用综合工程措施、生物技术和管理手段等，对雨水和洪水实施拦蓄、调度、分流、贮存、渗透，减少和避免城市暴雨灾害，建立新型的综合利用模式，减轻新城内的排水系统压力，减少雨水径流，安全有效地利用新城内的降雨径流。对于缺水地区，应因地制宜地建设雨水收集、滞留系统，将雨水和洪水转化为可供人类利用的水资源，提高雨洪资源利用率；对于存在明显地下水漏斗的地区，应配套建设雨水渗透系统，涵养地下水源；对于水环境质量较差的地区，应完善绿地控制系统，净化初期雨水，改善区域水环境。

（3）完善城市雨洪管理的技术支撑体系

探寻先进的雨洪管理技术，如城区降雨过程精细化预报技术、基于网络的模拟数据库构建与快速更新技术、多比尺城区降雨产汇流与调控过程耦合模拟技术、基于风险决策的城区雨洪智能管理技术等[①]，为新时期的雨洪管理提供强有力的技术支撑。

四、固体废弃物处置设施

固体废物污染防治是需要着力解决的突出环境问题之一。固体废弃物的治理首先应倡导减少垃圾的产生，做好社区及街道层面的垃圾源头分类回收、鼓励社区进行垃圾社区化处理，降低市政系统末端处理压力，同时在进行末端治理时遵循循环经济理念，切实保证生活垃圾减量化、无害化、资源化水平。

（一）垃圾源头控制

控制生活类垃圾源头产生量。宣传并引导居民形成减少废弃物的文明生活习惯，避免过度消费；落实净菜进城政策，推广使用菜篮子和布袋子；鼓励居民通过旧物的捐赠、交换等形式实现旧物再利用，按照一定的服务半径建立规范的再生资源回收站点。

① 吴海瑾、翟国方："我国城市雨洪管理及资源化利用研究"，《现代城市研究》，2012 年第 1 期。

推行垃圾分类制度，完善垃圾分类设施布局建设。新城建设全面推进垃圾分类工作，按照“大分流、细分类”的模式开展垃圾分类工作。“大分流”即新城要实现将生活垃圾、建筑垃圾、园林垃圾、大件垃圾、非工业源有害垃圾等分别处理。“细分类”针对不同的主体分别进行引导控制。居民区生活垃圾分类采用干湿分离的方式，按照干垃圾（包括纸类、金属等可回收垃圾）、湿垃圾（厨余垃圾等）、有毒有害垃圾、大件废物进行分类。机关企事业单位产生的垃圾分为可回收物、餐厨垃圾、有害垃圾、其他垃圾四类。公共场所的生活垃圾，则分为可回收物、其他垃圾两类。配套设置分类垃圾桶，并配合清晰易懂的指示标志。

（二）垃圾收运设施

构建配套的垃圾收运系统。应确保源头垃圾分类设施与垃圾收运系统相匹配，避免前分后合，降低居民垃圾分类的积极性，影响垃圾综合处理效率。应根据收运作业服务范围内分类垃圾种类、垃圾产生量、收运频率、车辆有效使用率等综合因素，配置适宜数量及技术标准的垃圾收运车辆。有条件的地区可以建设气力垃圾输送系统，实现垃圾随时清运，杜绝二次污染。

优化垃圾收运系统。新城可以采取垃圾直运不落地的形式[①]，减少垃圾中转环节，采取每天在规定位置、规定时间进行投放，实现垃圾

① 叶晓东、胡红、黄叶华：“城市环卫设施布局的主要问题与应对策略——基于宁波的规划实践”，《上海城市规划》，2016 年第 5 期。

不落地、不袒露、日产日清。当设置垃圾转运站进行转运时，可采用大型垃圾转运车替代小型垃圾收运车的方式，减少垃圾收运的总里程。选取节能指标高的垃圾车及清洁燃料（如生物质燃料、氢燃料等），在同等运输距离条件下减少污染排放。

引导垃圾分类收运工作合理市场化。在垃圾分类工作的开展与推广中，借助市场化的力量，由专业公司完成垃圾分类及收运工作，加强废品回收，包括回收废纸张、玻璃、金属等，用于生产再生纸、玻璃及金属制品。期间垃圾再生利用经济收益归该专业公司所有。

（三）垃圾处理设施

鼓励进行垃圾源头处理。在餐厨垃圾产生量较大的单位（如餐厅）鼓励安装厨余垃圾粉碎机和油脂分离装置，粉碎后的垃圾排入下水道，油脂可送至相关工厂利用。对于餐厨垃圾产生量较小的单位（如居民厨房）可安装餐厨垃圾处理机，将垃圾粉碎后排入下水道。

实现有机垃圾分离处理。有机垃圾混合处理将增加填埋及焚烧处理的难度[①]，严格管控餐厨垃圾治理工作，在践行“光盘行动”的基础上，由具有一定资质的专业公司完成餐饮业餐厨垃圾的回收工作和处理工作，对于私自处理餐厨垃圾的餐饮公司予以严厉处罚，整治泔水车、严厉打击泔水喂猪等行为。

建设垃圾静脉产业园区[②]。在前端良好分类的基础上，推广以资源

① 张婷：“合肥市生活垃圾处理的温室气体排放与减排策略”，合肥工业大学，2012年。

② 邵启超：“中国静脉产业园区发展模式研究”，清华大学，2012年。

的高效利用和循环利用为目标，以“减量化、再利用、资源化”为原则，在有条件的地区建设以物质闭路循环和能量梯次使用为特征的静脉产业类生态园区（资源再生利用产业）建设，实现“资源—产品—再生资源”的循环方式，园区内设置垃圾填埋区、焚烧区、餐厨垃圾处理区、建筑垃圾处理区、电子垃圾处理区等，在实现垃圾综合处理的同时，促进资源的高效与循环利用，使环卫设施逐步向大型化、园区化、高标准的方向发展。

五、防灾减灾设施

随着近年来全球气候变化加剧，防灾减灾基础设施应在原有建设体系下，进一步结合新时期的灾害变化特点，综合考虑新城应对气候变化的安全需求，作为一项重要原则贯穿防灾减灾设施建设始末。新城的防灾减灾设施建设应坚持政府主导与社会参与相结合的模式，注重各类防灾减灾资源的统筹利用，针对新城面临的自然灾害和城市运行安全、公共安全领域的突发事件，高标准规划建设各类防灾减灾基础设施，全面提升新城的灾害监测预警、事故救援与应急处置、危机管理等综合防范能力，体现综合社会效应。

（一）灾害监测预警平台

践行“以防为主”的防灾思想，充分利用互联网、物联网、大数据分析等高科技手段获得和分析所需要的各种地理空间信息、属性信息、图像和视频信息，将地理位置和相关属性有机结合起来，建成集成的灾害监测预警平台。

主要从三个方面展开工作：①加强基础信息收集，建立灾害监测基础数据库，加强灾害预测预报；②开展关键部门和领域灾害变化风险分析，建立灾害事件预警指数和等级标准，实现各类灾害预测预警信息的共享共用和有效传递；③建立多灾种早期预警机制，并健全灾害发布渠道。

（二）综合防灾减灾设施

防洪排涝设施：因地制宜开展新城防洪排涝设施建设，尽量避免城市建设对自然地形的影响，新城的建设不能盲目围垦、设障、侵占湖泊、河滩及行洪通道。要充分结合低影响开发、海绵城市建设降低地表径流，进而减少防洪排涝设施的投入。除了传统的防洪堤、排涝泵站、排水管道之外，新城还可以综合采用生态堤案、蓄滞湿地公园等设施来增加防洪排涝的可靠性，进一步提高设防标准。

地灾防治设施：在新城规划选址阶段开展全面的地质勘探工作，探明新城及其周边的地质灾害隐患，在建设前期进行有效的避让，降低不必要的灾害防治投入。必要的工程措施包括：①限制地质灾害活动条件，削弱地质灾害活动程度。如为增强斜坡稳定程度，防治滑坡活动采取的抗滑桩、防渗沟，防治崩塌采取的锚固等。②保护受灾体，使其避免地质灾害的可能破坏，或提高受灾体的抗灾能力。如为防治泥石流灾害修建的导流堤、隧道、明洞等。

火灾防治设施：新城应建设独立的消防报警系统和消防供水系统，将预留建筑火灾自动报警系统接口，统一通讯标准，将其纳入新城灾害监测预警平台，缩短火灾响应时间，为火灾扑救提供自动化报警手段。除了消火栓建设之外，还应充分利用景观水体建设消防取水平台，为火灾扑救提供备用消防水源。结合海绵城市建设，再生水、雨水等各类再利用的水源也可以供消防灭火使用。大力预防火场上危险气体、液体的泄漏，减少灭火剂的流失，确保火场周边的大气、大地和水域少受污染①。

疏散避难设施：新城的应急疏散通道与应急避难场所建设，应遵循“平灾结合”原则。鼓励新城建设防灾公园，平时作为普通公园开发，在灾害发生时转为应急避难场所，配备通信、广播、水源、发电、照明等设施。新城应建成中心避难场所—固定避难场所—紧急避难场所三级避难场所，还应建设足够数量的室内避难场所，分别满足不同的灾害和避难时间的使用需要。充分利用轨道交通站点周边的立体空间，建设地上地下一体化便捷高效的立体交通，利用其恒温、密闭、遮光和持久性的特点建设地下避难设施，满足极端天气、战争空袭等灾害的避难需求。

生命线保障设施：重视新城交通、通讯、供电、供水、供气等生命线系统工程的灾时可靠度。采用减隔震技术、柔性接口技术、地震速报联动技术等手段确保生命线系统在遭受大灾时仍可以可靠的工作。落实国家有关地下管廊建设的政策，合理规划建设地下管廊，充分利

① 赵利明：“探索低碳经济和低碳消防及二者的结合”，《绿色科技》，2015 年第 7 期。

用地下管廊的防灾优势提高生命线系统应对灾害的能力，进而提高新城的抗灾能力。

（三）事故应急指挥系统

建设新城突发公共事件应急指挥平台，提高新城保障公共安全和处置突发公共事件的能力，及时减少和消除突发公共事件对新城造成的不利影响，保障公众生命和财产安全。新城应急指挥平台应在整合和利用城市现有资源的基础上，采用现代信息等先进技术，集通信、指挥和调度于一体，实现高度智能化。

智慧新城应急指挥平台的建设由应急指挥中心、基础信息支撑系统、应急指挥平台软件、应急数据中心、移动应急指挥平台、应急手机 APP、公众应急与信息展示、安全保障体系、应急平台标准规范等构成。可以和上级政府应急平台指挥调度通讯系统组网，实现有线、无线调度的同级及跨级的强插、强拆、组播、单呼等调度指挥功能，保证应急指挥指令的上传下达、横纵贯通。

六、可持续文化设施

新城应以可持续发展理念为指导，关注人们的思想认识、行为态度等精神因素，充分发挥人的主观能动性，增加人民群众的参与度，构建可持续发展文化设施体系。

（一）文化空间设施

空间教育设施作为文化载体具有重要的作用，这些要素可以让居民轻易地了解可持续发展文化的特点。教育设施的形式，可以小到学校的课堂、社区的培训教室，也可以大到教育馆、主题公园等。它既能单独提示特定的城市文化特征，也可以实现城市可持续发展文化的传达。

生活体验馆。集可持续发展科技普及、绿色建筑展示、学术交流和信息传播等职能为一体，以搭建节能、低碳、环保产品平台为主，为广大公众、机构、企业提供一个集中展示新创意、新思路、新产品、新趋势、新合作的窗口。

文化教育基地。通过科学性、知识性、感观性相结合的实物及动漫展览，反映节能减排环保技术的科学原理及应用，普及科学知识，培养民众的科学思想、科学方法和科学精神，培养青少年对自然科学知识的探知兴趣。在安全教育方面，以实景模拟的形式向广大参观者宣传安全知识技能，建立综合一站式的安全体验场所。教育基地由专业的讲解员带领解析相关知识，同时还可根据需求进行专业知识深化培训。

文化主题公园。作为一种全新的主题公园形式，以可持续发展为主题，以互动体验为主要表达方式，摆脱传统的说教式教育方法，让参与者在娱乐中快乐学习可持续发展及安全知识。将游玩和文化结合，解决主题公园的节能问题，打造出环境好、风景美、空气清新的游览体验。

（二）标识设施

设置新能源利用系统标识。用于展示节能设施及新能源利用设施，例如可依托公园、休闲广场等处设置太阳能电板，启用太阳能发电装置，游人休息时可对自带电子设备进行充电。

设立雨洪利用知识宣传板。依托公园、建筑小区等雨洪利用设施，设立雨洪利用设施的讲解标牌，阐述设置目的及利用流程，供大家了解、学习。

完善固体废弃物分类标识。结合垃圾收集设施，完善固体废弃物分类标识、标识应清晰易懂，并可适当延伸垃圾最终出路，便于民众了解垃圾上下游处理关系及垃圾分类的必要性。

建立安全设施标识系统。安全标识主要包括城市标识系统中与安全相关的标识要素，包括交通安全标识、避难疏散指示、应急避难场所、救援通道、阻燃绿化带、应急医疗站、应急供水站、应急供电站、消防站、隔离站、物资储备站等。

（三）文化宣传

新闻媒体宣传。运用各类新闻媒体广泛宣传。包括电视、广播、报纸、门户网站等媒体，加强对可持续生活方式、防灾减灾知识和活动的宣传报导，营造良好的新闻舆论氛围。

通信网络软载体利用。借助手机短信、网络等便捷载体强化宣传。通过公益短信把可持续的生活方式、防灾减灾理念直接宣传到手机用户，进一步增强宣传效果。

印发材料宣传。对民众进行采访、编制发放调查问卷，了解民众对可持续生活的认识度并及时予以评价，印发相关宣传资料，引导社会公众树立可持续发展意识。

七、智能化管理系统

可持续智慧基础设施管理系统构建依赖于智慧信息基础设施的建设。新城基础设施管理应建立基础设施智慧管理平台，对供排水、能源等各项基础设施进行综合的智慧管理，保障公用事业的安全运行，实现应急指挥，提高快速处置能力。

系统集成实现各类设施管理交互。可持续新城智慧管理系统以平台化管理的方式设置新城基础数据层，叠加各类受控对象层，包括设施及管线，通过地理信息匹配、运用现代传感器技术、自动测量技术、计算机应用技术及相关专业分析软件和通讯网络集成综合交互管理。下辖智慧供水、智慧排水、智慧电网、智慧燃气、智慧供热、智慧环卫、智慧管线、灾害预警等板块。

分系统实现专业化管理分析。可持续新城的智慧供水涵盖水源地取水、水厂制水、管网输水、用户用水等各个环节，通过智慧管理，保证供水水质、实现节能降耗；智慧排水基于污水处理厂流量、构筑物内水质、构筑物运行指标等，通过模型分析，可实现污水处理厂优化运行；智慧电网包括用电信息采集系统、智能变电站、智能供电设备及线路管理系统，可实现对各个供电单元及供电设施进行智能化的管理和调度；智慧供热系统采集换热站、公共建筑的压力、温度、流量等参数，根据换热站或公共建筑的用热特点进行自动化的控制，满足不同用热特性的控制要求，提高换热站及建筑的供暖质量，降低能源消耗；智慧环卫重点实现各类收运设施的运行调度；智慧管线纳入各种管线的流量、压力、管材、年代等信息，掌握各管线系统的实时运行工况。

融入预报预警系统辅助科学决策。系统可实现对新城范围内的河流水、地下水、污水排放、饮用水及水污染事故应急的监测，做到及时掌握水质变化情况，监测污染物的排放总量和达标情况，对突发水质污染事件及时报警。针对新城重要节点设置水位监测、预警设施，整体把握新城内涝防治状况，及时进行排水调度。在雨水系统重要节点处设置流量及水质（SS、COD）监测设备，实现新城入河污染监测，辅助海绵城市建设管理。

八、案例分析

（一）荷兰阿尔梅勒新城雨洪应对体系①

荷兰濒临北海，是个多暴雨的国家，其大多数城市的年降水总量远高于我国北方地区城市，而荷兰的城市里却很少出现严重的雨涝。阿尔梅勒属于荷兰弗莱福兰省（Flevoland），是荷兰首都阿姆斯特丹的卫星城，离阿姆斯特丹仅 18 公里，是典型的填海造田形成的圩田城市。

阿尔梅勒具有密集的河道网络，河道宽度一般在 10~20 米之间，连接了城市里的湖泊和运河，河道和湖泊形成的水网把 Almere Stad 划分成若干区域。在滨水地区，建筑屋面、道路、地面等区域，暴雨期间汇集的雨水可直接排入周边的地表水系，从而减少了排入城市雨水管网的汇水量。

在阿尔梅勒，不仅通过地表水系形成了天然的雨洪应对体系，一些城市空间节点的设计也起到了改善局部范围暴雨积水的作用：

①中心商业区建筑密度高，场地硬化多。除了尽可能采用透水地面铺装外，绿化屋面也能起到滞纳雨水的作用。阿尔梅勒中心商业区中部的一处大型商业综合体受周边地表水系折减因素影响相对较小，而通过大面积屋面绿化的设计，同样减少了局部范围的雨水径流。

① 周正楠、邹涛、曲蕾："滨水城市空间规划与雨洪管理研究初探：以荷兰城市阿尔梅勒为例"，《天津大学学报（社会科学版）》，2013 年第 6 期。

②中心商业区建筑较为密集的区域，公共建筑之间规划的人工水景作为一种空间节点设计的方式，也可以在暴雨期间存蓄部分雨水，减少局部地面积水量。

③在阿尔梅勒建筑密度较低的居住区，可以通过规划较多的绿地来减少地表雨水径流。利用地势较低的场地，规划设计汇集周边雨水的人工湿地空间，以此缓冲对周边地面的排水压力，同时也促进雨水向地下的回渗，补充地下水源。

④在一些建筑密度较高的河岸空间，为了减少水岸地表的积水，在临近河岸的住宅建筑与河道之间建造明沟，屋面的雨水从雨落管排入明沟，经明沟可以直接流入临近的河道内。

此外，阿尔梅勒市 2016 年启动建设了第一个 ReGen（再生的简称）村，ReGen 村是一个创新的住房模型，其研发目的是为了应对世界严峻的环境、社会和经济问题。这个概念结合了多种创新技术，将现有的技术整合到一个综合社区设计，如绿色建筑房屋，可再生能源，能源贮存，家门口高产的有机食品生产，垂直农业鱼菜共生 / 气雾法种植，水管理和废物再造资源系统等。

（二）瑞典哈马碧湖城的环保设施[①]

哈马碧湖城坐落在一个废弃的工业区——码头区，位于斯德哥尔摩的东南部，作为斯德哥尔摩市低碳住区项目的试点，哈马碧滨水新

① 于萍："瑞典的哈马碧新城"，《城市住宅》，2011 年第 11 期。

城自开发伊始就设立了较高的低碳环保目标，并开发了一套生态循环系统，集成了该地区的住宅、办公室及其他处理能源、水、污水及废弃物的技术和设施。

（1）节能

哈马碧地区的暖气主要由燃油厂供给，而燃油厂通过回收可燃废物，及以附近污水处理厂处理污水时所产生的热能作为动力，推动热泵生产暖气，再通过区域供热管网配送暖气。区域制冷设备仅供商业楼宇使用，在特定的试验建筑区内，可利用太阳能板加热自来水，由太阳能电池供应电力。哈马碧滨水新城还引进了世界领先的从本地污水中提取沼气的设备，提供家庭做饭燃料及汽车燃料。此外，小区选择性能良好的节能电器及通风系统从而大大减少了能源消耗量。

（2）节水

在斯德哥尔摩，供应高质量的饮用水是不成问题的，主要关注如何杜绝对波罗的海的污染，以及如何提高污水处理厂的污水处理效率。来自该住区的生活污水由附近的一个示范性的污水处理厂进行净化处理，污泥用来生产沼气及生物化肥，沼气进一步可作为炊事燃料及汽车的燃料回用到住区，有机化肥则可作为农业肥料。花园和屋顶的雨水被收集后不导入污水净化厂，而是排入哈马碧湖。此外，通过全面使用低流量的供水设备也减少了小区的总体耗水量。

（3）环保

哈马碧湖城较有特色的是地下真空垃圾收运系统，该密封系统由数个收集点组成，通过管道连接，利用空气将垃圾运送到中心收集站。无论是室内投放口还是户外投放口，选址均靠近垃圾产生源头，使用方法简便。居民首先将生活垃圾分为可循环再用的纸张、可燃烧废弃物及来自厨房的有机垃圾三类，然后把分类后的垃圾通过置入相应的投放口内，垃圾将被暂时存放在竖井底部的排放阀上。所有的投放口通过管道网络由三个不同的滑槽与收集储存站连接，定时自动清空。系统启动时，控制系统开启进气阀和风机，在管网内制造足够强度的气流用以传输垃圾。此时，竖井底部的排放阀依次打开，垃圾袋在重力的作用下落入水平管网后被抽吸至收集站。垃圾进入收集站，经过旋屏分离器与空气分离，落入垃圾压实机内被减量压缩后，进入密封的集装箱。而运送垃圾的空气则通过除尘、除臭处理后，再经过消音排至户外。针对不适合投入生活垃圾集中转运系统的特殊垃圾，如包装体积过大的废物、电子电器废物、颜料、油漆和粘合剂残留物、溶解剂、电池和化学品等，经住户初步分拣后交给小区专设的特殊废弃物回收站，也就是位于小区的环境信息中心，著名的“玻璃房环境信息中心”。

参考文献：

[1][2] 付林，李辉等．天然气热电冷联供技术及应用［M］．中国建筑工业出版社，2008.5.

[3] 康重庆，陈启鑫，夏清．低碳电力技术的研究展望［J］．电网技术，2009,（02）:1-7.

[4] 丁然，康重庆，周天睿，陈晓科，李欣．低碳电网的技术途径分析与展望［J］．电网技术，2011,（10）:1-8.

[5] 康重庆，周天睿，陈启鑫，夏清．南方电网低碳发展战略思考［J］．南方电网技术，2010,（06）:1-6.

[6] 曹军威，袁仲达，明阳阳，张华赢．能源互联网大数据分析技术综述 [J]．南方电网技术，2015，11:1-12.

[7] 曾鸣，张晓春，王丽华．以能源互联网思维推动能源供给侧改革 [J]．电力建设，2016，04:10-15.

[8] 王洪臣．污水处理行业如何实现碳减排．大众节能环保网．

[9] 李静．污水处理系统温室气体排放量化评价及减排研究 [D]；山东建筑大学，2013.

[10] 张宏哲．剩余污泥低碳循环处理及资源化利用技术研究 [J]．环境保护与治理，2016，16 (7) :29-33.

[11] 陈晓娟，吕小芳．浅谈城市污泥的处理、处置与资源化利用 [J]．环境保护与循环经济，2011 (1) :41-45.

[12] 张秀梅．污水处理系统碳排放分析及减排对策 [J]；科技经济导刊，2016 (18) :110.

[13] 吴海瑾,翟国方．我国城市雨洪管理及资源化利用研究 [J]；现代城市研究,2012 (1) :23-28.

[14] 叶晓东，胡红，黄叶华．城市环卫设施布局的主要问题与应对策略——基于宁波的规划实践 [J]．上海城市规划，2016 (5) :65-70.

[15] 张婷．合肥市生活垃圾处理的温室气体排放与减排策略 [D]．合肥，合肥工业大学，2012.

[16] 赵利明．探索低碳经济和低碳消防及二者的结合 [J]．绿色科技，2015 (7) :254.

[17] 邵启超．中国静脉产业园区发展模式研究 [D]．清华大学，2012.

[18] 周正楠，邹涛，曲蕾．滨水城市空间规划与雨洪管理研究初探：以荷兰城市阿尔梅勒为例 [J]；天津大学学报 (社会科学版)，2013，15 (6) 525-530.

[19] 于萍．瑞典的哈马碧新城 [J];《城市住宅》2011，11:86-90.

第九章 可持续新城投融资

内容提要

与传统城市的改造提升不同，可持续新城的建设需要更多的资金。因此，对于可持续新城建设而言，畅通的投融资渠道无疑是必不可少的条件。可持续新城投融资不能局限于传统的投融资模式，应基于当前形势深入思考新的渠道。本章在对国内外传统投融资进行分析的基础上，提出了可持续新城建设投融资的可行方式，以期为新城投融资提供科学指导。

一、可持续新城投融资概述

（一）投融资的概念和理论

投融资是指经济主体利用金融工具将资金在需求者和持有者之间融通的行为，包括资金的融入和融出两个方面。可持续新城建设投融资是指在新城建设过程中，为了开发相应的发展项目，通过各种途径从社会上筹集资金的行为和过程。新城建设投融资的目的就是要解决“哪些项目可以进行融资、如何得到资金、如何运用资金”的问题。面对新城建设与所需资金短缺的矛盾，必须更新观念、转变机制，加快投融资机制的创新，以畅通的投融资渠道和资金的高效利用为我国可持续新城建设创造条件。

可持续新城建设是一项全新的工作，目前，关于可持续新城投融资的类型、机制以及具体实践还处在研究阶段。可持续新城的建设投融资是更为典型和范围更广的投融资形式。按照其理念，可持续新城投融资的理论可借鉴低碳投融资、绿色投融资等理论基础，主要涉及以下几个方面。

1. 技术创新理论

可持续新城的建设是集能源技术、低碳技术、生态技术等与可持续发展目标契合的技术的开发、推广、应用一体化过程，是技术创新的综合体现。技术创新理论认为，技术创新是一个具有特定涵义的经济学概念，它的基本含义是指应用新的基础科学和技术科学知识来创造新技术、新工艺，采用新的生产方式和经营管理模式，提高产品质量，开发生产新的产品，提供新的服务，占据市场并实现产品市场价值的过程。可持续新城建设聚焦于可持续发展技术的开发，并将其运用于商业市场，其核心正是技术创新理论所体现的科学技术原创的过程，最明显的效果是促使了可持续发展科技的进步，提高了新城产业发展的竞争力，并进而促进整个社会经济的发展壮大。技术创新的根本意义在于技术研发与市场应用两者的有效结合，它的最终目的是让研发的新技术能够尽快运用于新的市场、新的生产中，并从中获取最大利润。

目前，核心技术缺乏创新仍然是阻碍我国低碳技术等可持续发展技术研发的瓶颈。据估计，我国的低碳技术研发基础与国际先进水平的差距在 7~10 年或者更长时间（国家技术前瞻课题组，2008）。我国的科技研发支出占 GDP 比重仅为 2.05%（2014 年数据），而发达国家这一比例在 3% 左右，具有较大的差距。产业核心发展技术与国外相比差距更为明显，以风电为例，2010 年我国风电装机容量已达 1600 万千瓦，首次超过美国成为全球第一，但是，对风电机组控制系统、叶片设计等核心技术仍需要进口。同样，对于太阳能产业，涉及太阳能整体系统的核心技术仍较少。造成这种现状的一个主要原因，是我国的技术研发体系尚未完善，技术创新的温床尚未形成。因此，可持续新城建设投融资，应着眼于推动技术创新和应用，实现可持续发展技术与产业发展相融合。

2. 公共物品理论

可持续新城建设投融资的对象很大一部分涉及到非盈利为目的的公共物品。从经济学的角度来说，萨谬尔森为公共物品做出了这样的定义：某一消费者在消费纯公共物品时，并不会引起其他消费者对该产品消费的减少。由此可总结出公共物品的三个鲜明特征：第一，非排他性，即某一消费者无法排除其他消费者从纯公共物品中获得好处。在可持续新城的建设过程中产生的公共物品，并非像特定商品那样被购买之后就无法被其他人使用。例如，企业减排产生的环境效益对于社会经济体中的其他单元同样受益。第二，非竞争性，即针对同一个纯公共物品，消费者数量增加不会造成此物品生产成本的增加，也就是说每一消费者引起的社会边际成本为零。第三，外部经济性，即无需任何消费者为使用纯公共物品支付价格。在公共物品生产和消费活动中，由于产出具有外部性的公共产品的企业从消费者处获得的报酬远远少于其生产成本，因而会造成企业生产积极性不高，进一步资源配置也会失衡。当市场自我调节情况下无法填补公共产品外部性产生的资金缺口时，就需要由政府出面，运用财政政策予以解决。可持续新城的建设过程涉及大量的公共物品的生产，企业自然无法承担过多的生产成本，政府职能在这里需要得到更好的发挥。因此，针对公共物品的，多层面多架构的财政政策支持是可持续新城建设投融资的重要渠道。

3. 环境外部性理论

外部性又叫做外部成本，或者溢出效应。20 世纪初，马歇尔和庇古提出了外部性理论，主体内容是研究在经济活动中有哪些原因会造成环境问题。他们认为，对环境造成正外部性影响的经济活动，应对其给予相应补贴，这个补贴足以弥补生产具有正外部性产品的企业的生产成本以及他们应得的利润，这样才能够刺激正外部性产品供给的增加，提高整个社会的福利水平；而对环境造成负外部性影响的经济活动，应对其处以相应罚款，这个罚款可以使生产具有负外部性产品的企业的私有成本与社会成本相等，如此才能有效控制和减少负外部性产品的供给，确保整个社会的福利水平不因此而下降。可持续新城的建设对环境既有积极的影响，也有负面的效应，其建设过程是一个正环境外部性增加、负环境外部性减少的过程，充分体现了环境外部性理论。可持续新城建设投融资应充分运用环境外部性理论的内涵，对于相应的正环境外部性输出企业给予大力支持，与此同时，对于环境产生负影响的企业应严格控制其融资渠道。

（二）可持续新城建设项目的类型

1. 基础设施建设项目

作为可持续新城建设的重要组成部分——基础设施建设十分重要，是实现新城可持续发展的重要支撑条件。基础设施是城市生存和发展所必须具备的工程基础设施和社会性基础设施的总称，为城市生产和生活提供能源、交通、邮电通信、供水、排水、环境保护等特定服务的设施，是城市赖以生存和发展的基础。为促进城市可持续发展，需构建由绿色能源体系、低碳产业结构及清洁生产技术组成的可持续经济基础并从建筑、交通等方面构建可持续城市系统。可持续基础设施建设项目主要包括可持续交通、可持续建筑。可持续交通是指一种以高能效、低污染、环境友好为特征的交通运输发展方式，其核心在于提高交通运输的效率，以绿色交通为发展模式，促进健康的生活方式和改善城市交通系统。长期以来，建筑部门都消耗着大量的自然资源并造成沉重的环境问题。据统计，建筑活动使用了自然资源总量的40%，能源总量的40%，由此而造成的建筑垃圾也占我国城市垃圾总量的30%~40%（李平，2007）。可持续建筑是以可持续发展观为规划方针的建筑，体现在建筑材料、建筑物、城市区域规模大小、功能性、经济性、社会文化和生态因素上的绿色、生态、可持续理念。

2. 可持续产业项目

目前，关于可持续产业还没有统一的定义，但是从其发展实质来看，可持续产业即是指在生产、消费过程中，低能耗、低排放、高效、环境友好的产业项目，或者通过可持续技术的推广应用实现传统产业现代化的产业集群。可持续产业是可持续新城建设的核心和发展重点，也是可持续新城发展理念的重要体现。因此，对于可持续产业的定位以及可持续产业项目的选择尤为重要。对于可持续产业的界定，不应仅仅考虑能源技术、低碳技术、生态技术和绿色技术等可持续发展技术的应用情况，应该结合我国经济社会发展的阶段与特点，从我国产业发展布局的角度出发，推动整个产业的结构升级和可持续发展。

对于可持续新城建设，由于其规模所限，并不是所有的可持续产业项目都适合。因此，具体到项目层面上，新城的产业项目应该因地制宜，结合自身发展的需要选择相应的发展项目。针对可持续新城建设的六大重点领域，即能源领域、交通领域、建筑领域、农业领域、工业领域、服务业领域，其可持续项目的选择应有针对性和细化，规模适中。关于可持续新城建设的项目选择我们给出了以下参考，如表9-1所示。

表 9-1　可持续新城建设项目推荐

发展领域	主要项目举例
能源领域	分布式能源系统、太阳能热水器、天然气发电等
交通领域	智能交通、新能源汽车
建筑领域	节能建筑、绿色照明
农业领域	绿色农业
工业领域	各种高效、低碳、环境友好技术、设备的研发、生产、制造
服务业领域	合同能源管理、绿色金融

3. 可持续技术研发项目

可持续技术，即与可持续发展理念相契合的技术集合，包括能源技术、低碳技术、生态技术、绿色技术等范畴。中国作为世界上人口最多的第二大经济体，可持续发展技术对于实现社会、经济、环境、生态的可持续发展至关重要。可持续技术涵盖内容广泛，现以可持续技术的重要组成部分——低碳发展技术为例，阐述其相应的研发项目类型。根据麦肯锡（2009）研究报告，中国80%以上的节能是通过低碳发展技术实现的。从技术类型上来看，低碳发展技术主要分为三大类：第一类为减碳技术，即通常意义上所说的节能减排技术，主要是指在高耗能和高排放领域及行业推广的提高能源利用效率并减少二氧化碳排放量的一类技术；第二类是零碳技术，即针对新能源和可再生能源发展的一系列应用技术；第三类是末端脱碳技术，即对已产生的二氧化碳进行收集或者利用的技术，例如碳捕集与封存（CCS）技术。发展低碳技术是解决我国能源供需矛盾、减少我国二氧化碳排放量的重要途径之一。

（三）可持续新城建设投融资的特点

可持续新城建设项目作为低碳经济、绿色经济的综合体现，其投融资特点与传统产业发展项目相似，但又有所不同，主要表现在以下几个方面。

1. 投融资资金量大

相对于传统的经济项目，可持续新城建设项目的融资量更为巨大。例如，对于可持续前沿技术，新城建设鼓励企业积极采用，并严格限制落后技术的应用。这在一定程度上加大了新城建设项目的投资成本。由于新城建设的各个方面均需要大量资金支持，而且不同项目之间存在一定的关联性，涉及企业、政府、居民不同的层次，因此，需要的资金量不是单个传统建设项目所能比拟的。投融资资金量大的特点也为可持续新城的建设提出了更高的门槛和限制条件，同时为可持续新城项目的可盈利性提出了更大的挑战。

2. 投融资期限较长

可持续新城建设是一项复杂的巨大的工程，涉及基础设施建设、可持续产业建设等众多行业，相比于传统项目，可持续新城建设项目各个层次的关联性较强。由于要构建可持续城市的各个方面，在这个过程中，不仅最新的可持续理念和可持续技术会被应用，另外需要形成为其提供配套服务的市场，由此决定了新城建设的融资需求巨大，且融资期限较长。此外，随着更新技术的研发和推广，可持续新城的发展需要不断的周期性更新相关项目。因此，持续的投融资更加延伸了新城建设项目的融资期限。

3. 投融资政策性强

由于可持续新城建设的过程中，涉及到很多不同的企业。建设新城是基于国家长远利益的做法，企业一般只考虑利润最大化，对可持续技术的选择一定程度上影响到短期利益。如果国家政策上没有一定的倾斜性，新城对于企业的招商引资必然缺乏力度。虽然企业也会考虑到保护环境、可持续发展的社会责任，但若要他们以牺牲利益为代价来担负这个责任的可能性较小。因此，要顺利推进可持续新城建设，政府的政策引导作用十分必要。拟定新城可持续发展的短期和长期计划，减少企业为可持续技术研发和应用所承担的外部性成本，能够使企业对新城的投资更具主动性，既有利于企业自身发展，也符合可持续新城建设的理念和要求。

（四）可持续新城投融资现状和问题

目前，我国在对可持续新城建设投融资方面上属于研究和发展阶段，但是针对体现其不同理念发展模式下的可持续项目投融资已经积累了相关经验，例如对于低碳经济发展的投融资。作为可持续新城建设的重要方面，低碳经济发展项目投融资尚存在较多的问题需要解决，主要包括以下几个方面。

1. 投融资渠道较窄

目前，可持续新城建设尚处于起步阶段，传统项目融资渠道主要是国家财政资金和银行贷款，其中最直接的渠道是银行贷款，融资渠道十分单一。多年来，虽然政府提倡在低碳经济发展方面融资渠道多元化，但由于市场机制不健全，政策机制不完善，因此，大量资金及社会资源未被充分利用。对于可持续新城的建设，目前来看只有中央和地方政府资金支持，缺乏市场性融资手段，不能适时吸收民间资本，融资渠道更为狭窄。

2. 资金使用效率低

从目前我国经济的发展方式来看，可持续发展投融资主要依赖于财政投资和市场融资。由于缺乏有效机制，结果导致一些企业采用不正当手段来获取国家资助。例如，部分企业利用低碳发展补贴资金开展其他经营项目，导致低碳资金使用不当和效率低下。此外，大部分企业在实施低碳经济建设项目时缺乏严谨的可行性论证和成本分析等重要步骤，且在建设过程中采用粗放的管理方式，对资金没有有效监管，在项目结束后没有对低碳项目资金进行有效评估和反馈。最终，导致资金链断裂，资金使用效率低下。

大部分低碳经济建设项目的建设周期较长，且资金需求庞大。虽然，从以往的经验来看，政府部门对企业进行低碳经济项目会给予一定支持，比如费用返还和所得税减免等，但是在弥补商业银行绿色贷款风险方面，政府还未出台相应支持政策，致使银行没有对国家发展低碳经济的国策引起重视，削弱了商业银行对低碳经济项目投资的积极性。

3. 管理政策不完善

由于可持续新城建设项目投入大，收益见效慢，因此其发展离不开政府投融资政策的保障，特别是在低碳经济发展初期。财政部、中央银行及地方政府相关部门都有一定的权力对新城经济融资活动进行管理，但常常导致权责不分明；从地方政府的角度来看，由于高耗能产业对 GDP 和地方财政的贡献大，地方政府往往不考虑其对环境的负外部性，不利于低碳项目的开展。此外，地方政府各个管理部门之间长期存在互相推责的现象。这些都使低碳经济项目的资金没有得到有效使用，经济和环境效益未充分发挥。另外，我国尚未正式出台能够有效控制碳排放的税种，因而在降低碳排放、提高能源使用效率等方面，税收政策还无法起到其应有的作用。

4. 融资机制不健全

作为融资的主体，市场在推动新城可持续发展中具有十分重要的作用，特别是银行绿色信贷。但一直以来，我国银行绿色信贷手续繁琐，特别是对于民营企业，贷款企业信用等级、贷款项目评估等过程需要耗费相当长的时间。不仅如此，一些企业因信用等级不足而与银行之间关系紧张，在向银行借款时要付出比其他企业更多的贷款抵押和担保数额，反之银行对这些企业的信息搜寻及甄别成本也相对有所提高。

同时融资制度存在许多不足：在贷款风险管理方面，金融机构的呆账核销率较低，因此，削弱了金融机构贷款的积极性：在信贷政策方面，贷款利率浮动性比较小，造成某些银行对建设期较长、具有高外部性特点的低碳经济项目贷款缺乏积极性，进而也影响了企业融资的主动性，对整个低碳行业投入力度显然不够；在信息对称方面，由于信息传导机制滞后，致使金融机构盲目畏贷，客观上造成金融机构的服务不到位。总之，低碳企业在间接融资方面的主动性和积极性都比较缺乏，企业上市进行股票融资的更为少见，再加上资产结构未能合理协调，因而低碳经济企业会时常出现资金链断裂的现象。

5. 资本市场参与程度低

在我国，股票融资、债券融资、基金融资等市场为低碳经济的发展提供的力度不够，远远达不到低碳企业对资金的需求。如 A 股市场上绿色低碳板块的上市公司仍然较少，低碳环保上市融资缺乏相应的扶持政策，上市融资、发行债券和基金比较困难。目前，政府尚未对低碳企业上市融资给予相应的优惠政策扶持，尚未出台相应政策为低碳债券的发行给予支持，尚未设立仅用作支持低碳经济发展的产业投资基金等，导致企业增加借款成本，影响企业发展低碳经济项目。

二、已有可持续发展项目投融资政策工具

随着我国越来越重视可持续经济的发展，单一的融资方式已经很难满足我国可持续发展项目融资的资金需求。因此，为了适应新形势下发展可持续经济的需要，许多新的融资方式应运而生，给可持续发展项目的融资注入了新的活力。我国可持续发展项目起步较晚，除了企业自有资金外，对于可持续发展，目前已有的融资渠道主要包括国

家财政投资、银行绿色信贷、清洁发展机制、国际资金支持等，具体介绍如下。

1. 国家财政投资

目前，国家财政投资是促进我国可持续发展项目的主要融资方式，其资金主要来源于地方政府的财政拨款以及国家财政预算。我国政府对新能源的投资项目十分重视，国家能源局也为此制定了新兴能源产业发展规划，预计在 2011~2020 年间投入 5 万亿元人民币用于对太阳能、风能等新能源和可再生能源的开发和利用，加快新能源产业的发展，为新能源项目的融资提供强有力的支持。从财政投入上看，中国从 2007 年开始实施“节能专项资金”计划，支持“十一五”规划中十大重点节能工程技术改造。与此同时，成立中国清洁发展机制基金，首次用创新性融资方式来落实“十二五”规划中节能减排计划。2009 年，我国政府投资绿色经济领域居各国之首。2012 年，政府用于推广节能产品等补贴达到 461 亿元。

目前，由于可持续发展项目处于起步阶段，尚未形成完善的产业集群，国家和地方政策的财政支持仍将是其重要的资金来源。

2. 国家政策性银行投资

在可持续项目发展方面，中国的政策性银行在推动绿色金融的过程中起到至关重要的作用。相对于商业银行而言，政策性银行不以盈利为主要目的，因此，在一些商业银行不愿涉足的环保项目和低碳项目上能够发挥自身优势。截至 2012 年末，国家开发银行的环保及节能减排贷款余额从 2006 年的 1358 亿元增加到 8453 亿元，增长了 5 倍；2012 年，中国进出口银行对新能源、高端装备制造、节能环保等三大战略性新兴产业的贷款余额近 1400 亿元；中国农业发展银行的绿色信贷重点支持农业和农村经济节能环保绿色发展项目，包括水资源节约利用、生态及生活环境改善、能源综合利用改造、废弃物资源利用、节能减排技改项目等。截至 2013 年末，该行支持节能减排绿色信贷方面的贷款余额 666 亿元。

3. 商业银行的绿色信贷

商业银行的绿色信贷是绿色金融的主要体现，是可持续发展项目建设的重要支撑，特别是在发达国家，由于绿色信贷业务开展较早，目前已经形成了完善的绿色信贷机制，对于社会可持续发展起到了积极的推动作用。如 2012 年英国政府建立了英国绿色投资银行有限公司，是世界上首家专门致力于绿色经济的投资银行，英国政府期望绿色投资银行通过调动额外的私人投资，大力加快英国向绿色经济的转型。绿色投资银行成立至今，已向低碳行业注入了 150 亿英镑资金。在高效利用资金推动低碳发展方面，德国复兴信贷银行也非常具有典型意义。德国政府支持德国复兴信贷银行运用资本市场和商业银行来实施对环境项目的金融补贴政策，最大效率地发挥政府补贴资金的作用。经过数年发展，运行模式已较为完备。德国复兴信贷银行在整个绿色信贷政策体系中发挥了重要作用，开发出了支持绿色信贷的金融产品（冯升波，2014）。

2012 年，中国银监会发布《绿色信贷指引》，对银行金融机构实施绿色信贷政策提出了更明确的要求。我国的一些商业银行近年来在支持低碳项目融资方面开展了一些努力并取得了一定成果。根据中国银行业监督管理委员会的数据，中国的五大银行向工业能源效率项目的贷款达到了 1063 亿元人民币。据《中国证券报》报道，2009 年的银行贷款数据显示，当年对节能减排项目的贷款额度达 8560.46 亿元，节能减排项目贷款额占当年贷款总额的 8.93%；2010 年，招商银行实现全行绿色信贷领域贷款余额 462.51 亿元，绿色能源贷款 98.74 亿元。中国银行绿色信贷及低碳金融业务贷款余额 1661 亿元，较年初增长 483 亿元，其中清洁能源项目贷款 1156 亿元；建设银行绿色贷款余额 2270 亿元，比年初增加 360 亿元，其中支持清洁能源项目近千个，装机规模达 1.2 亿千瓦，贷款余额 1130 亿元。

绿色信贷业务在我国的积极推广，将为可持续新城建设提供有力支撑，是其融资渠道的必然选择之一。

4. 清洁发展机制（CDM）

CDM 是《京都议定书》中引入的灵活履约机制之一，是《京都议定书》下面唯一一个包括发展中国家的弹性机制。1999 年，世界银行建立了原形碳基金，用来购买碳减排量。随后，世界银行以及其他机构相继建立了更多用于购买温室气体减排量的基金。这些基金的建立与运行大大促进了碳市场的交易和融资。碳市场和由此带动的低碳技术与产品市场吸引了资本市场及有经验的投资家的注意。自2005年《京都议定书》生效后，CDM和其他碳交易市场进入快速发展轨道。2009年包括CDM一级市场在内的整个国际碳市场规模已达1440多亿美元。

我国在发展低碳经济的早期阶段，充分利用CDM带来的资金支持。截至2010年底，我国政府已批准了2847个清洁发展机制项目，其中1186个项目已经在联合国清洁发展机制执行理事会成功注册，占全世界注册项目总数的42.7%，预计年减排量大概为2.7亿吨，占全世界总量的62.4%。

由于作为最大买家的欧盟碳市场持续低迷，目前CDM项目已经逐渐淡出人们的视野。清洁发展机制项目市场已名存实亡。

5. 国际金融机构的担保机制

国际金融机构的贷款是我国可持续发展项目的又一个融资来源。一直以来，国际金融机构如世界银行、国际金融公司（IFC）、亚洲开发银行、欧洲投资银行、法国开发署等已经参与到中国多个层面的可持续发展项目。1991年，世界银行提供3.8亿美元贷款，用于中国的二滩水电项目建设，这是世行集团参与中国低碳项目的最早合作；IFC中国节能减排融资项目（CHUEE，China Utility-based Energy Efficiency Finance）是IFC与中国政府合作，由全球环境基金、芬兰就业与经济部和挪威开发合作署共同资助的项目。自2006年以来，CHUEE项目共同开创了一种可持续的金融模式，通过能效和可再生能源项目的实施，达到低碳发展的目的。截至 2013 年 12 月，CHUEE 项目合作银行已经提供了 7.83 亿美元的贷款来支持 170 多个提高能效和可再生能源项目，每年减排超过 1800 万吨二氧化碳。CHUEE 项目的实施支持了中国中小企业在能源效率领域的融资，拓宽了低碳项目的融资渠道；亚洲开发银行 2008 年 5 月宣布向中国提供总额为 8 亿元人民币的部分信用担保，以支持在中国南部和东部地区开展建筑节能项目。亚洲开发银行准备将其在提高能效和推广清洁能源方面的业务投入增加到每年 10 亿美元；法国开发署与中国政府合作的低碳项目主要分布在水电、能效、可再生能源和基础设施建设等行业。此外，法国开发署还与中国开展绿色信贷业务，通过浦东发展银行等为中国可再生能源和能效项目提供优惠利率资金和技术援助。在法国开发署的协助下，浦东发展银行提供共计 990 万欧元，同时还额外提供 4400 万元人民币联合贷款予以支持。

国际金融机构的贷款具有资金量大、融资机制规范等特点，对于传统低碳发展项目的开展具有较好的推动作用。

6. 碳排放权交易

碳排放交易市场是近年来新兴的可持续发展项目融资渠道。国家发展改革委于 2011 年 10 月发布了《关于开展碳排放权交易试点》的通知，批准成立北京、上海、天津、重庆、广东、湖北和深圳七省碳排放交易试点，期望探索建立中国国内碳交易市场，运用市场机制实现中国低成本减排和产业结构升级。由于交易机制不健全，企业参与意愿低等因素，自 2013 年 6 月 18 日深圳碳排放交易市场启动以来，中国碳排放交易市场在 300 个左右交易日内累计成交量仅为 1039.1 万吨，交易额比较小，市场活跃度较低。

7. 基金会资金

目前，我国共有四个与低碳发展相关的公募基金会，分别为中国绿色碳汇基金会、中华环境保护基金会、中国生物多样性保护与绿色发展基金会和中国绿化基金会。近年来，全国公募性基金发展迅速，2013 年，4 家基金会总资产达 5.43 亿元，累计公益支出 11.81 亿元。将低碳列入主要资金用途的地方公募性基金共有 20 家，2012 年，上述 20 个地方基金会总捐赠收入为 4923 万元，公益支出为 2818 万元。

8. 股票市场与风险投资

目前，股票市场和风险投资是可持续发展项目的一项重要资金来源。能源生产行业上市公司多达 63 家，主要有华能国际、国投电力、大唐发电等，开展业务包括火电改造、拓展清洁能源发电站等；2008 年开始，迅募风投对于低碳领域项目的投资进入规模化阶段，据 2011 年风险协会的调查数据显示，风投公司关注最多的 15 个行业里，环保和新能源产业占到 79.5%，可见，其在未来的低碳投资等可持续发展领域将起到越来越大的作用。

三、可持续新城建设投融资可选模式

（一）传统可持续发展项目与可持续新城建设的区别

1. 建设范围不同

传统的可持续发展项目包括不同产业、不同部门、不同地区的多个层面，既包括已有高碳项目的低碳化改造，又包括新建高效、节能、环境友好项目；既包括大规模的可持续发展产业开发，又包括中小规模的可持续发展项目，总之，其涵盖了社会经济的各个方面。但是，对于可持续新城建设来说，由于是在特定地点且有侧重发展的可持续项目，因此，其仅仅包括新建的可持续项目、中小规模的可持续发展项目、有侧重的可持续发展项目。从根本上来说，可持续新城建设是传统可持续发展项目的一部分，但又是很特殊的一部分，包含很多的限定。

2. 主导力量不同

我国可持续发展虽然较西方国家起步较晚，但是对于可持续新城建设来说，传统可持续发展项目已经渐成体系，而后者还处于起步发展阶段，完善的各项标准和建设体系尚未形成。从主导力量上来看，传统可持续发展项目的主导力量多种多样，包括国有企业、民营企业、中央政府、地方政府、社区等，不同主体在国家政策引导下逐渐形成了可持续发展的理念和意识。但可持续新城建设是由地方政府主导，其力量相对薄弱，推动难度较大。特别是由于地方政府无法完全靠财政解决可持续新城建设的投融资，因此，其发展受到资金方面限制。

3. 准入标准不同

传统的可持续发展项目范围广泛，因此，其对于“可持续”定义的标准不尽相同，凡是高效、节能、环境友好的技术、绿色的生产方式、健康的生活方式都可统称为可持续发展项目；但是对于可持续新城建设来说，项目各个方面应体现可持续发展的理念，包括产业、产品、服务、生活方式等，对于新产业、新产品的建设和生产必须从一开始就融入可持续的理念，甚至这一理念要高于对经济效益的追求。

4. 发展阶段不同

传统可持续项目在西方国家已大力推进，我国虽起步较晚，但发展迅速逐渐步入正轨，各种标准渐成体系，各级政府也推出了大量政策措施。与可持续发展项目不同，可持续新城建设尚属于新事物，各种体系标准尚未形成，处于探索阶段。

（二）可持续新城建设投融资可选工具

通过对国内外新城投融资渠道的考察，考虑到目前的可持续发展项目投融资发展现状，政府应区别对待新城建设项目和已有可持续发展项目的支持方式和力度，通过建立多种融资方式并存的可持续新城建设投融资体系，走出一条从以间接融资为主到以直接融资为主，充分发挥资本市场的融资优势，促进可持续新城建设的体系化融资之路。目前可实行的投融资方式，主要包括以下几个方面。

1. 政府财税补贴

目前，在绿色金融等体系建设不完善的情况下，可持续新城建设将不可避免地遇到融资难的问题。因此，中央和地方政府的大力支持十分重要。财税补贴将是其主要的融资来源之一。具体可以针对可持续新城的建设项目和城区内符合可持续发展标准的企业采用提供无偿财政拨款、税收返还和财政贴息等形式。由于政府财税补贴的资金量有限，在可持续新城建设阶段，仅能满足部分资金要求。但大规模推进可持续新城建设，国家财税补贴的能力有限，需要其他融资方式的积极参与。

2. 银行绿色信贷

2014 年，由中国银行业协会与国家开发银行、国家进出口银行、工商银行、农业银行、中国银行、建设银行、交通银行等 29 家银行共同发起的中国银行业协会绿色信贷业务专业委员会成立。可持续新城建设项目可以借助近期国家政策对银行绿色信贷的支持，充分利用这一融资工具。银行绿色信贷具有资金来源稳定、数额较大等特点，将成为我国可持续新城建设的主要融资方式。例如，商业银行可以针对可持续新城的基础设施建设提供商业节能建筑信贷。目前，国外商业银行已经出现节能信贷产品，例如，美国新资源银行为商业节能建筑提供 0.125% 的贷款优惠；美国国富银行为取得 LEED 认证的商业节能建筑建设项目提供抵押贷款和再融资，项目开发商也不用支付项目的初始保险费。我国的商业银行可以采用此种模式推出适合我国可持续新城建设项目的节能建筑信贷产品。

3.PPP 开发模式

政府与企业合作（Public Private Partnership，），简称 PPP，包括：民营化、合同租赁新建基础设施项目，以及公共部门与私营部门之间的合作。PPP 模式起源于英国政府推行的 PFI（Private Finance Initiative）计划，鼓励私人资本进入卫生和地方政府部门，鼓励私人投资行动。这是 PPP 最典型的形式。美国在引进 PFI 模式后将其改成 PPP，并得到其他国家的广泛认可，沿用至今。根据财政部的说明，PPP 模式中的社会资本来源包括民营企业、国有企业以及外资企业。双方愿意合作是因为由合作而达成的最终结果会比预期单独行动更为有利，为了实现这一点，合作双方就需要签署合同来明确各方的权利和义务，合同应确立恰当的激励机制，合作过程中应存在必要的环境与机构支撑。目前，我国已经在多个领域广泛应用了 PPP 模式解决投融资难题。在应对气候变化和低碳发展多元化资金来源渠道方面，通过 PPP 模式吸引社会资本投入得到越来越多的重视。就目前实际情况来说，国内还没有在气候变化领域的 PPP 项目实践。低碳发展项目是可持续新城建设项目的重要体现，也是气候变化领域的具体实践。因此，可以积极利用PPP模式调动私营企业、私募基金等私人资本的积极性，在可持续新城的建设过程中将会起到“杠杆效应”，可以成为一种主要的融资渠道，但是具体模式仍需要探索。

4. 碳排放权交易市场

我国将建立以配额交易为主导的强制性全国碳排放权交易市场，全面推进碳排放权交易。对于可持续新城建设来说，新城中所开发的各种低碳项目产生的碳减排量，均可以借助于碳排放权交易市场进行交易，以市场化手段推进可持续新城建设，将为可持续新城建设项目提供部分减排收益，更好地促进可持续新城的建设。

5. 外资融资

在可持续新城的建设当中，政府、企业应不断加深国际合作，合理有效地利用外资，促进我国可持续新城的建设和发展。一方面，在可持续新城的建设工程中部分非支柱产业和项目可以吸引国外的直接投资，适度采用合资经营、合作经营、外商独资经营等模式；另一方面，可持续新城建设项目可以吸收国外金融机构的贷款。从我国经济发展过程的实践上看，利用外资的这两种方式都存在一个“适度”的问题，掌握好这个“度”是利用外资推动本国经济发展的一个必要条件，否则就会出现问题。同样，这一原则也适用于可持续新城建设的其他投融资中。

6. 股票市场和风险投资

股票市场和风险投资是非常重要的融资方式，是链接金融市场和资本市场的重要纽带，可以为可持续项目提供大量的资金，符合可持续新城建设资金量大的特点。因此，应充分利用好这两个融资手段。股票市场和风险投资具备高风险、高投入和高收益的特点，风险投资家不仅是投资者，还是经营者，这为可持续新城建设提供积极融资动力。在可持续新城建设投融资方面，可以尝试嫁接股票市场和风险投资到其中来，并应做好以下几方面工作，避免股票市场和风险投资的融资缺陷。其一，应健全相关法律法规，为投资主体的可持续新城投资活动提供明确的指导规范，保障其合法权益；其二，建立健全退出机制，以保证风险资金在可持续新城投融资中能够有效控制资金安全；第三，培养专业型的风险投资人才；第四，加大政府扶持力度，并提供必要的优惠政策；第五，尽快形成包括民营企业、金融机构、外资、个人等多方面的风险投资网络，突破民间资本在可持续新城建设中的壁垒。

7. 设立可持续新城建设基金

目前，低碳项目投资基金已经在国际上普遍开展，例如，荷兰银行集团推出低碳加速器基金和气候变化与环境指数基金，瑞士银行集团推出 CS 未来能源基金，这些低碳基金的设立对于低碳项目的实施起到了积极的推动作用。对于可持续新城建设项目，可以参考国际上低碳项目投资基金的模式，鼓励国内商业银行，以及企业等其他投资主体，设立符合规范的可持续新城建设基金，这将一定程度上解决新城建设的融资问题。

四、新城建设投融资保障体系

与传统城市建设相比，可持续新城建设更加注重城市的绿色可持续发展，代表我国城市建设发展的新方向和新趋势。但是可持续新城建设项目通常耗时长、回报率较低，很多地方政府、金融机构、企业出于经济效益的考虑，对可持续新城建设项目的热情不高，导致可持续新城建设投融资渠道狭窄。当前，我国在可持续新城建设投融资方面的法律法规和政策保障仍然欠缺。因此，建立健全推进可持续新城建设投融资的法律法规和政策保障体系，为利用金融手段促进可持续新城的建设发展提供保障，对于拓展投融资渠道，挖掘新的投融资方式，保障可持续新城建设资金的有效利用，是十分必要的。

（一）拓展可持续新城建设投融资渠道

目前，新城建设投融资一般通过两种方式，一是吸引社会投资；二是财政资金直接补贴。从吸引社会投资方面看，建立可持续新城建设市场融资机制，实现由财政补贴带动绿色信贷、资本市场投资（包括社会资本）以及担保机构和保险机构参与的一系列制度安排，是开辟融资渠道、吸引社会资金的重要方面，这些制度包括明确有关银行等金融机构的政策性业务职能，制定新城建设财政贴息计划，发行特别金融债，设立政策性担保机构，建立财政清偿机制、土地划拨和税费减免政策等，形成市场化融资的良性循环系统。

（二）构建符合新城特点的绿色金融体系

为支持可持续新城建设，政府应构建具有本地特色的绿色金融体系。鼓励出台绿色金融政策，吸引绿色金融机构入驻，充分利用多层次绿色融资渠道，积极引入新型融资工具。具体来说，应发挥政府的引领作用，构建绿色金融担保机制，建立完善的绿色项目审批、监管平台。积极引入绿色金融机构入驻新城，鼓励国内外大型金融机构建立绿色分支机构。对于符合条件的企业，应支持其发展绿色证券，扩展绿色融资渠道。积极引导社会资本成立绿色基金等公益性基金项目，加强保险公司、资产管理公司等积极参与可持续新城的项目建设，通过股权投资等方式扩大新城建设项目的融资规模。与此同时，积极开展绿色金融国际合作，引导世界银行、亚洲基础设施投资银行等国际机构的资金流入。

（三）鼓励商业银行开展可持续新城建设信贷业务

首先，明确商业银行可持续新城建设投融资信贷规模。在商业银行信贷业务中明确一定比例的信贷专项用于可持续新城建设并和年度信贷规模挂钩，一方面体现各商业银行积极支持可持续新城建设，另一方面也要充分发挥商业银行风险管理优势，规范开发主体的投融资行为。其次，应制定优惠的信贷价格和差别的风险管理制度，一是制定可持续新城建设信贷专项阶梯式优惠利率，优惠利率与市场利率的差额由中央财政专项预算支付；二是风险管理要与商业信贷差别化管理，银行监管部门要制定可持续新城建设专项信贷资产的分类标准和风险报备规则。

（四）鼓励民营企业、私募基金和保险机构参与可持续新城建设

单纯靠政府对可持续新城建设的支持尚远远不够，可行的办法是把可持续新城建设的融资责任和风险在中央政府、地方政府、金融机构和其他投资主体之间进行合理分担，调动多方面的积极性，激励各承担主体和受益主体履行必要的责任义务。建议尝试设立政府专项基金或专门的机构为可持续新城建设项目融资提供贷款担保或保险。

（五）建立可持续新城建设投融资监管机制

可持续新城建设融资必须用于特定的可持续新城建设项目，为了防止资金他用，有必要发布有关可持续新城建设资金使用的专门性规则，在建设项目目录、项目效益方面强化融资的使用要求，形成投融资资金用途的清晰指引。同时，监管部门应加强对资金使用方向、使用效果的跟踪与监管。在监管过程中，尽可能多地采纳第三方评估机构对可持续新城建设融资状况及资金使用情况的评估。各个地方应当完善可持续新城建设融资方面的法律法规，同时，加强政府、企业、

投资方、建设方等各方的交流合作，共同促进可持续新城建设。

五、案例分析

（一）广东珠海市低碳投融资案例

珠海经济特区发展历程中，注重低碳发展，发展低能耗、低排放、低污染的产业（马振涛，2014）。珠海市经济基础在珠三角地区比较薄弱，地方财政收入不足，社会资本投资积极性尚未得以充分调动。针对处于不同发展阶段企业的融资需求和方式，珠海市在财税政策、引导基金、金融机构、企业筹资、CDM 机制等方面进行了有益探索。

1. 财税政策支持

为保持珠海的生态环境优势，珠海市政府每年投入超过 GDP 占比 2% 的经费专门用于生态环境保护和环境治理。“十一五”期间，累计投入资金 1.8 亿元，实施余热余压利用、绿色照明工程和区域热电联产等 57 项重点节能工程。2008 年以来，珠海市每年安排减排专项资金 1000 万元用于实施重点减排工程，特别是西部地区污水处理厂和管网建设项目。

2. 企业筹资

截至 2012 年末，珠海市共有上市公司 30 家。其中在环保服务行业，珠海市已有两家工业企业、一家建筑企业、一家服务企业上市，上市企业融资为增强企业环保服务能力发挥了重要作用。

3. 设置创业投资引导基金

为吸引优质创业资本，珠海市在 2009 年设立了规模 1 亿元的珠海高新区高新技术创业投资引导基金。借鉴国内外关于政府引导基金的先进经验及操作模式，通过与国内外知名创业投资机构合作，对珠海高新区扶持、鼓励的“两少两有两高”企业注入资金，并在企业管理、产业资源整合、上市渠道等方面提供增值服务，促生一批进入成长期的企业。与国际知名创投机构红杉资本设立了规模为 1 亿元的珠海红杉资本股权投资中心，主要投资于区内注册的高科技企业。

4. 开发金融机构低碳投资产品

金融机构吸引的大量储蓄存款和相对低的存贷比，使得金融机构的资金充裕。根据低碳城市试点方案，珠海市大力开发低碳投融资产品，结合珠海市低碳投融资产品单一、无法满足需求的实际，根据低碳发展中生产性需求和消费性需求的特点，开发低碳投融资产品，丰富低碳投融资交易种类。

5.CDM 及相关碳排放交易机制

珠海市十分重视开发 CDM 项目和碳排放交易市场。2013 年以来，位于高栏港区的珠海市深能港湾有限公司、珠海发电厂有限公司、金湾发电有限公司、粤裕丰钢铁有限公司、宝塔石化有限公司5家企业已被纳入广东省首批碳排放交易重点企业名单。后又增加了中海油珠海高栏港燃气热电联产项目、中电投珠海横琴岛多联供项目以及京能集团珠海钰海天然气热电联产项目。

（二）广西柳州低碳城市投融资案例

广西属于沿海地区，柳州市由于铁路交通便利，工业化的持续推进以及城市消费结构的升级，对工业发展形成巨大需求，进而转化为对能源消费的巨大需求。煤炭作为柳州市企业发展的主要能源，短期内很难以其他能源来替换，而煤炭产生较高的二氧化碳排放。随着柳州市的快速发展，以电力、建材、石化、有色和煤化工等为主的高耗能产业加快发展，煤炭作为主体能源消费量还在继续扩大。要从高碳经济转换为低碳经济，就必须进行低碳项目开发，而低碳项目的开发依赖于新技术开发应用。

2010年，柳州市政府从财政中拿出9.2亿元用于发展低碳工业和绿色产业，并提供3.5亿元用于各地工业园区的环境治理。同时拿出一部分资金用于低碳技术研究及利用。2010年至今，柳州市政府已累计投资24亿人民币用于新技术的研发及新技术在低碳项目上的应用，支持了柳州市有关企业进行技术更新。同时，柳州市还从财政预算中安排资金对碳信托基金会进行支持。2011年柳州市政府成立了碳基金，帮助企业进行新能源新技术开发，提高能源效率、减少碳排放。从2011年至今，柳州市共投入3.8亿人民币，帮助高碳行业实现年减排600多万吨，让这些企业从节省能源中赚取了10亿人民币（郑立群，2013）。此外，柳州市政府还要求各个金融机构提升对高碳经济企业的贷款利率而降低对于低碳经济的贷款利率。柳州市在发展低碳项目融资、落实中央相关政策的过程中，加强对下辖县区职能部门的监督，明确下辖县区政府在低碳经济融资发展中的责任，进一步促进低碳城市建设。

参考文献

[1] 国家技术前瞻课题组．中国技术前瞻报告2006-2007：国家技术路线图研究．北京：科学技术文献出版社，2008.

[2] 李平．综合利用建筑垃圾大力发展循环经济［J］．特区实践与理论，2007((6)：84-88.

[3] 冯升波，康艳兵，郭濂，2014．低碳发展投融资机制研究．CHINA INVESTMENT MAGAZINE 2014 / 06.

[4] 北方新金融研究院，雄安新区绿色金融发展研究报告，2017.

[5] 马振涛，刘日昕．低碳经济发展的投融资渠道研究－以广东省珠海市为例．《2014全国金融创新与经济转型博士后学术论坛论文集》，2014.

[6] 耿懿，2015．中国低碳城市发展项目融资研究．对外经济贸易大学，硕士学位论文．

第十章 实施保障

内容提要

本章从法规标准、政策引导、管理运营、合作参与四个维度出发对我国可持续新城建设的保障体系进行探讨并提出了相应的政策建议。在可持续新城的规划、建设和运营过程中，政府部门应更好发挥政策引导作用，鼓励企业和社会力量共同参与，形成全方位、全周期的保障机制。

作为新的理念和模式下的城市发展实践，可持续新城的建设在根本上离不开政策的推动和制度的保障。新城的建设工作是一项系统工程，需要依靠不断完善的政策体系的支持，但由于目前我国的可持续城市建设仍处于探索阶段，理论和实践经验还不成熟，现有支持新城低碳、可持续开发的政策配套和保障措施也还存在诸多不足之处，需要进一步加以完善。

一、法规标准

为了保障新城开发建设朝着绿色低碳、可持续发展的目标有序推进，需要以法规和标准为引领，保障城市可持续发展的新思维、新理念得到切实贯彻。法规的引领和标准的统一，有利于对主管部门和参与可持续新城建设过程中的不同主体进行监督和约束，并与其他政策措施产生协同作用。

（一）法规体系

可持续新城的法规保障体系，应与新城的规划、建设同步推进，并且做到全面谋划与重点突出相结合，将法治建设纳入可持续新城的顶层设计中，在新城的规划起步阶段就要突出法律保障对新城开发建设的重要意义。构建可持续新城建设的法律保障，应从新城建设自身的法律需求及其制度设计的内在机理出发，精准把握新城可能在资源配置、政策实施、利益调整、组织协调等方面遇到的问题，在地方立法的权限之内，切实加强“基本法 + 专项法规”的立法供给和地方法治建设创新，从而使得新城的开发建设有法可依、有章可循。

首先，所在地方应出台法律规章，对新城定位、功能等进行规范性保障。法规应参照《中华人民共和国城乡规划法》《中华人民共和国土地管理法》《中华人民共和国环境保护法》《中共中央、国务院关于进一步加强城市规划建设管理工作的若干意见》中的有关原则，对新城的法律定位、功能定位等进行明确，确定各主体的责任和边界，形成可持续城市规划、建设和运营过程中决策、办事、听证的规范流程和体系。特别地要厘清在新城规划阶段政府部门和开发商的职能分工，明确规定政府在可持续新城建设中对城市风貌、规划特色的主体责任定位，对目前房地产开发商在城市开发阶段权力过大导致的诸如“一张图反复用”等问题进行纠正，防止出现“千城一面”的情况。

其次，应不断完善立法内容，采取多种方式丰富新城的法律规范体系。应广泛运用地方人大立法、行政法规、政府规章和规范性文件、指南办法等多种形式，在经济、社会、环境可持续发展的三大领域，形成支撑可持续城市发展的全域覆盖、分层管理、分类指导、多规合一、科学实用的复合型法规体系。

第三，加强司法保障。强化司法对新城生态环境保护和落实绿色、可持续发展理念的保障作用，积极创新司法协同机制，支持和监督政府在新城依法行政。积极探索生态环境损害赔偿制度，加强生态环境损害赔偿案件审判工作。制定生态环境损害赔偿诉讼与环境公益诉讼衔接规则，保障人民群众对生态环境保护案件的知情权与参与权。推动完善环境资源纠纷多元化解决机制，发挥行政调解、人民调解、行业调解、仲裁等非诉讼纠纷解决机制的作用。

（二）标准和评估体系

可持续新城标准体系的构建是推动可持续城市建设实践的重要基础性工作，标准的统一有助于降低成本、提高效益。可持续城市建设评估指标体系是对城市发展新模式的结构化分解，对可持续城市规划和建设及运营可以发挥指引作用，是保障低碳生态理念落实的准绳。

1. 标准体系

我国可持续新城建设总体上处于起步阶段，且各地发展理念、发展环境、发展水平，以及综合技术实力的不同，需要形成对新城建设实践统一的指导和规范。标准化工作是推动可持续城市建设实践的重要基础性工作，只有逐步建立可持续城市规划、建设、运营、管理统一的技术要求和规范，才可以保障新城建设有章可循，降低成本，提高效益。首先，国家层面应针对可持续新城建设的不同环节如规划、建设、运营，或建筑、交通、基础设施等领域，出台相应的标准和规范，国家层面的标准要注重系统性、全面性和指导性，同时，在具体的指标赋值和建设内容上应给各地留出根据本地实际情况进行调整和创新的空间。其次，各地可持续新城可根据本地区实际情况，在国家有关标准规范的基础上，提出更能满足自身需要的地方标准。

2. 评价体系

可持续新城在建设过程中要及时进行跟踪评估。首先是要建立新城建设评估指标体系，掌握可持续城市建设重点方向和重点领域的进展情况。评价指标体系应综合考虑不同规模、不同特色的城市发展需求。既包括分领域的、带有领域特色的指标项，也包括适用于城市整体评价、不属于特定领域的通用指标项。其中，能力类指标是客观性的指标，体现建设、管理与运行水平，成效类指标反映城市建设的主要目标和方向，包括基础设施、公共服务、社会管理、生活环境及产业体系等方面的城市建设成效。每个一级指标下包含若干二级指标评价要素，每个二级指标评价要素代表对一级指标某一个侧重面的考量依据。各分项制定中可根据领域特性和需求、参考二级指标评价要素确定相应的二级指标项。根据各个指标的进展情况评价结构，可以对可持续新城的建设进行目标和任务调整，以评促建，以评促改，提升可持续新城建设水平。

（三）规划体系

规划体系是新城有序、有效建设的重要保障，也是可持续理念在新城开发中得到一以贯之落实、避免出现目标偏离的重要基础。可持续新城的建设应坚持谋定后动、规划引领的原则，确保“一张蓝图干到底”。新城规划体系以新城总体规划为统领、控制性详细规划等综合性规划为重点、以新城经济社会发展、创新体系、产业布局、交通路网等各类专项规划为具体支撑，并逐渐形成全域覆盖、分层管理、分类指导、多规合一的复合型规划体系。

1. 总体规划

总体规划是依据新城所在地国民经济和社会发展水平，以及新城所在地的自然环境、资源条件、历史情况，为确定城市的规模和发展方向，实现城市的经济和社会发展目标，协调城市空间布局等对全区域内进行的整体规划和综合部署。

2. 详细规划

详细规划分控制性详细规划和修建性详细规划。控制性详细规划是指以城市总体规划或分区规划为依据，确定建设地区的土地使用性质和使用强度的控制指标、工程管线控制性位置以及空间环境控制的规划要求。修建性详细规划是指以城市总体规划、分区规划或控制性详细规划为依据，制定用以指导各项建筑和工程设施的设计和施工的规划方案。

3. 专项规划

专项规划是指以新城发展特定领域为对象编制的规划，是对总体规划在特定领域的细化，也是政府指导该领域发展以及审批、核准重大项目，安排政府投资和财政支出预算，制定特定领域相关政策的依据。专项规划是针对新城建设和发展中的重点领域和薄弱环节、关系全局的重大问题编制的规划，是总体规划的若干主要方面、重点领域的展开、深化和具体化，必须符合总体规划的总体要求，并与总体规划相衔接。可持续新城在规划阶段应明显区别城市传统规划方式，新城专项规划主要应包括空间规划、产业规划、生态环境规划、交通规划、基础设施规划、城市风貌规划等。

二、政策体系

政策创新和引导是可持续新城规划、建设、运营最直接的保障，通过运用土地、财税、投融资和消费等政策手段，更好地发挥政府的作用，向市场和社会主体传递有效的政策信号。完善的可持续政策体系将为绿色低碳和生态文明理念在城区的实践提供持续的动力。

（一）土地政策

一是建立与可持续新城建设相适应的土地开发政策。统筹新增和存量建设用地，在新增建设用地计划、城乡建设用地增减计划方面向可持续新城项目倾斜。在统筹协调土地开发计划过程中，优先安排新城中的可持续基础设施、绿色低碳产业和社会民生用地。

二是探索面向可持续新城的差别化土地供应政策。为支持绿色低碳和可持续产业的建设发展，研究探索支持新城可持续建设发展的地价、供地差别化政策，研究制定差别化管理政策，强化分类指导，对符合可持续建设标准的新城新区积极探索实行分期供地、租赁供地等差别化政策，引导新城建设合理利用土地资源，促进长远健康发展。

三是调整支持可持续城市开发建设的土地收益分配方式。地方政府在权限范围内，视情况根据项目可持续性评估结果调整土地收益的分配制度。可持续新城范围内的土地出让金无论市级还是区级所得部分，都以恰当的方式，反哺于可持续新城建设，或直接进入新城可持续发展专项资金，用于环境类、公益性市政基础设施、公共设施项目的建设、融资贴息以及对绿色低碳产业和项目的扶持等。

（二）财税政策

首先，加大可持续城市开发建设的财政倾斜力度。在新城建设初期，在重大环境基础设施和重大社会功能性服务项目的建设中，尤其是轨道交通、骨干公路等大型基础设施和水、电、气等的修建方面，省（市）级财政要提高承担资金的比重。同时，探索调整财政对可持续新城所在地区的财力分配体制和公共财政的支出结构，加大公共投资倾斜力度和转移支付力度。

其次，充分运用价格、补贴或税收等手段。利用阶梯价格调节、排放税费征收、信贷控制等政策工具，推动企业和个人节能减排，对高资源能源消耗、高污染排放的生产和消费以反向激励。同时，建立可持续城市绿色低碳发展的经济激励机制，鼓励有利于节能减排的环境友好行为，惩罚高耗能、高排放的行为，以市场化手段促进可持续发展目标的实现。

（三）投融资政策

首先，建立和创新可持续投融资机制。发挥公共资金杠杆撬动功能，创新社会投资进入模式，形成多层次资本市场的融资功能，以政府投入带动市场资金，拓宽可持续融资渠道，引导各类金融机构、基金管理机构、创业投资结构、股权投资企业、社会捐赠资金、国际援助资金及优惠贷款和社会公众投资各类可持续发展产业，建立完善的绿色金融长效机制。

其次，探索可持续新城建设的 PPP 模式。政府应在财税政策和服务上予以支持，提高资本利用效率。通过引入产业基金投资等方式，使项目形成自身的造血能力。通过金融手段汇聚优势的产业要素，合理分担风险，通过提供规划咨询、融资顾问、财务顾问等服务，提前介入项目模式设计，研究在建设项目策划、融资方案设计、融资风险控制、社会资本引入等方面发挥金融机构的支持作用。

（四）绿色低碳消费政策

首先，提高可持续消费意识，强化低碳消费政策引导。推广应用绿色低碳标识制度，帮助消费者甄别可持续消费产品和服务，提高绿色低碳产品在市场中的识别度和占有率。实行居民用电、用水、用气阶梯价格制度，实行差别化排污收费和垃圾处理收费。对购买绿色产品的消费行为给予一定的补贴和优惠，加大对一次性产品、高耗能产品、大排量汽车等征收消费税的力度。

其次，加强可持续消费公共产品和服务的供给。合理布局城市功能分区，发展可持续的公共休闲娱乐设施和文化消费基础设施。大力发展城市公共交通和改善出行结构，引导消费者选择公共交通、合用汽车、使用自行车等低排放、有益健康的出行方式。积极推动可持续产品和服务的公共采购。

三、管理运营

与一般的城市管理相比，可持续新城的管理运营，更强调治理的高效、机构的精简和多方的参与。由于新城开发是一个逐步发展壮大的过程，管理运营机构和体制的设计要服从和服务于这一特点，并要充分利用现代管理理念和信息技术，立足园区和社区的可持续运营，探索建立可持续新城的创新管理模式。

（一）设立扁平化的可持续新城管理机制

要建立政府主导、多方参与的扁平化新城管理工作机制，既体现政府对新城发展规划的主导作用，同时加强各主体间在新城规划、开发建设、运营管理等方面的协同合作，特别是强化第三方运营商对可持续新城产业发展，城镇开发，综合服务配置，基础设施建设和生态环境保护的作用。

（二）构建可持续新城高效管理平台

搭建城市建设与管理的数字化、网络化和空间可视化综合平台，通过采用云计算、智能分析、地理信息系统、智能分析等新兴信息化技术，对多部门的数据资源（国土、环境、资源、产业、节能、减排、降碳等数据资源）进行整合，实现新城建设相关工作的系统化、信息化和空间可视化，提升地方政府的基础管理能力。完善可持续新城园区运营方式，优化产业导入机制，优化园区产业链和生产组织模式，建设绿色低碳循环产业示范园区。建立可持续新城社区运营模式。

（三）创新城市管理运行机制和手段

可持续新城的建设需要各方的共同参与和努力。要建立健全政府官员、专家、公众相结合的科学民主决策机制，完善可持续新城管理重大问题集体决策制度和决策责任制，优化政府重大决策的规划和程序，建立健全决策信息反馈和决策后评估机制，为决策的不断完善和优化提供客观依据。推进可持续新城政务信息公开机制的建立。组织和调动各方力量参与城市管理。探索建立政府、市场、社会的良性互动，以人为本，提高可持续新城管理水平和运行效率。消除体制障碍和政策障碍，鼓励非公有制经济、民营企业参与城市管理与服务工作，不断增强城市的承载能力，提升城市管理质量。

增强民间组织在可持续城市建设运营中的推动监督作用。鼓励社会组织积极参与新城宣传、教育、培训活动，倡导低碳消费和公众参与，督促企业和政府践行可持续发展理念。强化非营利组织在项目推广方面的积极作用；强化科研机构在深化可持续新城研究、承担科研项目方面的重要作用，建立可持续发展的智力支持团队。培养可持续消费的行为习惯，逐步形成绿色低碳、健康文明的生活方式，积极参与到低碳行动中，互相监督、促进周边人群绿色低碳行为的形成，形成全社会共同参与的良好氛围。

（四）加强交流合作

广泛开展可持续发展的合作与交流，加强与国内国际先进城市的学习互鉴，分享各方在可持续发展方面的经验和最佳实践。开展与高校、科研院所、智库、国际组织的高水平合作，开拓可持续新城建设的全球视野，提升可持续新城的发展水平，获取国际资金支持和技术转移。

参考文献

[1] 庄贵阳 . 城市低碳发展蓝图的内涵与核心要素 [J]. 上海节能，2015 (2): 66-69.

[2] 刘觅颖，王继龙 . 我国生态文明建设标准及评价指标体系研究 [J]. 北京联合大学学报，2016 (3): 15-23.

[3] 谢海生，庄贵阳，周枕戈 . 低碳城区评价指标体系研究初探 [J]. 干旱区资源与环境，2016 (3): 13-18.

[4] 白勇刚 . 智慧城市建设运营模式探讨 [J]. 焦作师范学院高等专科学校学报，2017 (3): 50-55.

[5] 李宗华，魏正，李建迎 . 低碳与城市管理：数字城市管理模式浅谈 [J]. 2012.

[6] 林伯强，刘希颖 . 中国城市化阶段的碳排放：影响因素和减排策略 [J]. 经济研究，2010 (8): 66-78.

[7] 陈飞，诸大建 . 低碳城市研究的内涵、模型与目标策略确定 [J]. 城市规划学刊，2009 年第 4 期，7 页 -13 页 .

[8] 付允，汪云林，李丁 . 低碳城市的发展路径研究 [J]. 科学对社会的影响，2008 (2): 5-10.

[9] 李旸 . 我国低碳经济发展路径选择和政策建议 [J]. 城市发展研究，2010 (2): 56-67.

[10] 仇保兴 . 我国城市发展模式转型趋势——低碳生态城市 [J]. 城市发展研究，2009 (8): 1-6.

[11] 邓智团 . 创新驱动背景下城市空间的响应与布局研究——以上海为例 [J]. 区域经济评论，2014 (1): 142-146.

[12] 于立 . 中国生态城镇发展现状问题的批判性分析 [J]. 国际城市规划，2012 (3): 93-101.

[13] 吴良镛 . 中国人居环境科学发展试议——兼论生态城市与绿色建筑的发展 [J]. 生态城市与绿色建筑，2011 (1): 18-19.

[14] 徐振强，李爱民，尤志斌，冯晓星 . 基于法的效力保障低碳生态城持续性发展 [J]. 建设科技，2013 (16): 46-50.

[15] 仇保兴 . 我国低碳生态城市建设的形势与任务 [J]. 城市规划，2012 (36): 9-18.

[16] 叶祖达 . 低碳生态城区控制性详细规划管理体制分析框架——以无锡太湖生态城项目实践为例 [J]. 城市发展研究，2014 (21): 91-99.

[17] 赵景柱，崔胜辉，颜昌宙，郭青海 . 中国可持续城市建设的理论思考 [J]. 环境科学，2009 (30): 1244-1248.

[18] 杨东峰，殷成志，龙瀛 . 从可持续发展理念到可持续城市建设——矛盾困境与范式转型 [J]. 国际城市规划，2012 (27): 30-37.

[19] 周保刚 . 关于雄安新区法治保障的思考与建议 . 雄安新区建设法治保障——第八届法治河北论坛文集 .

后　记

多年前，在我从事宏观经济政策研究期间，城镇化一直是我关注和思考的重点领域。彼时，同大多数从事城镇化研究的学者一样，我是把城镇化问题放到经济学研究的理论和政策框架中来审视的，城乡一体化、农民进城、资本下乡，均是着眼于改进生产要素配置和提升经济效率的角度来设定命题、开展研究。近年来，由于从事应对气候变化工作的缘故，特别是在开展低碳城市、低碳城镇、低碳园区、气候适应型城市等试点过程中，我逐渐领悟到，仅从经济增长的维度来理解城镇化是非常片面和狭隘的，把经济增长甚至GDP增加作为城市发展的主要指标甚至唯一指标，会对城市的可持续发展产生非常不利的影响，这也是为什么某著名经济学家会得出城市拥堵是经济繁荣象征这种违背常识的谬论原因所在。从城市可持续发展的角度来看，可持续发展不仅表现为时间上的代际公平，也必然表现为特定的空间结构和格局，表现为人的一定的生产和生活方式。城镇化最终必须是人的城镇化，必须围绕人及人的活动来构建城市的格局和功能，才能最终建立以人为本、能够实现人类美好生活的可持续城市。

本书之所以选择可持续新城作为研究领域，一是由于新城新区是中国城镇化过程中特有的历史现象，也是中国城镇化的一个主要支撑推进平台，几乎中国所有的地级以上城市都在开发自己的新城新区，许多地方也都打出了生态新城、低碳新城、可持续新城的大旗，但由于指导思想不明确，新城宽马路、大广场、房地产化、空城化等苗头日渐凸显，如不能给予及时纠偏，新的更彻底的千城一面并非天方夜谭。二是城市发展的路径和模式具有很强的锁定效应，当前中国各地新城发展方向和建设模式，直接关系到中国未来的可持续发展。通过对可持续新城发展的典型问题进行梳理，分领域进行研究，提出指导性建议，希望对各地开展新城新区建设有所助益。

出于推动有关工作的需要以及个人的研究兴趣，2016 年，在能源基金会、国土经济研究所、清华同衡规划院、中国建筑设计研究院、北京理工大学经济管理学院等单位专家的参与或支持下，我组织开展了低碳城镇建设指南的研究工作，形成了初步的研究成果。2017 年，在参考前期研究成果的基础上，又重新组织团队，以可持续新城建设为主题，开始本书稿的撰写和修改工作，全书的研究框架和思路由我拟定，肖金成、袁茜茜、孙金颖、张元龄、李华楠、刘洋、邹涛、滕飞等参与了有关章节的撰写工作，由我进行反复修改后定稿。

两年来，尽管付出了巨大的努力进行修改完善，但由于时间和精力的缘故，以及组织工作的一些失误，书中还有许多不尽人意和不完善之处。于作者而言，这不能不说是一种永远的遗憾。

光阴虚掷，人生易老；天高地迥，思者如苇，希望多年来对这一问题的粗浅思考，能够留下些许历史的痕迹。

是以记之。

田成川

二〇一八年十二月十日